W0285112

BLV Arbeitsbuch Pferd

Kerstin Diacont

Bodenarbeit mit Pferden

blv

Inhalt

Vorwort

Dieses Buch soll sich hauptsächlich mit dem Verhältnis Mensch-Pferd beschäftigen – auf einer Ebene, der meist viel zu wenig Beachtung geschenkt wird, weil sich dabei nämlich der Ausbilder auf dem Boden befindet und nicht auf dem Pferd. Die meisten Reiter beschäftigen sich nur dann intensiv mit auftretenden Problemen, wenn sie auf dem Pferd sitzen.
Dass so manches Problem von unten – bei der Bodenarbeit – viel besser behoben oder gar vermieden werden kann, ist vielen nicht bekannt oder nicht klar genug.
Herausragende Beispiele der Bodenarbeit sind z. B. die Freiheitsdressur oder die Lektionen der Hohen Schule am langen Zügel – als solche nicht unbedingt von jedem nachvollziehbar und deswegen in diesem Buch auch nicht im Vordergrund stehend.
Was jedoch jeder, der sich mit Pferden beschäftigt, leisten kann, wenn er sich eingehend mit dem natürlichen Verhalten seines Pferdes auseinandersetzt, ist eine Basisausbildung an der Hand, die den Gehorsam und das Vertrauen des Pferdes fördert. Das Fluchttier Pferd wird für Sie als Reiter berechenbarer, wenn Sie eine sichere Kontrolle über das Pferd haben, weil es Ihnen vertraut und Ihre Wünsche und Signale respektiert. Aber auch das Pferd fühlt sich bei einem Reiter sicherer, welcher unzweifelhaft der Ranghöhere (der Dominantere) ist. Der Begriff Dominanz meint hier nicht ein gewaltsames Unterjochen der Pferdepersönlichkeit, sondern eine natürliche Rangfolge, wie sie auch in der Herde herrscht und herrschen muss, um das Verhalten der Pferde untereinander zu regeln. Das Reiten selbst wird dadurch entspannter, da vorhandene Ängste des Reiters vor unberechenbarem Verhalten des Pferdes abgebaut werden. Probleme unter dem Sattel sind durch gymnastizierende und entspannende Übungen an der Hand zu vermeiden und zu beheben.
Auch die Beobachtungsgabe des Reiters wird durch richtige Arbeit an der Hand – besonders beim Longieren – geschult. Gerade der Anfänger kann hier »sehen lernen«, kann lernen, wie er Verspannungen und andere Unregelmäßigkeiten im Bewegungsablauf, wie Taktfehler und Lahmheiten, erkennt. Hier gilt in abgewandelter Form der alte philosophische Grundsatz, dass der Mensch nur das (wieder)erkennen kann, was er benennen kann. Sind Sie in der Lage, einen Fehler im Bewegungsablauf des Pferdes von unten zu erkennen und einzuordnen, werden Sie ihn auch vom Pferderücken aus schneller wahrnehmen.
Um einen Fehler zu erkennen, müssen Sie jedoch auch die Vorstellung davon haben, wie die Bewegung richtig aussehen soll. Dazu ist es nötig, Leitbilder zu entwickeln, einen Sollzustand, der mit dem Istzustand des gerade Gesehenen verglichen werden kann.
Schnelle, intuitive Reaktionen des Ausbilders, wie sie sowohl bei der Bodenarbeit als auch beim Reiten nötig werden, wenn das Pferd sich in irgendeiner Form widersetzen will, werden durch genaues Beobachten erst möglich. Erst wenn Sie gelernt haben, im Ansatz zu erkennen, was das Pferd zu tun beabsichtigt, können Sie unerwünschten Aktionen des Pferdes zuverlässig entge-

genwirken – und festigen damit Ihre ranghohe Position (Autorität). Selbstkontrolle bei der Bodenarbeit ist über das Feedback des Pferdes gut möglich. Versteht das Pferd Ihre Signale, wird es in gewünschter Form reagieren. Um präzise Signale zu geben, müssen Sie sich jedoch Ihrer eigenen Bewegungen und deren Wirkung auf das Pferd (Körpersprache) bewusst sein. Die Körpersprache, der Ausdruck Ihres eigenen Körpers, ist ein grundlegendes Element der Verständigung zwischen Ausbilder und Pferd. Zu Anfang der Ausbildung haben Pferd und Mensch keine anderen Gemeinsamkeiten als die Körpersprache.

Die natürlichen Bedürfnisse des Pferdes berücksichtigen.

Erst später bauen sie bei der Arbeit miteinander einen komplexeren »Sprachschatz« auf.
Der positive Kreislauf: entspanntes und gehorsames und damit weitgehend berechenbares Pferd – Angstfreiheit durch Sicherheit im Umgang mit dem Pferd – Verbesserung der Autorität (Dominanz) des Reiters aufgrund dieser Sicherheit – dadurch weitere Verbesserung des Gehorsams und des Vertrauens beim Pferd usw. kann mit richtiger Bodenarbeit sehr viel einfacher in Gang gesetzt werden als mit der Arbeit im Sattel.
Erleichterungen bietet die Bodenarbeit für jeden Reiter und jedes Pferd. Besonders gut eignet sie sich jedoch für die Arbeit mit jungen Pferden, bei denen sich das Einreiten durch vorbereitende Bodenarbeit sehr viel einfacher gestaltet, sowie für Problempferde und/oder ängstliche Reiter, die sich schon in einem negativen Kreislauf aus Angst, Unsicherheit und Verspannung befinden. Dieser negative Kreislauf kann sogar in manchen Fällen nur noch durch einen Wechsel des Reiters oder eine der vielen Möglichkeiten der Bodenarbeit nachhaltig unterbrochen werden.
Das Buch über die Bodenarbeit soll einen kleinen Beitrag leisten auf dem Weg zum natürlichen und verständnisvollen Umgang mit dem Pferd – und später zum harmonischen Reiten.
Es soll vor allem auch die geistige Vorarbeit deutlich machen, die zum Reiten und zum Umgang mit Pferden nötig ist, jedoch so selten im Unterricht vermittelt wird.

Psychologisches Grundwissen

Basiswissen aus Psychologie und Herdenverhalten des Pferdes sind die Voraussetzung für richtige und effektive Bodenarbeit.

Bedürfnisse des Pferdes

Ein Pferd ist nur in der Lage, richtig d. h. wunschgemäß auf die Signale seines Ausbilders zu reagieren, wenn es sich mit ihm und seinem eigenen Umfeld im Einklang befindet. Nur ein zufriedenes Pferd wird maximale Leistungsbereitschaft zeigen. Zufrieden ist es jedoch nur dann, wenn seine sozialen, psychischen und physischen Bedürfnisse befriedigt werden. Da dies für das Reitpferd nicht immer vollständig möglich ist, weil die Haltung des Pferdes in seiner natürlichsten Form, im geschlossenen Herdenverband, dem Menschen nur schlechten Zugriff auf das Pferd bietet, muss eine praktizierbare Lösung gefunden werden, die Mensch und Pferd gerecht wird. Eine Lösung, die nur der vordergründigen Bequemlichkeit des Menschen dient – also schlimmstenfalls Boxen- oder gar Ständerhaltung des Pferdes ohne freien Auslauf und mit nur einer Stunde Beschäftigung am Tag –, kann auf Dauer nur schaden. Sie schadet dem Pferd, bei dem sich Verhaltensstörungen, wie z. B. Weben, Koppen, übermäßige Schreckhaftigkeit oder ein völliges Abstumpfen gegen äußere Reize, einstellen können. Und sie schadet Ihnen als Reiter, wenn Sie sich endlich mit den haltungsbedingten, also selbst verursachten Unarten des Pferdes herumschlagen müssen. Statt sich darüber zu ärgern, sollten Sie lieber pferdegerechte Abhilfe schaffen und darüber nachdenken, dass es prinzipiell die ethische Pflicht eines jeden echten »Horseman« ist, den Bedürfnissen des ihm anvertrauten Tieres gerecht zu werden. Gründet sich die Beschäftigung mit dem Pferd auf ein wenig Einfühlungsvermögen in die Belange einer uns vorläufig fremden Lebensweise, so lassen sich viele Schwierigkeiten bei der »Nutzung« des Pferdes vermeiden oder beheben, und Reiter und Pferd sind zufriedener und entspannter.

Grundmuster des Pferdeverhaltens sind im Spiel erkennbar: Hier treibt ein Pferd das andere von hinten.

Die folgenden Abschnitte beschäftigen sich mit der Verhaltensstruktur der Pferde und damit, wie der Mensch pferdegerecht und pferdeverständlich agieren und reagieren und sich dem Pferd »natürlich« verständlich machen kann. Dies sind die Grundlagen von Erziehung und Training des Pferdes am Boden sowie auch später unter dem Reiter.

Erlernen der Pferdesprache

In diesem Kapitel geht es um das arttypische Verhalten der Pferde und wie Sie es für die Ausbildung nutzen können (praktische Anleitungen siehe Kapitel Grundlegende Arbeit).

Rangordnung und Sozialverhalten

Jedes geordnete Zusammenleben einer Gruppe von Individuen gründet sich auf bestimmte Regeln. Eine der wichtigsten Regelungen ist die der Position, die der Einzelne innerhalb der Gruppe beanspruchen kann – wem er selbst aus dem Wege gehen oder gehorchen muss und wen er »herumkommandieren« kann (von wem er Gehorsam fordern kann). Auseinandersetzungen um den Rang, den der Einzelne bekleidet, gibt es in jeder Gruppierung: beim Menschen subtiler, beim Pferd offensichtlicher. Und was für die Pferdeausbildung wichtig ist: Sie können als Mensch das Verhalten eines ranghohen Pferdes weitgehend imitieren. Interessant ist in diesem Zusammenhang die Art und Weise, wie das einzelne Pferd seine Position im Herdenverband erreicht.

Männliche Tiere müssen sie erkämpfen. Daraus ergibt sich die schwerere Handhabbarkeit von Hengsten bei der Arbeit. Sie sind schneller zu provozieren, lassen sich weniger Ungerechtigkeiten gefallen und müssen vor allem konsequenter behandelt werden.
Weibliche Tiere vererben ihre Rangfolge. Das Fohlen einer Stute, die den zweiten Rang in einer Herde einnimmt, hat auch diesen zweiten Rang.
Wird das Fohlen älter, so muss der junge Hengst um die Position kämpfen, die junge Stute jedoch nicht. Damit ist die Feindseligkeit zwischen manchen Stuten gut zu erklären. Sie haben unter Umständen den gleichen Rang und können sich deswegen nicht einigen.

Drückt der Mensch seine Position innerhalb der Gemeinschaft durch Statussymbole wie den Mercedes als Geschäftswagen, die Rolex am Handgelenk oder die teuren Designer-Möbel aus, so sind viele dieser Symbole nur in einem bestimmten Umfeld allgemein verständlich und werden in einem anderen Umfeld, einer anderen menschlichen Gemeinschaft mit anderen Wertbegriffen, nicht erkannt.
Fehlende Autorität oder Charakterstärke kann unter Umständen in menschlicher Gesellschaft sehr lange durch Äußerlichkeiten überspielt werden, bevor sie von anderen entdeckt wird. Pferde hingegen entdecken die Schwäche eines Artgenossen, aber auch die menschlichen Schwächen an ihrem Ausbilder, sehr schnell, weil sie sich nicht durch Statussymbole blenden lassen. Ihr System der Einordnung wird von jedem

Pferd verstanden (sofern es nicht deutliche Verhaltensstörungen zeigt) und kann auch vom Menschen prinzipiell verstanden und ausgenutzt werden. Es basiert auf dem einfachen Grundsatz, dass das rangniedere Pferd dem ranghöheren ausweichen muss.

Das ranghöchste Pferd (das Leitpferd) kann grundsätzlich jedes andere Pferd von seinem Platz vertreiben – ob beim Fressen, an der Tränke oder einfach aus einer Laune heraus.

Die Rangordnung der Pferde untereinander auf einer beliebigen Weide ist also daran zu erkennen, welches Pferd vor welchem das Feld räumt. Sie als Ausbilder können sich nun selbst zum Leitpferd ernennen, indem Sie Ihr Pferd von dessen Standplatz auf Koppel oder Auslauf vertreiben. Sie können dies völlig ohne Grund tun. Ihre Absicht wird vom Pferd immer verstanden aufgrund des natürlichen Verhaltensmusters, das diesem Vertreiben und Vertriebenwerden zugrunde liegt. Probieren Sie es aus Gründen Ihrer eigenen Sicherheit jedoch nicht im Herdenverband aus, sondern erst mal, wenn das Pferd allein auf dem Auslauf steht. Besonders Pferde, die lange verhätschelt und vermenschlicht wurden, werden den Menschen, der da ihren Platz beansprucht, erst einmal nicht ernst nehmen. Eine Gerte oder Peitsche und gute Beherrschung der eigenen Körpersprache sind notwendig, um sich ein Pferd, welches es auf eine Rangauseinandersetzung mit dem Menschen anlegen könnte, vom Leibe zu halten (Näheres dazu später).

In der Herde gibt es ein weiteres deutliches Merkmal für den Rang, den ein Pferd innehat. Es ist dies seine Position neben, vor oder hinter anderen Pferden, wenn sich die gesamte Gruppe oder mehrere Pferde bewegen.

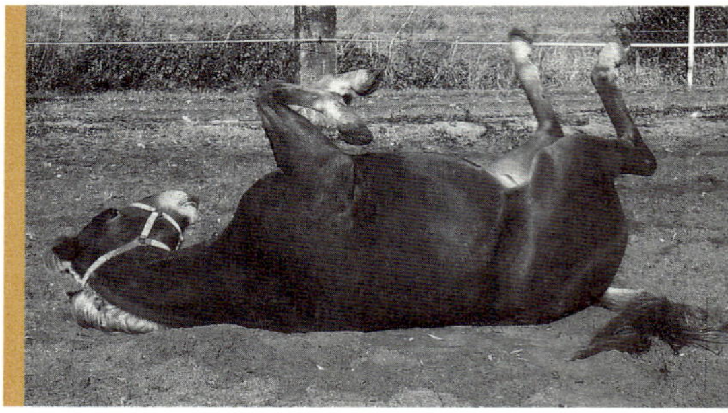

Die Hautpflege durch Wälzen gehört zu den Grundbedürfnissen des Pferdes.

Grundstrukturen erkennen

1. Ein rangniederes Pferd darf ein ranghohes nicht überholen.

Das ranghohe Pferd wird seine Position mit einem drohend nach hinten gerichteten Zähneblecken und Ohrenanlegen oder einem gezielten Huftritt verteidigen, wenn es das für nötig hält.

Ein rangniederes Tier kann sowohl direkt hinter dem ranghohen laufen als auch schräg versetzt mit seinem Kopf in Höhe der Schulter des Vorderpferdes. Weiter darf es sich jedoch nicht mehr vorwagen, will es sich nicht den Angriffen des anderen aussetzen.

2. Das rangniedere Pferd läuft einem ranghohen normalerweise auch in Gefahrensituationen hinterher,

weil das ranghöhere Pferd gleichzeitig eine Schutzfunktion ausübt.

Dieses Verhalten führt dazu, dass die Mitglieder der Herde bei einer Bedro-

hung nicht in alle Windrichtungen auseinanderstieben, sondern auch auf der Flucht den Schutz, den die Gruppe bietet, wahrnehmen können. Besonders das Fohlen läuft bedingungslos hinter der schützenden Mutter her.
Die ranghohen Pferde geben also die Richtung der Flucht bzw. der Bewegung an. Diese Richtung wird von den anderen nicht in Frage gestellt.

3. Das ranghöchste Tier/der Leithengst kann jedes andere Tier der Gemeinschaft von hinten und von der Seite treiben.
In jede beliebige Richtung – auch kurzfristig von der Herde weg. Er hält damit einerseits seine Herde zusammen und diszipliniert andererseits dreiste Jungtiere.

4. Leitstute und Leithengst existieren nebeneinander in der Herde.
Sie stehen normalerweise nicht in Konkurrenz zueinander, sondern haben eigene Aufgabengebiete. Setzt sich die Herde in Bewegung, so geht meistens die Leitstute voran. Der Leithengst gibt Rückendeckung. Er kann auch die Leitstute von hinten treiben, wenn er mit der Richtung nicht einverstanden ist.

Diese vier Grundmuster in der natürlichen Bewegung von Pferden müssen Sie als Ausbilder im Gedächtnis behalten, denn Sie können sie zur Erleichterung Ihrer Arbeit mit dem Pferd nutzen.

Grundmuster nutzen

Wie? Ganz einfach beim Führen des Pferdes. Wie oft kann man sehen, dass nicht der Mensch ein Pferd führt, sondern umgekehrt das Pferd den Menschen. Der Mensch wird mehr oder weniger »elegant« hinterhergezogen. Tempo und teilweise auch Richtung werden vom Vierbeiner bestimmt. Oder das andere Extrem: das Pferd schlurft hinter dem Menschen her, schaut in der Weltgeschichte herum und rennt ihn fast um, wenn dieser unvermittelt stehenbleibt. Beide Pferde haben keinen Respekt vor ihren Ausbildern/Reitern. Sie tun unter dem Sattel manchmal oder meistens das, was von ihnen verlangt wird. Befindet sich aber der Reiter auf dem Boden, so wird der mangelnde Respekt durch solch rüpelhaftes Verhalten deutlich. Es hat auch einen plausiblen Grund, warum die meisten Menschen mit ihren Pferden noch schlecht und recht auskommen,

Der Hengst treibt die Stute von hinten.

solange sie oben sitzen, jedoch Schwierigkeiten haben, wenn sie mit dem Pferd vom Boden aus umgehen sollen: Sitzt

Die Führposition zeigt das Verhältnis zwischen Mensch und Pferd.

der Reiter auf dem Pferd, so imitiert er in etwa die Position, die der Leithengst zum unterlegenen Pferd einnimmt, wenn er es treibt – hinter dem Gesichtskreis des Pferdes. Insofern besitzt er durch seine Position eine gewisse Autorität. Sinnvoller ist es jedoch, diese Autorität immer – d.h. auch und speziell am Boden – zu haben. Sie können dann das Pferd sehr viel einfacher kontrollieren. Auch in schwierigen Situationen wird es nicht kehrtmachen, sondern Ihnen vertrauensvoll hinterherlaufen, weil ihm sein Instinkt gebietet, hinter dem ranghöheren »Tier« herzulaufen. Besonders in der Ausbildung fürs Wanderreiten oder für Trailprüfungen ist das im Führtraining erreichbare Grundvertrauen des Pferdes in den Reiter von unschätzbarem Wert.

Führpositionen

Im einzelnen kann man die verschiedenen Positionen für das »Führtraining« folgendermaßen nutzen:

Überholverbot
Das Pferd darf den Menschen nicht überholen.

Angenommen, Sie führen im Schritt. Die Nase des Pferdes soll sich dabei hinter Ihrer Schulter befinden. Macht es Anstalten, diesen Platz zu verlassen, so geben Sie ihm mit dem Halfter einen kräftigen Ruck auf die Nase. Reagiert es nicht, so können Sie ihm den Ellbogen vor die Nase halten oder auch stehenbleiben und ihm das lose Führstrickende gegen die Brust klatschen, wenn es an Ihnen vorbeidrängeln will.

Hilft alles nichts, so wird mit Führkette geführt. Ein kurzer Ruck an der Führkette verweist das Pferd mit einiger Sicherheit in die Schranken. Wenn nicht der erste Ruck, dann ein zweiter oder dritter. Auf keinen Fall dürfen Sie sich jedoch auf einen Ziehkampf mit dem Pferd einlassen, denn dabei gewinnt das

In manchen Bereichen des Pferdesports wird wenig Wert auf die Erziehung des Pferdes gelegt.

Schon das Fohlen muss lernen, sich zu benehmen. Die Mutter geht mit gutem Beispiel voran.

Pferd allein durch seine Körperkraft. Sie müssen also den Führstrick immer wieder locker lassen (die Westernreiter nennen dies treffend die Pull-and-Slack-Methode) und durch wiederholtes kurzes, hartes Annehmen dem Pferd das Stürmen an der Hand unangenehm machen. Hat das Pferd akzeptiert, dass sein Platz schräg hinter dem Menschen ist, so können sich weitere Übungen anschließen.
Sie können nun die uneingeschränkte Aufmerksamkeit des Pferdes auf Ihre Bewegungen fordern. Bleiben Sie z. B. abrupt stehen. Läuft das Pferd einfach weiter, an Ihnen vorbei, so gibt es wieder einen harten Ruck auf die Nase. Anfangs können Sie Ihr Stehenbleiben mit einem verbalen Kommando wie Ho oder Halt ankündigen. Später soll das Pferd nur auf Ihre Bewegung bzw. »Nichtbewegung« reagieren. Diese Übung hat doppelten Nutzen: Erstens bekommen Sie ein angenehm zu führendes Pferd, zweitens lenken Sie die Aufmerksamkeit des Pferdes durch häufiges Stehenbleiben und wieder Loslaufen auf Ihre Körpersignale, was für die weitere Ausbildung an der Hand sehr wichtig ist.

Funktioniert die Übung gut, können Sie das Gleiche im Trab trainieren. Laufen Sie vor dem Pferd her und stoppen abrupt. Anfangs können Sie das Pferd wieder mit der Stimme vorwarnen oder ihm den erhobenen Arm oder den Ellbogen vor die Nase halten. Später muss das Pferd ohne Vorwarnung reagieren. Mit dieser Übung können Sie Ihre Autorität dem Pferd gegenüber stärken sowie auch die Hinterhand des Pferdes trainieren.
Klappt auch diese Lektion, so können Sie durch Rückwärtsgehen nach dem Anhalten das Pferd dazu veranlassen, nach hinten auszuweichen (siehe auch Kapitel Grundlegende Arbeit).

Auch ein ängstliches Pferd müsste einem guten Ausbilder nach solchen grundlegenden Übungen gut folgen: Es darf den Ranghöheren nicht überholen – jedoch bietet dieser ihm Schutz, also kann es ihm gefahrlos hinterherlaufen.

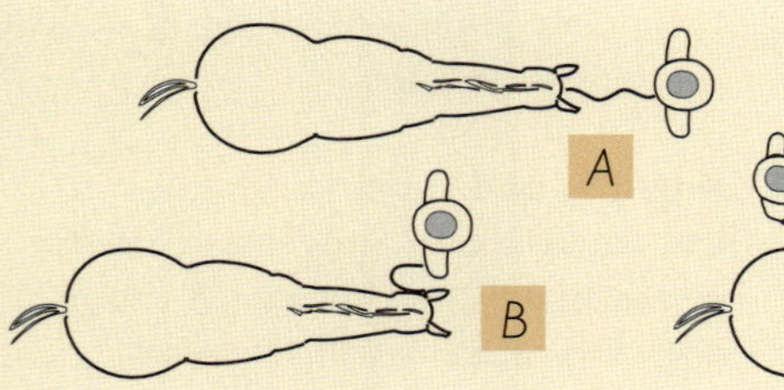

Führpositionen: A. vor dem Pferd
B. in Schulterhöhe
C. hinter dem Pferd

Vorwärts treiben

Wollen Sie noch mehr tun, so führen Sie das Pferd schräg von hinten (treiben es wie der Leithengst).

Dazu brauchen Sie ein langes Führseil oder die sogenannten langen Zügel, so dass Sie selbst schräg hinter der Hinterhand des Pferdes laufen können (siehe auch Kapitel Grundlegende und Weiterführende Arbeit). Später können Sie auch das freie Pferd treiben.

Von hinten führen ...

Durch Wegtreiben der Hinterhand und mit Wellenschlägen des Führseils oder einer Gerte gegen den Kopf oder die Schulter des Pferdes können Sie es dirigieren.

Benutzen Sie nur einen Führstrick oder arbeiten mit dem freien Pferd, so sind Sie auf Ihre unmissverständliche Körpersprache angewiesen. Bei Verwendung der langen Zügel oder der Doppellonge haben Sie mehr Einwirkung auf Kopf und Vorhand und damit auf die Richtung der Bewegungen des Pferdes.

Das Führen von hinten ist für Engstellen von Vorteil, bei denen entweder das Pferd oder der Ausbilder vorangehen müsste, weil für beide nebeneinander kein Platz ist. Das gebräuchliche »normale« Führen des Pferdes mit Position vor dem Pferd ist in Engpässen nicht besonders empfehlenswert, da eine evtl. panische Reaktion, ein »Losschießen« nach vorne, für den Führenden nicht besonders »gesund« ist.

Reagiert das Pferd auf das Treiben von hinten, so ist völlig klar, wer von den beiden Beteiligten das Sagen hat, denn die damit imitierte Position des Leithengstes wird so schnell nicht vom getriebenen Pferd in Frage gestellt.

Drängeln verboten

Drängelt das Pferd seitwärts gegen Sie, so lehnen Sie sich nicht einfach dagegen, um es wegzuschieben. Gegen die Kraft des Pferdes haben Sie keine Chance. Drängt das Pferd gegen den Ausbilder, so ist dies ein deutlicher Verstoß gegen die Rangfolge, die auch einen gewissen »Freiraum« (eine Art Privatsphäre) des Ranghöheren beinhaltet. Ein Schnick mit der Gerte oder dem Führseilende gegen Nase oder Schulter des Pferdes wird es von Ihnen fernhalten.

Angriffs- und Demutsverhalten

Um das Verhalten Ihres Pferdes richtig einzuschätzen, müssen Sie die natürlichen Demutsgebärden sowie das Angriffsverhalten des auf Konfrontation

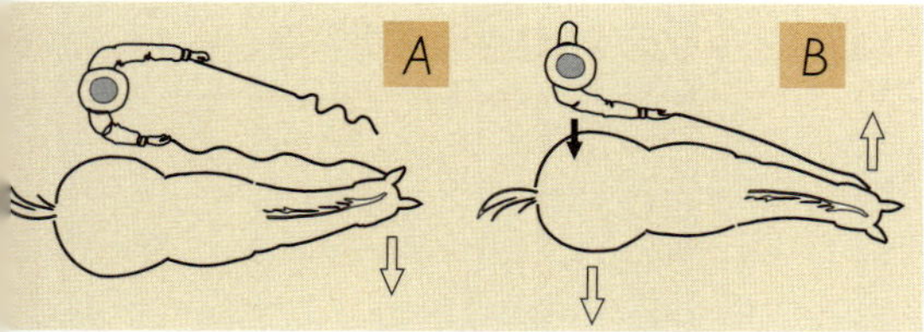

Dirigieren des Pferdes von hinten:
Mit Peitsche oder Seil die Vorhand nach rechts treiben (A) ...
... oder mit einem Schritt seitwärts die Hinterhand wegtreiben (B).

ausgerichteten Pferdes kennen. Demutsgesten sind z. B. das Ausweichen des Pferdes nach rückwärts sowie das Kauen.

Das Ausweichen rückwärts können Sie im Zuge der Dominanzarbeit vom Pferd fordern.

Das Kauen mit offenem Maul und Zähneklappen, mit dem ein sehr junges Pferd älteren gegenüber »um Verzeihung« bittet, zeigt das Pferd im allgemeinen dem Ausbilder gegenüber nur selten. Was Sie jedoch beobachten können, ist ein Kauen mit geschlossenem Maul, wenn das Pferd – bildhaft gesprochen – »verarbeitet und verdaut«. Es »denkt« über eine gerade absolvierte Lektion nach. Lassen Sie das Pferd in solchen Fällen in Ruhe verdauen: Geben Sie ihm nach neuen oder stresserzeugenden Lektionen eine Weile Zeit; lassen Sie es ein paar Minuten ruhig stehen, um das Vorangegangene zu verarbeiten.

Auch das Angriffsverhalten eines Pferdes müssen Sie schnell und deutlich erkennen, damit Sie sofort reagieren können und nicht in Bedrängnis kommen. Legt das Pferd die Ohren an und bleckt die Zähne in Ihre Richtung, dreht Ihnen die Hinterhand zu und winkt mit dem Hinterbein oder erhebt sich unaufgefordert auf die Hinterhand, so sind dies deutliche Signale für eine »wacklige« Stellung des Ausbilders. Auch das unaufgeforderte Hereinkommen des Pferdes beim Longieren kann ein versteckter Angriff oder auch ein »Test« des Pferdes sein, was es sich erlauben darf.

Reagieren Sie bei solchen kleinen Machtproben nicht oder zu langsam, so bekommt das Pferd schnell die Oberhand und kann Ihnen gefährlich werden.

Fluchtverhalten und Angstüberwindung

Freiräume

Obwohl das Pferd ein Herdentier und kein Einzelgänger ist, braucht es – je nach Pferdepersönlichkeit – einen mehr oder weniger weit gesteckten persönlichen Freiraum. Es braucht diesen, um frei beweglich, d. h. notfalls fluchtbereit zu sein. Diesen Freiraum müssen Sie auch bei der Arbeit mit Pferden beachten, wenn Sie panische Reaktionen des Pferdes und damit unkontrollierbare Situationen weitestgehend ausschließen wollen.

Alarmstellung

Zudem sollten Sie die Alarmstellung des Pferdes erkennen: Das Heben von Kopf und Hals versetzen das Pferd in Fluchtbereitschaft: Es verschafft sich mit aufgerissenen Augen, gespitzten Ohren und erhobenem Kopf einen Überblick. Es entlastet die Vorhand und spannt sich, um schnell in jede Richtung »durchstarten« zu können.

Daraus ergeben sich nun einige Grundforderungen für die Arbeit an der Hand:

Veranlassen Sie das Pferd, Kopf und Hals zu senken.
Nur dann kann es seine Aufmerksamkeit auf Ihre Wünsche richten, denn dann ist es nicht mehr alarmiert und fluchtbereit, sondern hat Vertrauen in den Schutz, den Sie ihm bieten.

Lassen Sie dem Pferd Entscheidungsmöglichkeiten und einen Ausweg.
Machen Sie dem Pferd alle Wege, die sich nicht mit Ihren Wünschen decken, unbequem.
Ein einfaches Beispiel: Sie wollen, dass das Pferd seitwärts nach rechts ausweicht: »Ärgern« Sie dazu das Pferd auf der linken Seite, indem Sie es mit dem in Kapitel Ausrüstung beschriebenen kreisenden Seil an Hinterhand und Rippen berühren. Verhindern Sie eine Vorwärtsbewegung durch wiederholtes Rucken am Halfter. Kurz: Machen Sie alle Richtungen (vorwärts, rückwärts, seitwärtslinks sowie das Stehenbleiben auf der Stelle) unangenehm für das Pferd. Prinzipiell kann sich das Pferd auch für eine der unangenehmen Richtungen entscheiden (Sie haben es ja nicht festgebunden). Es hat viele Auswege. Das Ausweichen nach rechts ist in diesem Fall aber die einzig bequeme Lösung – jeden Schritt seitwärts nach rechts belohnen Sie durch sofortiges In-Ruhe-Lassen. Alle anderen Richtungen machen Sie durch Störaktionen weiterhin unattraktiv. Sie sind zwar eine Alternative für das Pferd, jedoch keine angenehme. Es entscheidet sich schließlich

Die »Alarmstellung« des Pferdes: Machen Sie sich auf heftige Reaktionen gefasst.

für den von Ihnen gewünschten Weg.
Es gibt natürlich andere Übungen, bei denen des Pferd weniger Entscheidungsmöglichkeiten hat.

Freiwillig
Besonders effektiv ist diese Art der Arbeit, weil das Pferd schließlich meint, sich aus eigenem Antrieb für die von Ihnen gewünschte Richtung entschieden zu haben. Es ist ein Schritt in Richtung freiwilliger Mitarbeit durch Verzicht auf sichtbaren Druck zugunsten der »psychologischen Kriegsführung«. Gerade bei starken Pferdepersönlichkeiten ist dies eine gute Methode, keine Widersetzlichkeiten aufgrund von zu deutlichen Zwangsmaßnahmen zu provozieren.

Arbeiten Sie auf Distanz

Bedrängen Sie das Pferd nicht mit dem eigenen Körper.

Dirigieren Sie das Pferd in eine Richtung, vor der es deutlich Angst hat; und sind z. B. in einer Engstelle alle Ausweichmöglichkeiten von vornherein blockiert, so vermeiden Sie auf jeden Fall, zu dicht an das Pferd heranzugehen (wie man mit dem Pferd auf Distanz arbeitet, wird im Kapitel Signale und Hilfen beschrieben). Damit verhindern Sie, dass das Pferd als letzten Ausweg nur noch die Möglichkeit sieht, Sie umzurennen, um der Situation zu entkommen. Bei solchen Panikreaktionen ist die Verletzungsgefahr für Pferd und Mensch sehr groß.

Ein Abstand von etwa einem Meter sollte meist genügen, damit sich das Pferd nicht bedrängt fühlt. Sein nötiger Freiraum ist gewahrt. Zwar kann die Übung sich eine Weile hinziehen, bis sich das Pferd entscheidet, in die gewünschte, »gefährliche« Richtung auszuweichen, aber es wird nicht versuchen, »durch die Wand zu gehen«, weil es sich nicht bedroht oder eingezwängt fühlt.

Angsterzeugende Übungen, bei denen sich das Pferd schließlich aus eigenem Antrieb für die gewünschte Richtung entscheidet, weil es zu seinem natürlichen Verhalten gehört, den Signalen des ranghöheren Ausbilders Folge zu leisten, sind ungemein vertrauensbildend.

Das Pferd merkt schnell, dass alles, was Sie als Vertrauensperson verlangen, ungefährlich ist, und wird Ihnen zunehmend mehr Vertrauen schenken, was wiederum Ihre Position stärkt.

Autorität und Vertrauen

Vertrauensaufbau und Festigung der Autorität des Ausbilders gehen Hand in Hand, bedingen sich praktisch gegenseitig. Das bedeutet, dass eine lasche Erziehung des Pferdes, bei dem der Ausbilder hin und wieder nachgibt und im Geiste sagt »ach, das arme Pferd hat Angst, lassen wir es lieber in Ruhe«, dem Pferd das Vertrauen nimmt.

Ein Ausbilder, der bei der grundsätzlichen Erziehung des Pferdes Fehler macht, muss später beim Reiten viel öfter auf technische Zwangsmittel zurückgreifen, um sein Pferd zu kontrollieren, weil es keinen Respekt und somit auch kein Vertrauen zu ihm hat und deswegen seine Wünsche und Signale immer wieder in Frage stellen wird.

Eine strenge Erziehung bedeutet nun auf keinen Fall Brutalität gegenüber dem Pferd, sondern immer nur ruhige, beherrschte Unnachgiebigkeit, eine Art von lächelnder Sturheit seitens des Ausbilders nach dem Motto: »Lass dir Zeit, soviel du willst – am Ende machst du doch das, was du sollst.«

Abhärten: Die Sache mit dem Sack

Eine Art der Angstüberwindung ist das Aussacken, mit dem die Westernreiter ihre Pferde an »gefährliche« Dinge und an laute Geräusche gewöhnen, sie praktisch abhärten.

Beim Aussacken lassen Sie dem Pferd die Freiheit, im Bereich des langen Strickes oder der Longe (oder auch frei im Roundpen – siehe dort) wegzuspringen, wenn es mit einer Plastiktüte, einem Sack oder Ähnlichem berührt wird. Binden Sie das Pferd jedoch unter kei-

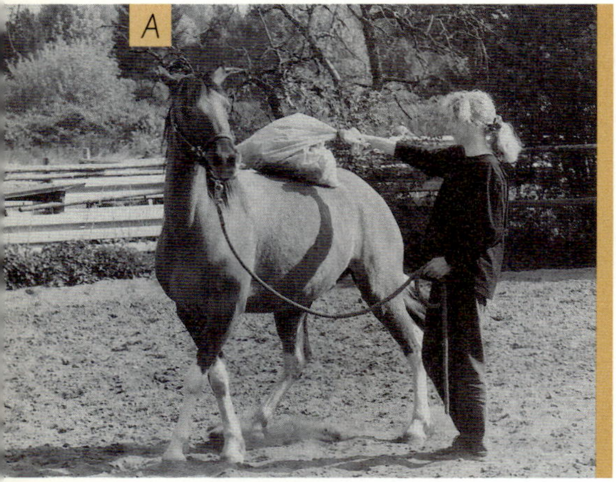

Das Aussacken des Pferdes: Eine Tüte mit Blechdosen erzeugt Angst. Das Pferd darf sich die Tüte anschauen und lässt sich die Berührung schließlich gefallen.

nen Umständen dabei irgendwo fest an. Um die Reichweite des eigenen Armes zu verlängern, können Sie Tüten, Decken oder Luftballons auch an einem Stock befestigen und das Pferd damit berühren. Oder sie rollen Gymnastikbälle oder andere Gegenstände ohne scharfe Kanten auf das Pferd zu.
Es wird eine Weile mit allen Anzeichen des Schreckens (Alarmhaltung) hin und her springen und das »Spiel« mit der Zeit satt bekommen, wenn es merkt, dass auch das knisternde Plastik oder der klappernde Sack ihm nichts tun.
Um noch etwas mehr Kontrolle über das Pferd zu haben, können Sie statt eines Halfters am Pferdekopf auch die War Bridle, die Führkette oder den Kappzaum (siehe Ausrüstung), benutzen – auf keinen Fall jedoch die Trense oder eine andere Art von Gebiss.
In ähnlicher Form können Sie das Pferd an Peitsche, Gerte oder die Berührung von Seilen an den Hinterbeinen gewöhnen (für die spätere Arbeit mit der Doppellonge ist dies von Bedeutung). Bleiben Sie bei solchen Übungen immer souverän und ruhig – auch wenn das Pferd noch so hektisch um Sie herumkreiselt –, so vertraut Ihnen das Pferd danach um so mehr.

Spiel und Arbeit – Die Aufmerksamkeit des Pferdes

Je höher ein Tier entwickelt ist, desto stärker sind sein Spieltrieb und seine Neugier ausgeprägt. Beides kann oft als Gradmesser für die Intelligenz des Pferdes dienen.
Starker Spieltrieb und große Neugier erleichtern einerseits die Arbeit mit dem Pferd, weil es an vielen Dingen interessiert ist und schnell lernt. Sie erschweren die Ausbildung jedoch andererseits in gewisser Weise, weil sich das Pferd genauso schnell langweilt und nicht mehr auf die Bereiche konzentriert, die gerade

auf dem »Programm« stehen. Berücksichtigt der Ausbilder diesen Punkt, so wird er sein Trainingsprogramm immer wieder abwandeln, wenn er merkt, dass das Pferd kein Interesse mehr zeigt. Ein intelligentes Pferd fordert den Ausbilder viel stärker als ein dummes, denn er muss sich immer wieder etwas Neues einfallen lassen, um das Pferd zu motivieren.

Im Spiel trainieren sich die Pferde selbst.

Motivation

Motivieren können Sie Ihr Pferd auch, indem Sie mit ihm spielen. Dies wird zwar von vielen Ausbildern total abgelehnt, weil sie der Meinung sind, dass das Spielen mit dem Pferd die Autorität des Ausbilders untergräbt. Betrachtet man jedoch das Herdenverhalten, so spielt der Ranghöhere durchaus mit dem Rangniederen – was ihn nicht daran hindert, ein paar Minuten später seinen Spielgefährten vom Futter wegzubeißen. Sein Rang ist mit diesem Spiel keineswegs in Frage gestellt. Das bedeutet also, dass auch der Mensch ohne Autoritätsverlust mit dem Pferd spielen kann. Im Spiel kann er viele Talente des Pferdes besser erkennen als in der Arbeit, die häufig nach einem bestimmten Grundmuster abläuft. Sie müssen jedoch während des Spiels das Pferd sehr genau beobachten, denn die Grenzen zwischen harmlosem Spiel und beginnender Aufsässigkeit des Pferdes sind fließend. Außerdem sollten Sie dem Pferd den Unterschied zwischen Arbeit und Spiel deutlich klarmachen. Zum Beispiel ist dies dadurch möglich, dass das Pferd zum Spielen immer völlig frei – ohne Halfter oder sonstiges Equipment – läuft und zur Arbeit immer mindestens ein Halfter trägt. Bei manchen Pferden ist

Eine zufällig entdeckte Eigenart des Pferdes, wie hier die Neigung zum Heben des Vorderbeines, kann zum »Trick« entwickelt werden.

diese Unterscheidung jedoch gar nicht nötig, denn sie erkennen sehr genau, was der Mensch von ihnen will. »Bewaffnen« Sie sich beim Spiel mit dem Pferd mit einer kurzen Longenpeitsche oder einer langen Gerte – für den Fall der Fälle, dass das Pferd einmal die Grenze zwischen Spiel und Ernst überschreitet. Und lernen Sie, Ihre Körpersprache sicher (für das Pferd unmissverständlich) zu beherrschen, damit Sie Ihre Autorität in kritischen Situationen wahren können (siehe Kapitel Körpersprache entwickeln).
Machen Sie sich auch schon mal Gedanken über Ablenkungsmanöver für kritische Situationen. Überlegen Sie, wie Sie reagieren würden, wenn das Pferd aufsässig wird, ohne es unnötig zu provozieren. Diese Möglichkeit einer Abrufbarkeit von »abgespeicherten« Reaktionsmustern wird in den folgenden Kapiteln noch einmal aufgegriffen.

Alles, was das Pferd während der Arbeit lernt, muss immer abrufbereit sein. Das Pferd darf es nie in Frage stellen. Im Spiel dagegen bietet es bestimmte Bewegungen und Verhaltensweisen an, die erst einmal nicht abrufbar sind.
Sie können jedoch mit der Zeit besondere Talente des Pferdes, die im Spiel zum Vorschein kommen, in die Arbeit übernehmen und sie abrufbar machen – auf diese Weise werden oft Zirkuspferde trainiert. Beobachten Sie die Pferde im Spiel und entwickeln daraufhin die besonderen Eigenheiten. Nicht alle Pferde haben das gleiche Potenzial für ausgefallene Kunststückchen; meist sind nur eine oder zwei Besonderheiten des Pferdes zum »Trick« ausbaubar.

Offene Zielvorstellungen

Der Vorteil des Spiels ist, dass es nicht zielgerichtet ist. Der normale Ausbilder formuliert bei der Arbeit mit seinen Pferden ein Ziel. Das Pferd soll z. B. Dressurpferd, Westernpferd oder Distanzpferd etc. werden. Nach diesem Ziel erarbeitet er einen Trainingsplan. Ein formuliertes Ziel bedeutet jedoch immer

eine Beschränkung der Fülle von Möglichkeiten. Der Ausbilder wird also vieles vernachlässigen, was nicht zum Ziel führt. Dabei können viele Talente des Pferdes völlig brachliegen, weil sie nie zum Vorschein kommen. Legen Sie sich von vornherein nicht völlig auf ein enges Ziel fest – formulieren also Ihre Zielvorstellungen offener –, so verstellen Sie sich nicht den Blick für die Möglichkeiten, die das Pferd im Spiel anbietet.
Eine offene Zielvorstellung könnte z.B. lauten: Ich will mit meinem Pferd besser und harmonischer zusammenarbeiten. Oder: Mein Pferd soll mit mir zusammen ein Bild der Leichtigkeit und Harmonie abgeben etc. Solche Ziele grenzen nicht ein. Zufällig im Spiel entdeckte Talente des Pferdes können zum Spaß in die Arbeit eingebaut werden – mal sehen, was daraus wird ...

Im Spiel ist die Aufmerksamkeit des Pferdes völlig freiwillig auf den Menschen gerichtet.

Diese Form der Arbeit – ein offeneres Ziel – verhindert auch Enttäuschungen, wenn das Pferd dem gesteckten engen Ziel nicht entspricht, wenn also das »geplante« Dressurpferd »zuwenig Gang« hat oder sich das Reiningpferd beim Spin einen Knoten in die Beine macht. Vielleicht kann ja das Dressurpferd besser springen, und am »Reiner« ist eher ein Zirkuspferd verlorengegangen.

Der Weg ist das Ziel

Solange ich nur das Ziel sehe, verbaue ich mir den Blick auf die Chancen, die sich auf dem Weg zum Ziel ergeben können. Die spielerische Komponente der Arbeit lässt uns im »Jetzt« arbeiten. Sie brauchen jedoch etwas Zeit, um sich auf Angebote des Pferdes einzulassen. Versuche, eine spielerische Bewegung weiterzuentwickeln, auszubauen, abrufbar zu machen, sind nicht immer gleich von Erfolg gekrönt. Es gibt in diesem Bereich keine festen Regeln, wie bei welchem Angebot des Pferdes zu verfahren ist. Man kann nur ausprobieren, welches Signal ein Pferd am besten annimmt.

Spielen fördert die Aufmerksamkeit des Pferdes

Im Spiel ist die Aufmerksamkeit des Pferdes völlig freiwillig auf den Ausbilder gerichtet. Das Pferd hat das Gefühl, völlig aus eigenem Antrieb zu handeln. Dies motiviert das Pferd natürlich ungemein. Wenn es Ihnen gelingt, etwas von dieser Motivation in die Arbeit hinüberzuretten, so haben Sie eines der Hauptprobleme bei der Bodenarbeit (und später beim Reiten) gelöst: nämlich die Aufmerksam-

keit des Pferdes auf sich und Ihre Signale zu lenken. Damit haben Sie die Grundvoraussetzung für effektives Arbeiten mit dem Pferd geschaffen.
Was tun Sie, wenn Sie mit dem Pferd spielen wollen? Pferde gehen im Spiel manchmal ganz schön rüde miteinander um. Deswegen können Sie diese Art des Spielens natürlich nicht auf die Konstellation Mensch-Pferd übertragen. Der Mensch verträgt es nun einmal nicht besonders gut, wenn ihn das Pferd spielerisch in den Hals zwickt. Bleiben Sie also beim Spiel mit dem Pferd auf Distanz. Starten Sie einen Scheinangriff auf Ihr Pferd, indem Sie schnell auf es zulaufen und es von seinem Platz vertreiben. Ihr Pferd wird es mit einem Satz zur Seite und einem Schütteln von Kopf und Hals quittieren oder es wird wie angestochen kehrtmachen und in vollem Tempo eine Runde laufen, meistens buckelnd. Immer jedoch wird es nach kurzer Zeit stehenbleiben und den »Spielgefährten« fixieren, so als ob es fragt: »Und was kommt nun?« Die Aktivität im Spiel sollte weitgehend von Ihnen ausgehen, damit Sie sich nicht unversehens in die Lage versetzt sehen, sich das Pferd kaum noch vom Leibe halten zu können. Belohnungen in Form von Futter würde ich während des Spiels nicht empfehlen – auch sie führen dazu, dass das Pferd Sie bedrängt und Ihnen zu nahe kommt. Und wofür auch Belohnungen – das Pferd tut beim Spiel ja nichts, wofür es belohnt werden müsste.

Das Pferd im Spiel steigen zu lassen ist eine gefährliche Angelegenheit, denn gerade das Steigen kann leicht außer Kontrolle geraten, besonders, wenn der Mensch einmal aus Schreck, wenn das Pferd über ihm steht, einen Schritt zurückweicht. In diesem Moment hat das Pferd gelernt, dass das Leittier Mensch ihm ausweicht, wenn es steigt.
Kritisch ist hier jedoch nur das aggressive, hohe Steigen, bei dem das Pferd womöglich noch auf den Menschen zu läuft. Ein leichtes Ansteigen und auf der Hinterhand wegdrehen ist unbedenklich, denn damit befindet sich das Pferd ja schon wieder auf dem Rückzug.

Auch im Spiel kann das Vertrauen des Pferdes trainiert werden. Es werden »gefährliche« Gegenstände auf dem Platz verteilt, mit denen das Pferd während des Spiels ganz zufällig Kontakt bekommt. Sie können z. B. einen großen Ball auf das Pferd zurollen – es wird natürlich anfangs sofort wegspringen. Meist siegt aber die Neugier und es nähert sich zögernd wieder dem angsterzeugenden Gegenstand.
Wiederholen Sie die Prozedur so lange, bis das Pferd mehr Spaß als Angst dabei hat. Die Freiheit, bei Angst erzeugenden Situationen erst einmal wegzuspringen und später aus Neugier (also aus eigenem Antrieb) wiederzukommen und das gefährliche Ding zu prüfen, also die Überwindung von Misstrauen und Angst ohne Zwang, hat einen sehr wohltuenden Effekt auf die Beziehung Mensch-Pferd, denn das Pferd besiegt seine Angst, ohne dass Sie es direkt bedrängen. Dies führt später dazu, dass allein die Anwesenheit des Ausbilders das Pferd in kritischen Situationen beruhigen kann, wenn er selbst nur ruhig und gelassen bleibt.

Lernverhalten – Lernsysteme

Ein Pferd kann sowohl durch Gewöhnung als auch durch Verstehen lernen. Lernt es durch Verstehen, so sitzt das Gelernte nachhaltiger. Verstehen kann das Pferd, wenn der Lerninhalt ihm in seiner »Sprache« vermittelt wird – also das Herdenverhalten die Grundlage der Ausbildung ist. Gewöhnen kann man das Pferd durch Dressur an erwünschte Verhaltensweisen. Dressur ist an sich nichts anderes als ein ausgeklügeltes System von Belohnung und Strafe. Beide Lernsysteme haben ihre Berechtigung nebeneinander. Sie greifen ineinander, da auch die Dressur auf Belohnungen und Strafen zurückgreifen muss, die sich weitgehend aus dem natürlichen Herdenverhalten ergeben, die das Pferd also verstehen kann.

Damit sind wir beim nächsten Thema:

Belohnung und Strafe

Belohnung und Strafe – oder anders ausgedrückt: ein angenehmes oder unangenehmes Gefühl, welches mit bestimmten Verhaltensweisen oder Dingen verbunden wird – sind treibende Kräfte, die das Pferd dazu veranlassen, etwas zu tun oder zu lassen.

Um mit Belohnungen oder Strafen das Pferd beeinflussen zu können, sollten Sie genau wissen, was das Pferd als Belohnung oder als Strafe empfindet. Hüten Sie sich davor, das Pferd in diesem Bereich zu vermenschlichen.

Pferde, besonders hochblütige wie Araber oder Vollblüter, haben einen sehr ausgeprägten »Gerechtigkeitssinn«. Sie akzeptieren eine Strafe ohne weiteres, wenn sie sie verstehen und ein bestimmtes »Fehlverhalten« ihrerseits damit in Verbindung bringen können. Wenn sie jedoch nicht wissen, warum sie gestraft wurden, reagieren sie im wahrsten Sinne des Wortes sauer und widersetzen sich.

Fair, friendly, firm, fast

Pat Parelli, ein Künstler im Bereich der natürlichen Methode der Bodenarbeit, hat für den richtigen Umgang mit dem Pferd den Begriff der »4 f« geprägt. Es sind dies im einzelnen die Worte: fair, friendly, firm und fast. Also: gerecht, freundlich, bestimmt und schnell. Sie umreißen das Wunschverhalten eines Ausbilders ziemlich genau. Man könnte jedoch noch den fünften Begriff »bewusst« ergänzen, wie wir in den folgenden Kapiteln noch sehen werden.

Für den Bereich Belohnung und Strafe sind besonders die Begriffe fair und fast, also gerecht und schnell, von Bedeutung. Damit ein Pferd eine Strafe oder Belohnung direkt mit seinem Verhalten in Verbindung bringen kann, muss sie sofort erfolgen. Dazu müssen Sie bei der Arbeit mit dem Pferd schon den Ansatz eines erwünschten oder unerwünschten Verhaltens erkennen – und entsprechend reagieren.

Wir sind damit wieder beim genauen Beobachten des Pferdes. Das »Drachensteigen-Lassen« z. B., ein Longieren ohne das Pferd dabei sinnvoll zu beschäftigen, führt oft zu Untugenden des Pferdes, weil es an der Longe tun und lassen kann, was ihm gefällt, ohne dass der Mensch ihm Feedback gibt. Das Pferd muss sich bei der Arbeit immer von

Ihnen beobachtet (und kontrolliert) fühlen – so wird es auch immer aufmerksam auf Ihre Signale achten. Umgekehrt entgeht Ihnen nichts im Verhalten des Pferdes, was sofortiges Lob bzw. sofortigen Tadel erfordern würde.
Eine prompte, gerechtfertigte Strafe oder Belohnung festigt das Vertrauen des Pferdes in den Ausbilder, da sie ihm Orientierungsrichtlinien gibt. Bemühen Sie sich immer, mehr zu loben als zu strafen – aber auch eine härtere Strafe

Belohnung des Pferdes durch Ruhe und Freundlichkeit

wird das Pferd hinnehmen, wenn sie nötig und richtig ist. Tritt eine bestimmte Widersetzlichkeit häufiger auf, korrigieren oder strafen Sie das Pferd nicht immer in gleicher Weise. Es wird sonst darauf warten und sich vorher schon fest machen oder versuchen, der Strafe davonzulaufen. Weiß das Pferd nicht, was kommt, so kann es sich auch nicht darauf vorbereiten. Bestrafen Sie also das gleiche »Vergehen« z. B. einmal durch einen Schnick mit der Peitsche, das andere Mal mit einem Ruck auf die Nase, das nächste Mal durch Anschreien usw. Natürlich muss die Strafe dem Verhalten und dem Charakter des jeweiligen Pferdes angemessen sein – nicht zu heftig, jedoch so, dass das Pferd sie ernst nimmt.

Korrigieren oder akzeptieren?

Bevor ich zu den einzelnen Punkten komme, die das Pferd als angenehm (Belohnung) oder unangenehm (Strafe) empfindet, noch ein Wort zu dem als erwünscht oder nicht erwünscht eingestuften Verhalten des Pferdes:
Es gibt gewisse Verhaltensweisen, die Sie einem Pferd nie durchgehen lassen sollten, denn sie zeigen eine grobe Missachtung Ihrer übergeordneten Position als Leittier. Lassen Sie sich nicht anrempeln, wenn Sie das Pferd führen; lassen Sie es auch nicht an Ihnen vorbeistürmen. Wehren Sie sich vehement, wenn es Ihnen unaufmerksam auf die Füße tritt, nach Ihnen schnappt oder gar mit dem Hinterbein droht etc. Solche Dinge zeigen deutlich mangelnden Respekt des Pferdes vor Ihnen – die Rangfolge ist nicht vollständig geklärt.
Es gibt jedoch andere Verhaltensweisen des Pferdes, die Sie nach eigenem Gutdünken als dessen Eigenheiten akzeptieren können oder auch nicht. Entscheiden Sie dabei von Fall zu Fall, ob eine be-

stimmte Verhaltensweise schon einen Verstoß gegen die Rangordnung darstellt oder nicht. Wenn nicht, können Sie es als Eigenart des Pferdes durchgehen lassen – Sie wollen ja schließlich kein seelenloses Roboterpferd. Solche Verhaltensweisen wären z. B., dass sich ein Pferd an der Longe oder im Roundpen (siehe dort) einmal ausbuckelt, um Spannungen loszuwerden – es hört schon wieder auf, wenn es entspannt ist, und kann sich später um so besser konzentrieren. Oder dass es in der Box ungnädig die Ohren anlegt, wenn jemand hineinwill – viele Pferde betrachten die Box als Privatbereich und lassen sich dort nur ungern stören. Ich denke, man kann dies akzeptieren, solange das Pferd es bei dieser reinen Geste belässt und den Menschen nicht in agressiverer Form bedroht. Viele Pferde lassen sich nicht gern dauernd anfassen und streicheln – auch das sollten Sie akzeptieren. Sie kommen von allein an, wenn sie ge-krault werden wollen. Beim Putzen je-doch sollten Sie überall hinkommen – bei im Kopfbereich empfindlichen Pferden können Sie Zugeständnisse machen und nicht mit der Bürste, sondern nur mit einem Lappen putzen.
Wenn Sie bei Kleinigkeiten auf das Pferd eingehen, so wird es den Umgang mit Ihnen als angenehm empfinden.
Versuchen Sie nicht, dem Pferd irgendwelche Empfindlichkeiten gewaltsam auszutreiben, denn damit verärgern Sie es unnötig und provozieren vermeidbare Reibereien, die das Verhältnis Mensch-Pferd schon vor der eigentlichen Arbeit belasten. Manche Empfindlichkeiten sind mit Geduld wegtrainierbar. Andere Eigenheiten gehören zum Wesen dieses speziellen Pferdes. Auch, wenn sie uns nicht passen, müssen wir sie akzeptieren. Sie sind meist am besten zu erkennen, wenn man das Pferd beim Umgang mit seinen Artgenossen beobachtet.

Für das Pferd verständliche Belohnungen

Belohnungen sollen dem Pferd immer ein angenehmes Gefühl vermitteln. Unterschiedliche »Belohnungssysteme« tragen den verschiedenen Charakteren der Pferde Rechnung.

1. Kleine Leckerbissen für erwünschtes Verhalten

Diese Art der Belohnung ist auch für den Laien nachvollziehbar. Wie wir noch sehen werden, gibt es jedoch andere Formen der Belohnung, die effektiver sein können.
Das Füttern des Pferdes zur Belohnung ist ein durchaus legitimes Hilfsmittel. Es birgt jedoch bei manchen Pferden die Gefahr, dass sie sehr aufdringlich werden. Verabreichen Sie Leckerbissen sehr gezielt und nur für besondere Leistung. Lassen Sie das Pferd auf keinen Fall mit der Nase in Ihren Taschen nach Leckerlis stöbern. Es darf seine Belohnung nicht selbst fordern.
Zudem müssen Sie das Pferd daran ge-wöhnen, dass es die Lektionen, die es mit der Belohnung durch Futter gelernt hat, später auch ausführt, wenn es nicht dauernd etwas dafür zu fressen be-kommt. Ich hatte eine Stute, die sich nach einer speziellen Lektion, die immer durch Futter belohnt worden war, weil

2

sie damit Schwierigkeiten hatte, grundsätzlich zu mir umdrehte und auf die Belohnung wartete. Das ist sicher auf Dauer nicht wünschenswert.
Also: wenn Sie mit Futter arbeiten, dann etablieren Sie gleichzeitig noch andere Formen des Lobes, so dass das Pferd nicht verunsichert wird, wenn es kein Futter mehr für eine richtig ausgeführte Lektion gibt.

2. Ruhepausen – Entspannung – Erleichterung – Steigerung des Selbstbewusstseins.
Angemessen lange Ruhepausen sind eine sehr sinnvolle Belohnung. Nach einer schwierigen oder angstbesetzten Lektion lassen Sie das Pferd einfach eine Weile ruhig stehen, damit es das Geschehene verarbeiten kann. Diese Pause gibt dem Pferd Gelegenheit, sich nach einer »spannenden« Übung zu entspannen. Diese Entspannung ist sehr wichtig für sein Wohlbefinden.
Es gilt: Entspannung = Wohlbefinden = Belohnung.
Wenn das Pferd eine Übung absolviert hat, vor der es große Angst hatte, so empfindet es nach dieser Lektion neben der Entspannung auch Erleichterung ähnlich einem Menschen, der seine Angst vor einer bestimmten Situation überwunden hat. Etwas »trotzdem zu tun« steigert zudem das Selbstwertgefühl – sowohl des Menschen als auch des Pferdes.

3. Sicherheit vermitteln.
Die Ruhe des Ausbilders in jeder Situation gibt dem Pferd das Gefühl, dass ihm nichts passieren kann. Hektisches Herumschreien oder unnötige, abrupte Bewegungen verunsichern das Pferd genauso wie übertriebenes Tätscheln und Um-das-Pferd-Herumwuseln nach einer beendeten Übung. All diese Signale zeigen nämlich dem Pferd, dass die Situation seinem »Leittier« selbst nicht geheuer ist.
Beschränken Sie sich während einer Übung auf die unbedingt nötigen Bewegungen und Signale und versuchen Sie wirklich souverän und ruhig zu bleiben. Sind Sie selbst unsicher und ängstlich, zeigt sich das dem Pferd in jeder Ihrer Bewegungen und in Ihrer Stimmlage.
Belohnen Sie das Pferd nach einer erfolgreich beendeten Übung, wie schwer sie auch immer gewesen sein mag, indem Sie ruhig stehen, dem Pferd über Stirn

Arttypisches Schutzverhalten der Mutterstute: Legen Sie dem Pferd den Arm über den Hals und imitieren damit dieses Verhalten.

und Nase streichen und und es dann kurz zum Nachdenken sich selbst überlassen (siehe Punkt 2).

4. Beruhigende Stimme.
Dieses Hilfsmittel ist sicher den meisten hinreichend bekannt. Pferde reagieren sehr empfindlich auf die Stimme – vor allem auf die Stimmlage, die Emotionen des Sprechers transportiert. Leises Zureden mit tiefer Stimme und langgezogenen dunklen Lauten, wie O, U und A empfinden sie als angenehm und beruhigend.

5. Angenehmes arttypisches Verhalten imitieren.
Legen Sie dem Pferd den Arm über den Hals, so imitieren Sie das Verhalten einer Pferdemutter, die ihr Fohlen schützt. Sie geben dem Pferd ein Sicherheitsgefühl (siehe auch Punkt 3), wenn Sie diese Geste als Belohnung anwenden.
Weitere arttypische Liebkosungen sind: das »Anpusten« des Pferdes an den Hals oder in die Nüstern, das Imitieren der Fellpflege durch festeres Kraulen des Pferdes am Mähnenkamm in Widerristnähe oder das Kraulen hinter oder zwischen den Ohren.
Merken Sie während der Arbeit, dass es das Pferd irgendwo juckt, so können Sie es an der Stelle kratzen oder auch eine Mücke verscheuchen.

6. Sensible Stellen für Liebkosungen suchen.
Jedes Pferd hat andere Stellen, an denen es besonders gern gestreichelt oder gekrault wird. Diese Stellen gilt es herauszufinden, um das Pferd durch eine Berührung dort zu belohnen. Andererseits haben manche Pferde eine ausgesprochene Abneigung dagegen, an bestimmten Punkten angefasst zu werden. Diese sollten Sie sich natürlich nicht gerade für eine als Belohnung gedachte Geste aussuchen.
Meine Stute z. B. konnte es nicht ausstehen, wenn man ihr in die Nüstern oder auf die Nase pustete, und gab dies auch durch Zähneblecken und Ohrenanlegen zu verstehen. Die meisten anderen Pferde lieben diese Geste jedoch. So müssen Sie bei Ihrem speziellen Pferd eben immer auch speziell herausfinden, womit Sie es erfreuen können.

Belohnung: Über die Stirn streichen ...

2

Dem Pferd verständliche Strafen

1. Laute Stimme.
Sensiblen Pferden reicht als Ermahnung das Erheben der Stimme und das Verwenden von kurzen, harten Lautfolgen, wie ein knappes Nein – oder in der Verstärkung ein Anschreien. Hüten Sie sich jedoch davor, Ihr Pferd dauernd anzuschreien. Das Pferd stumpft ab oder schottet sich gegen die dauernde »Lärmbelästigung« ab. Jeder halbwegs empfindsame Mensch kann sich nur unbehaglich fühlen, wenn er mitanhören muss, wie dauernd herumgebrüllt wird – meist ja nicht nur mit dem Pferd, sondern auch mit Reitschülern oder Mitreitern.

2. Körpersprache.
Eine drohende Haltung, vermehrtes Aufrichten, deutliche Gesten mit erhobenen Armen und eine gezielte Bewegungsrichtung strafen das Pferd zwar nicht direkt. Sie flößen ihm jedoch Respekt ein – was oft schon genügt, um ein unerwünschtes Verhalten zu unterbinden. (Mehr dazu im Kapitel Signale und Hilfen.)

3. Klaps mit Gerte oder Peitsche.
Gerte und Peitsche können als Strafe eingesetzt werden. Tun Sie es jedoch nur selten, denn in erster Funktion sollen sie der Hilfengebung als verlängerter Arm des Menschen dienen. Hat das Pferd Angst vor diesen Hilfsmitteln, so wird es versuchen, vor ihnen davonzulaufen. Die Möglichkeit, sie gezielt als Hilfe einzusetzen, entfällt damit. Strafe mit Gerte oder Peitsche meint ein Anschnicken des Pferdes mit der Peitschenschnur oder einen kurzen, gezielten, festeren Schlag – auf keinen Fall aber ein Verprügeln des Pferdes durch mehrere aufeinanderfolgende harte Schläge. Im übrigen – auch

Strafe durch harten Ruck am Halfter

der richtige, gezielte Schlag mit der Peitsche will gelernt sein (siehe Kapitel Ausrüstung/Übungen mit Seilende und Peitsche).

4. Ruck am Halfter.
Strafe soll unangenehm sein. Zerren Sie dem Pferd am Kopf herum, so ist dies sicherlich unangenehm. Als Strafe können kurze, harte Rucks auf die Nase bzw. das Genick des Pferdes dienen, wenn es z. B. vorwärtsstürmt. Wie bei den Peitschenstrafen gilt jedoch: Rucken Sie nicht dauernd am Kopf des Pferdes herum, denn es stumpft dabei auf dieses Signal ab. Auf keinen Fall darf das Rucken in dauerndes Ziehen ausarten, denn dabei veranstalten Sie schnell ein Tauziehen mit dem Pferd, das Sie aufgrund Ihrer geringeren Körperkräfte nur verlieren können. Es gibt andere Situationen, bei denen ein Ziehen in Form von sich langsam aufbauendem Druck auf das Genick des Pferdes sinnvoll ist (siehe auch Kapitel Grundlegende Arbeit) – als Strafe hat es jedoch keinen Sinn.

5. Imitation artspezifischer Strafen.
Betrachten Sie eine Pferdeherde und sehen, wie ein ranghohes Tier das rangniedere in seine Schranken verweist, manchmal auch scheinbar grundlos »schikaniert«, so können Sie sich bedenkenlos einiges davon abschauen. Ein Huftritt ist leicht durch einen Fußtritt zu imitieren – ein Biss durch ein Knuffen mit dem Ellbogen. Dem Laien werden solche Strafen immer recht roh vorkommen. Das Pferd jedoch wird sie hervorragend einordnen können, entlehnt man sie doch direkt aus der Herdenkommunikation. Wie alle anderen Strafen sollten Sie sie selten anwenden – einen Knuff mit dem Ellbogen an den Hals z.B., wenn das Pferd beim Führen gegen den Menschen drängelt. Einen Fußtritt in die Rippen oder an die Hinterhand, wenn es versucht, Sie zu treten oder zu beißen oder auf die Aufforderung, zur Seite zu treten, durch aufsässiges Gegendrängeln reagiert.

Wann sind Strafen notwendig?
Eine leichte Strafe zur rechten Zeit verhindert, dass das Pferd Ihnen aus der Kontrolle gerät. Sie zeigt dem Pferd seine Grenzen. Versäumen Sie, das Pferd rechtzeitig in seine Schranken zu verweisen, so brauchen Sie später sehr viel härtere Maßnahmen, um es unter Kontrolle zu halten. Ein Pferd, welches Sie nicht kontrollieren können, wird jedoch zu einer Gefahr. Nun sind die meisten Pferde sehr gutmütig und verzeihen viele Erziehungsfehler des Menschen. Pferde mit sehr starker Persönlichkeit werden durch erst nachlässiges und später gezwungenermaßen zu hartes Verhalten des Ausbilders jedoch manchmal zu dem, was man landläufig »Verbrecher« nennt. Sie haben erst gelernt, dass sie der Ranghöhere in der Mensch-Pferd-Beziehung sind, weil ihnen nicht sofort Grenzen gesetzt wurden, und kämpfen später um diesen Rang.
Ein Pferd kann man nicht antiautoritär erziehen – das entspricht nicht seiner Natur.

Emotionslos
Eine richtige Strafe soll immer frei von Emotionen sein. Wenn Sie sich über das

Pferd ärgern und es aus dem Ärger heraus strafen, wird die Strafe immer zu hart und damit ungerecht ausfallen (nicht fair). Es ist natürlich manchmal schwierig, sich vom Pferd nicht ärgern zu lassen. Genau dies zeichnet jedoch einen guten Ausbilder aus – das schnelle Erkennen eines Ungehorsams, mit sofortiger, adäquater Reaktion, jedoch ohne sich darüber aufzuregen. Eine gewisse lächelnde Nachsicht mit dem »Schüler« Pferd ist die beste Gesinnung, um für das Pferd verständlich und gerecht zu reagieren. Ein jähzorniger, unbeherrschter Mensch mit völlig übersteigerten Reaktionen dagegen bleibt am besten ganz von Pferden weg. Wer sich selbst nicht unter Kontrolle hat, sollte nicht denken, mit Pferden vernünftig umgehen bzw. sie erziehen zu können. Fassen wir zusammen: Effektive Strafen erfolgen sofort, sind gerecht (dem »Vergehen« des Pferdes angemessen) und frei von Emotionen.

Reflexhandlungen

Es gibt Situationen, in denen Ihnen kaum Zeit bleibt, eine adäquate Strafe bewusst zu wählen. Sie werden unter Umständen hin und wieder aus einem Reflex heraus strafen. Eine solche »Reflexstrafe« kann durchaus richtig sein, wenn der richtige Reflex »antrainiert« wurde, denn sie kommt wirklich prompt. Bedingte (trainierte) Reflexe oder auch abrufbare »Leitbilder« können durch eigene Erfahrungen entstehen oder aber auch durch Beobachten und Analysieren des Verhaltens von anderen Ausbildern. Überlegen Sie sich, wie Sie in bestimmten Situationen reagieren würden, welche Reaktion sinnvoll und richtig wäre und ob sich beides deckt. Versuchen Sie ein Gedankenbild von der richtigen Reaktion zu erzeugen und ordnen Sie es einem potenziellen Verhalten des Pferdes zu. Eine von Wut und Schmerz gesteuerte Strafe, weil das Pferd Ihnen z. B. gerade auf dem Fuß gestanden hat, ist selten angemessen. Richtig wäre, sich diese Situation vorzustellen (sie kommt ja nun häufig genug vor) und daraus ein abrufbares Leitbild für die eigene richtige Reaktion zu machen. Dies könnte so aussehen: Das Pferd tritt mir auf den Fuß – es verletzt damit meinen persönlichen Bereich als »Leittier«. Ein ranghöheres Pferd würde ihm dafür einen Huftritt oder einen Biss verpassen. Ich als Mensch kann ihm daher einen Tritt in die Rippen geben oder meinen Ellbogen benutzen. Speichern Sie diesen Gedankengang als »Bild«, so können Sie ihn als reflexhafte Handlung sehr schnell abrufen – auch, wenn Ihnen bis zu diesem Zeitpunkt noch kein Pferd auf dem Fuß gestanden hat.

Ablenken statt Strafen

Nun bekommt ein professioneller Ausbilder manchmal Pferde zur Korrektur mit Untugenden, von denen er nicht weiß, wie sie entstanden sind. Er müsste nun, um seine Autorität nicht zu gefährden, diese Widersetzlichkeiten des Pferdes bestrafen. Tritt eine solche Widersetzlichkeit häufig auf, so müsste er das Pferd häufig strafen. Ein Pferd, das genau diese Untugend bei dem Menschen, der vorher mit ihm umgegangen ist, »gelernt« hat, wird die Strafe dafür bei dem neuen Ausbilder erst einmal nicht akzeptieren. Es versteht ja nicht, dass es auf

einmal für etwas bestraft wird, was es vorher durfte.
Wollen Sie das Pferd in einem solchen Fall nicht von Anfang an gegen sich aufbringen, so versuchen Sie sinnvollerweise, die Untugend erstens nicht zu provozieren und zweitens – wenn sie auftritt – das Pferd davon abzulenken (mehr dazu im Kapitel Probleme erkennen und beseitigen).
Ist eine Untugend nicht gefährlich und untergräbt nicht deutlich Ihre Autorität, so können Sie sich auch überlegen, ob Sie sie eine Weile ignorieren – machmal verschwindet sie von allein, wenn das Pferd keinen Widerstand spürt.

Gut Freund ...

Sie können dem Pferd eine notwendige Strafe »versüßen«, wenn Sie ihm nach der Strafe eine kurze Nachdenkpause gönnen und ihm kurz nach der Pause einen Leckerbissen geben. Nach dem Motto: »Das darfst du nicht – aber ich bin trotzdem dein Freund.« Dieses Verfahren ist jedoch umstritten – es kann sinnvoll bei Pferden sein, die sich leicht ärgern lassen und die man nach einer Strafe wieder ein wenig kooperativ stimmen muss, um die Arbeit fortzusetzen. Die »Nachdenkpause« sollte jedoch immer lang genug sein, damit das Pferd die begründete Strafe deutlich vom Leckerbissen trennen kann.

Schnelle Reaktionen

Als Fluchttier muss ein Pferd schnell reagieren und beweglich sein. Für den Menschen sind seine Reaktionen deswegen

Pferde reagieren schneller als Menschen und haben deutlich mehr Kraft. Lassen Sie deswegen das Pferd seine überschüssige Energie loswerden, bevor Sie mit ihm arbeiten – wie hier im Spiel mit Artgenossen.

oft zu schnell. Das bedeutet, wenn das Pferd zu einer unerwünschten Aktion ansetzt, kommt manche Gegenmaßnahme schon zu spät. Eine potenzielle Korrektur muss deswegen schon eingeleitet werden, wenn das Pferd seine Absichten verrät. Dies tut es fast immer rechtzeitig, Sie müssen nur die Zeichen erkennen. Für die Bodenarbeit bedeutet dies noch mehr als bei der Arbeit unter dem Reiter (bei der ja durch den direkten Kontakt viele Absichten des Pferdes erfühlt werden können): Die volle Aufmerksamkeit auf das Pferd richten; das Pferd keinen Augenblick aus den Augen lassen; mit voller Konzentration bei der Sache sein und nicht nebenbei ein Schwätzchen halten.

Als Beispiel mag folgende Situation dienen: Longenarbeit am Halfter (siehe Kapitel Grundlegende Arbeit) mit einer recht eigenwilligen jungen Stute, die schon öfter probiert hatte, einfach den »Hals einzurasten«, geradeaus weiterzulaufen und mir die Longe aus der Hand zu reißen. Bis zu diesem Tag konnte ich es immer verhindern, indem ich die Absicht erkannte – sie kündigte es durch unwilliges Kopfschütteln an – und das Pferd anhielt, bevor es mir aus der Kontrolle geraten konnte. An jenem Tag nun sprach mich jemand von außen an – ich gab Antwort und drehte kurz den Kopf weg; in diesem Moment war auch das Pferd weg – nämlich mitsamt der Longe am anderen Ende des Reitplatzes. Den kurzen Moment meiner Unaufmerksamkeit hatte es ausgenutzt, um seinen eigenen Kopf durchzusetzen. Passiert so etwas mehrmals, lernt das Pferd sehr bald, dass es erstens schneller ist als der Mensch und zweitens stärker. Jeder, der mit Pferden umgeht, tut also gut daran, seine eigene Reaktion zu verbessern. Der erste Schritt dazu ist die Konzentration auf das Pferd, um überhaupt zu erkennen, worauf man reagieren muss

Freie Bewegung vor der Arbeit hilft, Probleme zu vermeiden.

und was man getrost auf sich zukommen lassen kann. Ein zweiter Schritt ist die Entwicklung von antrainierten Reflexen, wie im Kapitel Körpersprache entwickeln beschrieben.

Ein Zugeständnis an das »hochspezialisierte Bewegungstier« Pferd ist die Überlegung, keinen Ungehorsam zu provozieren, wenn man weiß, dass das Pferd eine Weile wenig oder keine Bewegung gehabt hat und »vor Kraft platzt«. Man sollte ihm dann die Möglichkeit geben, sich frei, ohne Longe, im Spiel auszutoben, bevor es an ernsthafte Arbeit geht.

Weniger ist mehr

Sie können mit einem Pferd zu viel arbeiten zu wenig und falsch. Zu wenig Arbeit bedeutet ein unregelmäßiges Arbeiten mit zu langen Pausen, in denen das junge Pferd noch nicht gefestigte Lektionen wieder vergisst. Bei alten Pferden kann jedoch eine längere Arbeitspause als Regeneration und Auffrischung der Arbeitslust recht sinnvoll sein. Ein »Zu wenig« pro »Arbeitsstunde« gibt es jedoch kaum. Fast immer gilt: je kürzer, desto besser. Das Pferd langweilt sich dann während der Arbeit nicht, und es wird nicht – körperlich oder psychisch – überfordert.
Zu viel oder falsche Arbeit jedoch führt zu folgenden Problemen.

1. Langeweile.
Wenn immer die gleichen Lektionen hintereinander abgespult werden, wenn das Trainingsprogramm keine Abwechslung aufweist, dann langweilen sich intelligente, neugierige Pferde nach kurzer Zeit. Es ist für sie die falsche Arbeit. Stimmen Sie das Arbeitsprogramm immer auf die Fähigkeiten des Pferdes ab. Ein langsames, phlegmatisches Pferd braucht öftere Wiederholungen – ein neugieriges mit schneller Auffassung verärgert man damit. Präsentieren Sie einem intelligenten Pferd, wenn es seine Grundausbildung hinter sich hat, alle paar Tage etwas Neues, und sei es nur die Abwandlung einer bekannten Lektion. Unterbrechen Sie Ihr Trainingsprogramm in der Bahn auch bei der Bodenarbeit immer wieder mit einem Bummel im Gelände. Sie können nämlich auch dort sinnvoll mit dem Pferd arbeiten. Mischen Sie bei älteren Pferden Bodenarbeit und Arbeit unter dem Reiter. Bei Korrekturpferden, die besonders unter dem Reiter Schwierigkeiten machen, kann es jedoch sinnvoll sein, ein paar Wochen oder Monate auf das Reiten zu verzichten und nur vom Boden aus zu arbeiten, um den Widerstand gegen den Reiter abzubauen und evtl. körperliche Verspannungen des Pferdes erst ohne Reiter zu beheben.

2. Überforderung.
Auch bei der Boden- und Longenarbeit kann man das Pferd überfordern bzw. falsch fordern und damit verärgern.
Bei jungen Pferden müssen Sie zuerst Muskeln, Kondition und Vertrauen aufbauen. Ein junges, ungymnastiziertes Pferd kann z. B. noch nicht auf einem engen Zirkel galoppieren. Außerdem sind enge Galoppzirkel schädlich für seine noch untrainierten, ungefestigten Sehnen und Gelenke.
Wollen Sie Steifheiten und Verspannungen bei älteren Pferden korrigieren, müssen Sie Rücksicht auf schmerzende Muskelpartien sowie psychische und körperliche Blockaden nehmen.
Ein Pferd mit Problemen in einer bestimmten Gangart oder Lektion dürfen Sie nicht dauernd in genau dieser Gangart bzw. Lektion »zwiebeln«, wollen Sie es nicht vollends dafür verderben. Bewegungsübungen, mit denen es keine Probleme hat und bei denen es sich wohl fühlt, müssen als Lockerung immer wieder aufgenommen werden. Andernfalls verbindet das Pferd Arbeit immer nur mit etwas Unangenehmem.

Unterbrechen Sie immer wieder die Arbeit an einem Problem und vermitteln Sie sich und dem Pferd ein kleines Erfolgserlebnis mit einer Übung, die es gut beherrscht. Das ist wie bei der Arbeit unter dem Reiter. Natürlich dürfen

Stimmung und Gesichtsausdruck erkennen: Der Fuchs droht leicht, der Schecke schaut vorsichtig und abwartend – er ist bereit, aus dem Weg zu gehen, wenn die Drohung sich verstärkt.

Sie nicht direkt in einer »Auseinandersetzung« abbrechen. Dann hätte das Pferd seinen Willen durchgesetzt, was Ihre Autorität und damit Ihre ranghohe Position deutlich ankratzt.

Immer der Reihe nach

Eine psychologisch und physiologisch sinnvolle Staffelung aller Übungen ist bei der Bodenarbeit genauso wichtig wie beim Reiten. Sie kann – nach der grundlegenden Arbeit, die immer ähnlich ablaufen wird – von Pferd zu Pferd verschieden sein, da jedes Pferd unterschiedliche Probleme und Ängste hat. Manches Pferd regt sich immer auf, wenn es angaloppieren soll. Ein anderes hat Taktprobleme im Trab. Besonders bei den vertrauensbildenden Trailübungen reagiert jedes Pferd anders. Das eine verträgt keine klappernden Geräusche, das andere stellt sich furchtbar bei Engpässen an, das dritte findet es schrecklich, wenn es auf eine Stange tritt. Probieren Sie vorsichtig aus, welche Dinge Ihrem Pferd besondere Angst machen und stellen Sie

Das Pferd schaut freundlich und träge-interessiert.

Übungen in diesen Bereichen zurück, bis das Vertrauen des Pferdes in Sie gefestigt ist. Diese problematischen und angstbesetzten Lektionen müssen Sie zwar ir-

Diese beiden Pferde sind aufmerksam und sehr interessiert.

gendwann angehen, Sie erleichtern sich jedoch das Leben, wenn Sie damit warten, bis Sie auch sicher sein können, Ihre Forderungen beim Pferd durchzusetzen.

Stimmungsprüfung

Um unnötige Probleme zu vermeiden, berücksichtigen Sie die Stimmung Ihres Pferdes bei der Arbeit. Auch Pferde haben öfter schlechte Laune – sind wetterfühlig oder rossig oder haben irgendwelche Schmerzen, die sich auf die Laune auswirken. Nun können Sie natürlich nicht immer darauf Rücksicht nehmen, ob das Pferd gerade zur Arbeit aufgelegt ist. Wenn sich jedoch zeigt, dass es einen besonders schlechten Tag hat, so arbeiten Sie kurz und fordern nur ein paar Lektionen, die das Pferd gut beherrscht. Für neue Übungen, bei denen mit Widerstand zu rechnen ist, sind solche Tage sicherlich nicht geeignet.
Schätzen Sie bei der Stimmungsprüfung auch Ihre eigenen Fähigkeiten ein und fragen sich, wie weit Sie in der Lage sind, einen vorhersehbaren »Kraftausbruch« des Pferdes (z.B. in einer bestimmten Gangart oder bei einer bestimmten Lektion) zu meistern. Unter Umständen lassen Sie besser an diesem Tag eine schwierige Lektion bleiben. Haben Sie noch nicht sehr viel Erfahrung, sollten Sie sich häufiger darüber Gedanken machen, ob Sie Ihr Pferd zusätzlich zu seiner schlechten Laune – vielleicht auch noch bei windigem, kühlem Wetter (bei dem Pferde gern herumtoben) – mit ungeliebten Übungen provozieren wollen und einen Misserfolg damit geradezu herausfordern. Schlimmstenfalls verlieren Sie dabei »das Gesicht«, d.h. Sie büßen etwas von Ihrer Autorität dem Pferd gegenüber ein.
Stimmungsprüfungen können Sie vor, während und nach der Arbeit vorneh-

Das Pferd ist schlecht gelaunt und zeigt eine Mischung aus Alarmbereitschaft, Misstrauen und Abwehr.

men. Vorher bestimmen Sie damit die Art der Arbeit (Bekanntes oder Unbekanntes, Schwieriges oder Einfaches). Während der Arbeit können Sie überprüfen, ob sich die Laune des Pferdes bessert oder verschlechtert, ob es ruhiger oder nervöser wird. (Hören Sie dann möglichst rechtzeitig nach einer gutausgeführten Lektion auf.) Nach der Arbeit können Sie sehen, was die Arbeit in Bezug auf die Psyche des Pferdes gebracht hat. Wirkt es entspannt, bleibt ruhig mit hängendem Kopf und zufriedenem Gesichtsausdruck stehen, so kann man beruhigt aufhören. Zappelt es trotz vorangegangener Arbeit hektisch herum, lassen Sie es noch eine Weile Schritt gehen. Oder versuchen Sie, es mit einigen Übungen im Stehen (siehe Kapitel Probleme erkennen und beseitigen S. 119 ff.) zu entspannen. Die Arbeit soll mit einem zufriedenen, ruhigen Pferd abgeschlossen werden, damit es Arbeit immer mit Entspannung (= Zufriedensein) in Verbindung bringt und nicht mit Hektik und nervöser Spannung.
Ein ausgeglichenes Pferd steht mit gesenktem Hals ruhig auf der Stelle. Die Nüstern sind offen, das Kinn ist entspannt. Die Augen blicken aufmerksam oder träge-entspannt/halb geschlossen. Der Schweif hängt ruhig herab.
Das hektische oder schlechtgelaunte Pferd reißt die Augen auf, legt die Ohren an, tritt unruhig hin und her, schlägt mit dem Schweif. Die Nüstern sind halb geschlossen oder gekräuselt, das Kinn ist verkniffen; das Pferd schottet sich sichtbar gegen die Außenwelt ab. Berühren Sie es an einer ihm nicht genehmen Stelle, so verzieht es die Maulwinkel oder bleckt gar die Zähne. (Das Zähneblecken kann jedoch auch ein Zeichen von Schmerz sein.) Versuchen Sie immer, den Grund für die jeweilige Stimmung des Pferdes herauszufinden. Ist das Pferd vor der Arbeit schon schlecht gelaunt (besonders Stuten sind manchmal ohne nachvollziehbaren Grund übellaunig), so ist dies nicht immer möglich. Wird es jedoch im Verlauf der Arbeit unzufriedener, regt sich immer mehr auf oder widersetzt sich zum Ende der Arbeit stärker, so suchen Sie den Grund dafür zuerst in Ihrem eigenen Verhalten. In 80% aller Fälle haben Sie das Pferd mit zuviel oder falscher Arbeit »geärgert«.
Beruhigt sich das Pferd im Laufe der Arbeit, wird es lockerer, entspannter, wirkt zufriedener, so haben Sie gut gearbeitet.

Der Zeitfaktor

Habe ich genug Zeit? Diese Frage sollten Sie sich immer stellen, bevor Sie mit dem Pferd arbeiten. Oft ergibt sich während der Arbeit die Notwendigkeit, an einem bestimmten Punkt nachzuhaken, eine bestimmte Sache durchzusetzen, auch wenn Sie nur »schnell mal« Bekanntes rekapitulieren wollten. Sind Sie unter Zeitdruck, so werden Sie schneller ungeduldig und verderben sich (und dem Pferd) damit die Arbeit. Womöglich hören Sie mitten in einer Auseinandersetzung auf und lassen dem Pferd seinen Willen. Ein Fehler, den Sie mit einiger Mehrarbeit in den nächsten Tagen oder gar Wochen zu zahlen haben.
Nutzen Sie eine von vornherein begrenzte Zeit dazu, sich spielerisch mit dem Pferd zu beschäftigen. Im Spiel müssen Sie nichts durchsetzen – müssen im

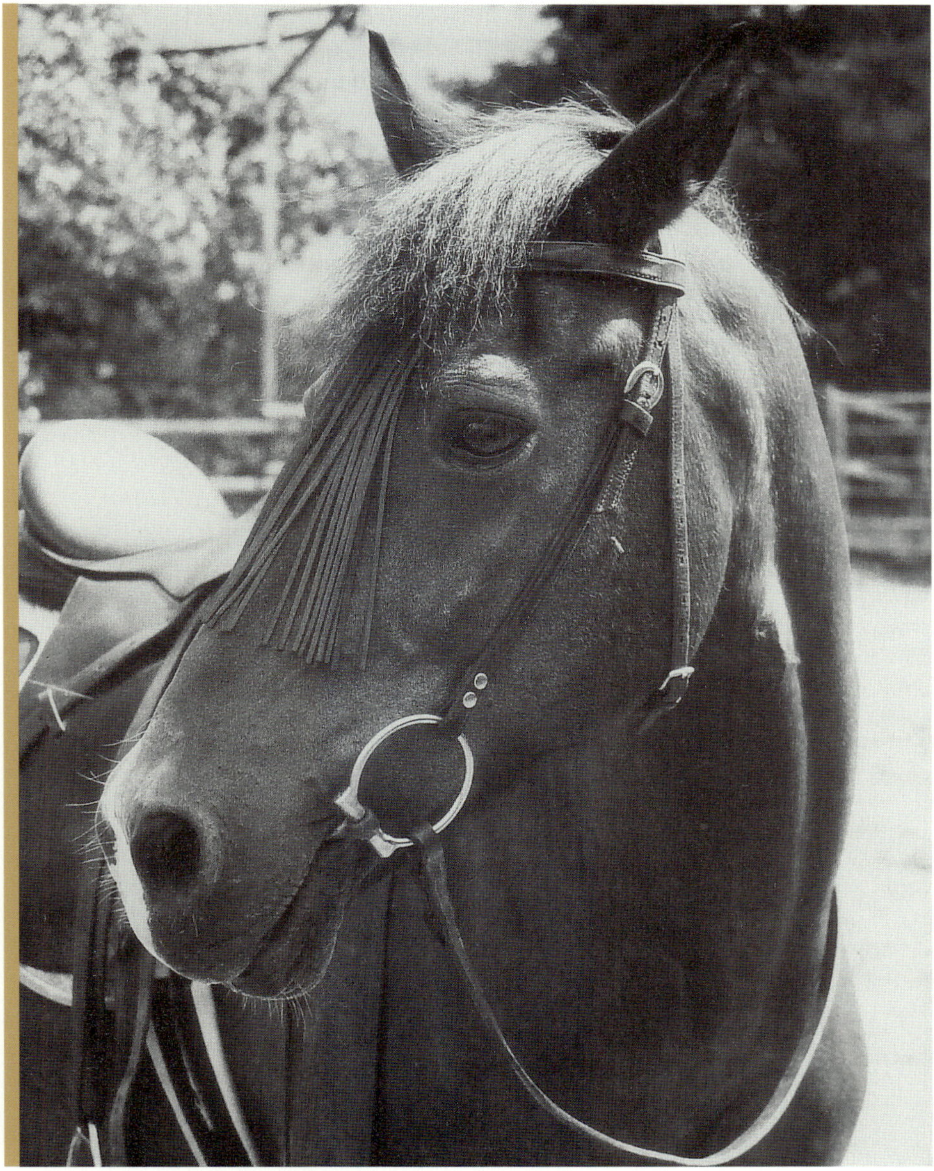

allgemeinen keine Gehorsams- und Rangprobleme klären und können das Pferd zufrieden lassen, wenn es keine Lust zum Spiel zeigt.

Dieses Pferd sieht seiner Arbeit völlig entspannt und gelassen entgegen.

Körpersprache entwickeln

Bei der Bodenarbeit haben Sie zwei grundsätzliche Möglichkeiten, das Pferd zu beeinflussen:

a. Durch Gestik und Haltung – d.h. durch Ihre Körpersprache. Und durch Ihre Stimme, die eine Sonderstellung der Körpersprache einnimmt.

b. Durch die Ausrüstung und einige äußere Hilfsmittel, die dem Pferd gewisse unerwünschte Verhaltensweisen erschweren sollen.

Wichtigste Hilfe ist Ihre Körpersprache. Ausrüstung kann nur bei Schwierigkeiten oder bei bestimmten Zielen unterstützen, sollte jedoch nicht zum Selbstzweck werden, um mangelndes Können bei der Bodenarbeit durch immer härtere Zwangsmaßnahmen zu überspielen. Wie ein dauerndes Reiten mit Hilfszügeln nur eine Krücke für schlechte Reiter sein kann, so ist auch das dauernde Einzwängen des Pferdes bei der Bodenarbeit eine Krücke für einen Menschen, der seine Körpersprache nicht beherrscht.

Ausdruck durch Körpersprache

Der Mensch verleiht mit seiner äußeren Haltung, seiner Gestik und Mimik, seiner inneren Haltung Ausdruck.
Es sind jedoch nicht nur die bewussten Bewegungen, mit denen sich der Mensch ausdrückt. Es gibt vielmehr eine ganze Reihe von Verhaltensweisen und Gesten, die ihm nicht bewusst sind und mit denen er einem guten Beobachter alles verrät, was er gern für sich behalten würde. Das Pferd ist ein exzellenter Beobachter und reagiert viel sensibler auf die innere – echte – Haltung des Menschen als die meisten Mitmenschen, die sich oft durch eine Maske – ein aufgesetztes Verhalten – täuschen lassen. Dem Pferd können Sie nichts vormachen. Können Sie Ihre Ängste im Umgang mit anderen Menschen durch ein forsches Auftreten oft überspielen, so funktioniert dies im Umgang mit dem Pferd nicht. Es wird auf unterschwellige Signale reagieren, die ihm Ihre Angst verraten – und schon ist Ihre gespielte Autorität dahin.
Nur wenn Sie sich des Ausdrucks Ihres Körpers mit den Facetten Haltung, Gestik und Stimme völlig bewusst sind, wissen Sie, wie Sie auf Ihr Pferd wirken. Und nur dann können Sie Ihren Körper gezielt zur »Steuerung« des Pferdes einsetzen. Nur dann werden Ihre Signale auch vom Pferd richtig verstanden. Wir kommen dabei in Bereiche, die auf den ersten Blick nicht unbedingt direkt etwas mit dem Reiten bzw. dem Umgang mit Pferden zu tun haben. Der Erfolg einer in andere Bereiche übergreifenden Ausbildung des »Pferdemenschen« wird sich jedoch bald einstellen.

Die Beschäftigung mit den Ausdrucksmöglichkeiten des eigenen Körpers und die Bewusstmachung von Ängsten und Blockaden hat neben der positiven Auswirkung bei der Arbeit mit Pferden natürlich einen viel weitergehenden Nutzen. Dies auszuführen würde den Rahmen des Buches sprengen.
Nebenbei gesagt ist es jedoch für jeden, der mit etwas Lebendigem, wie dem

Pferd, umgeht, sinnvoll, sich für andere Bereiche zu interessieren. Es ergeben sich aus anderen Gebieten viele neue Anregungen und Gedanken für die Arbeit mit Pferden:
Bewegungs- und Gleichgewichtstraining durch das Erlernen anderer Sportarten, das durch künstlerische Arbeit geschulte Auge, das durch Musik verbesserte Empfinden für Takt und Rhythmus, die Beschäftigung mit Ängsten und Verhaltensstrukturen in der Psychologie – all das kann dem Pferdemenschen helfen.

Entwicklung der Körpersprache

Probieren und Beobachten

Bewusstere Bewegungen und damit bessere, deutlichere Körpersprache sind durch Zuschauen und Ausprobieren erlernbar.
Beobachten Sie gute Ausbilder während der Arbeit mit Pferden und testen Sie an einem am Boden gut geschulten Pferd, ob es auf Ihre Signale in gewünschter Weise reagiert. Das Pferd gibt Ihnen dabei Feedback: Geben Sie die richtigen Signale, reagiert das Pferd richtig.
Ein gutes Mittel zur Selbstbeobachtung – besonders am Anfang – ist der Einsatz eines Videos, das ein gleichgesinnter Freund aufgenommen hat. Sehen Sie sich selbst auf dem Video, fallen Ihnen manche Fehler recht schnell ins Auge. Noch besser ist es jedoch, wenn besagter Freund den Film kommentiert – und seine konstruktive Kritik willkommen ist. Die Nachbereitung über ein Video ist sehr viel einfacher, als Kritik oder Korrektur direkt während der Arbeit mit dem Pferd aufzunehmen. Sie können entspannter und »mit Abstand« an die Sache herangehen, wenn Sie nicht gerade mit sich selbst und/oder dem Pferd kämpfen müssen.
Solche Korrekturen auf Gegenseitigkeit aufzubauen ist eine gute Methode des Lernens. Der »andere« sieht immer mehr als man selbst.

Aus der Selbstbeobachtung resultiert durch dauerndes Beschäftigen mit den eigenen Fehlern nebenbei das schnellere Erlangen von Selbstbeherrschung und Geduld.

Autogenes Training und Feldenkrais-Methode

Setzen Sie sich mit Ihrem inneren Zustand auseinander. Viele Menschen sind nervös oder gespannt und sich dessen überhaupt nicht bewusst. Es gilt, unbewusste Spannungen zu erkennen und dadurch schließlich kontrollierbar zu machen. Autogenes Training, besonders Schwere-, Wärme- und Atemübungen, bei denen die Muskeln entspannt, der Körper besser durchblutet und die Atmung regelmäßiger werden, können eine Entspannung in Minuten, bei viel Übung auch in Sekunden bewirken. Die Kontrolle der Atmung ist ein besonders effektives Instrument, um Angst und Verkrampfung in bestimmten Situationen zu erkennen und beherrschbar zu machen. Das Erlernen dieser Techniken ist nicht schwer (am besten in Form eines Kurses). Es braucht nur ein wenig Durchhaltevermögen und Selbstdisziplin, um die anfänglichen Übungszeiten von täglich 2 x 10 – 15 Minuten einzuhalten (Literaturhinweise im Anhang).

Autogenes Training ist eine Methode, um Sensibilität seinem eigenen Innenleben gegenüber zu entwickeln. Auch Sensibilität für die eigenen Bewegungen ist erlernbar und entwickelbar. Die Feldenkrais-Methode, die mancher Reiter bei seinem Pferd (in etwas veränderter Form) vielleicht schon anwenden mag, sollte er auch für sich selbst (nicht nur im Hinblick auf die Bodenarbeit, sondern auch aufs Reiten) entdecken. Es geht in dieser Methode darum, durch sehr langsame, sehr sparsame Bewegungen herauszufinden, wieviel Kraft und Anstrengung – und damit (negative) Spannung – eingespart werden kann, wenn man eine Bewegung »richtig« macht. Richtig bedeutet: den größtmöglichen Effekt mit dem kleinstmöglichen Krafteinsatz und dem angenehmsten Bewegungsgefühl.
Es gilt, den gesamten Körper mit dem Ziel einer bestimmten Handlung in einer fließenden, weichen Bewegung einzusetzen. Es geht weiterhin darum, gewohnte Bewegungsmuster auf ihre Richtigkeit (Effektivität) hin zu überprüfen und eine Bewegung einfach einmal zu variieren, um zu spüren, was dabei geschieht. Und es geht darum, zu ergründen, warum eine Bewegung falsch ausgeführt wird, wo die Ursachen einer unrationellen, weil kräftefressenden Bewegung liegen. Anhand von Beispielen will ich diese sehr allgemeinen Grundsätze etwas verdeutlichen.
Wenn jemand zu uns sagt: »Verschränke die Finger ineinander«, so werden wir, ohne nachzudenken, immer eine bestimmte Form des Fingerverschränkens wählen: z. B. linker Daumen vor rechtem Daumen, linker Zeigefinger vor rechtem

Die Kutscherhaltung zur Entspannung

Zeigefinger, linker Mittelfinger vor rechtem Mittelfinger etc. Wenn es dann heißt: »Das Gleiche andersherum«, werden wir perplex schauen: »Wie, andersherum??«
Es gibt jedoch genauso die Möglichkeit, den rechten Daumen vor den linken zu legen, und weiter jeweils die rechten vor die linken Finger. Wir haben diese Möglichkeit völlig vergessen, weil wir uns die andere angewöhnt hatten und nicht mehr darüber nachgedacht haben. Probieren wir die andere nun aus, so haben wir ein Gefühl, als ob etwas nicht stimme (obwohl beide Formen des Fingerverschränkens möglich sind). Es ist einfach ungewohnt – und trotzdem richtig. Wird uns die Richtigkeit bewusst, können wir uns umgewöhnen oder zumindest beide Arten des Verschränkens benutzen.

»Falsche« und »richtige« Bewegungen

Nehmen wir zur Verdeutlichung einer falschen Bewegung sowie zur Ergründung der Ursachen ein zweites Bei-

spiel – diesmal direkt eines aus dem Bereich des Reitens: das bekannte »Knie hochziehen«, welches, wenn es sich der Reiter erst einmal angewöhnt hat, nur schwer wieder korrigierbar ist. Nun hat jeder mal irgendwann gelernt, dass »Knie hochziehen« falsch ist. Richtig – weil kraftschonend – wäre, das Gleichgewicht auf dem Pferd mit der richtigen Position des ganzen Körpers, über die Balance, zu halten. Stattdessen wird versucht, es nur über Klammern mit den Knien zu halten. Dies führt zu einer Versteifung des ganzen Körpers und besonders der Hüfte, die doch gerade dabei locker sein sollte. Diese Versteifung führt wiederum dazu, dass der Reiter noch mehr klammert und noch schlechter sitzen kann und das Pferd auch noch rennt, weil es sich gestört fühlt – ein Teufelskreis.
Es bringt nun überhaupt nichts, dem armen Reiter z. B. im Trab dauernd zuzubrüllen, er solle die Knie tiefer nehmen. Das kann er in diesem Moment nicht, da er schon seine ganze Kraft braucht, um nicht herunterzufallen. Er ist völlig blockiert, weil er Angst haben muss, sein instabiles Gleichgewicht vollends zu verlieren, wenn sein Kniedruck nachlässt.
Für die aktive Anstrengung, die Knie runterzudrücken, bräuchte er zusätzlich Kraft, die er nicht mehr übrig hat. Und wenn er sie hätte, würde er seinen ganzen Körper durch die zusätzliche Anstrengung noch mehr verkrampfen. Es wäre richtiger zu sagen, er solle mit dem Oberkörper nach oben »wachsen«, Schultern und Beine hängenlassen und sich vorstellen, ein Gewicht hinge an den Fersen. Damit wäre er von der Anstrengung des Knieherunterdrückens abgelenkt und der eigentliche Kern – die Verkrampfung des ganzen Körpers – getroffen.

Zwei gleichwertige Alternativen, die Finger zu verschränken

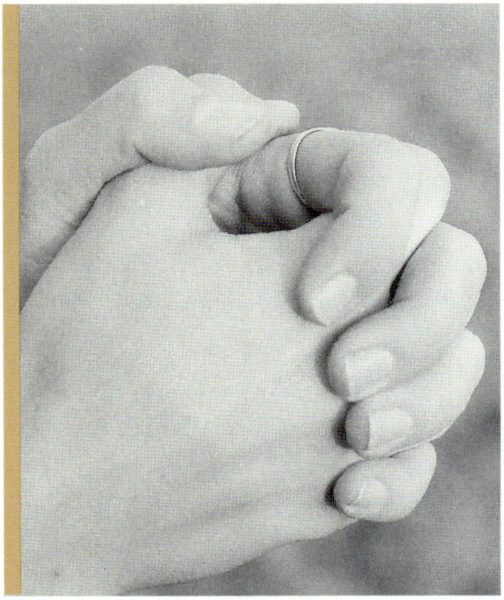

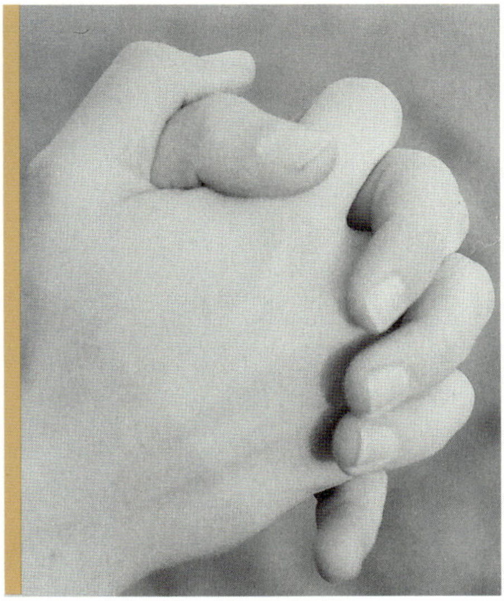

Eine kleine Denkhilfe kann der folgende Satz aus den Richtlinien der Alexander-Technik geben: Versuchen Sie nicht, das Richtige zu tun, sondern nur das Falsche zu lassen. Unbedingt alles richtig machen zu wollen, führt nur immer zu neuer Verkrampfung. Versuchen Sie stattdessen, loszulassen und manche Dinge »geschehen zu lassen«, statt sie aktiv herbeizuführen.

Symptom und Ursache trennen

Das Hochziehen der Knie ist nur ein Symptom. Die Ursache hingegen ist eine steife Hüfte, ein steifer Oberkörper und/oder die Angst herunterzufallen. Und dort muss auch die Korrektur ansetzen: Der Krafteinsatz des Reiters muss vermindert und nicht erhöht werden. Vorhandene Ängste müssen bewältigt werden, damit sich der Reiter entspannen kann.

Anstrengung – nein danke?

Der Satz »Streng dich gefälligst etwas an beim Reiten« ist im Hinblick auf körperliche Anstrengung falsch. Anstrengung verhindert die Erfahrung von Losgelassenheit, Harmonie und angenehmerem Körpergefühl. Die Feinheiten einer Bewegung gehen durch zu hohe körperliche Anstrengung verloren.
»Anstrengung« ist eher richtig im Hinblick auf geistige Anstrengung in Form von Überlegungen, wie man sich das Reiterleben erleichtern kann.
Auch die Bodenarbeit an sich entspringt ja dem grundsätzlichen Gedanken, sich und dem Pferd das Reiten so angenehm und kraftsparend wie möglich zu machen.

Ein weiteres Beispiel, um eine harmonische, fließende Bewegung zu verdeutlichen: Wenn Sie von einem Stuhl aufstehen wollen, können Sie dafür viel oder wenig Kraft verbrauchen – die Bewegung kann abrupt und abgehackt aussehen oder weich und gleitend. Wie entstehen diese Unterschiede? Derjenige, der viel Kraft verbraucht, koordiniert nicht alle Teile seines Körpers für die geplante Bewegung des Aufstehens.

Aufstehen vom Stuhl mit viel Krafteinsatz ...

Lassen Sie Ihren Oberkörper aufrecht und gerade, müssen Sie Ihre Bein- und Rückenmuskeln stark anspannen, um sich hoch zu wuchten. Es entsteht eine steife, angestrengte Bewegung.
Sie können Ihren Muskeln jedoch die Arbeit sehr erleichtern, wenn Sie Ihren Oberkörper locker nach vorne schwingen und den Schwung zum Aufstehen ausnutzen. Die Bewegung sieht viel ele-

ganter aus und kostet die Hälfte der Kraft. Das Gefühl für eine effektive Bewegung mit minimalem Aufwand ist bei der Bodenarbeit sehr wichtig, um die Aufmerksamkeit des Pferdes nicht durch unnötiges Herumzappeln zu strapazieren. Denken wir daran: Jede Bewegung ist ein Signal für das Pferd. Muss es auf zu viele (möglichst noch widersprüchliche) Signale achten, lässt die Aufmerksamkeit nach. Und außerdem sieht es deutlich

... und mit wenig Krafteinsatz

eleganter aus, wenn man ein Pferd mit einem einzigen Schritt, einer einzigen Armbewegung zu einer prompten Reaktion veranlasst, statt wild in der Gegend herum zu gestikulieren.

Gewohnheiten durchbrechen

Der Mensch ist ein »Gewohnheitstier« (das Pferd übrigens noch mehr...). Gewohnheit verhindert oft ein Dazulernen oder Umlernen, weil wir, verursacht durch ein bequemes »Das war schon immer so...«, vieles als unangenehm oder nicht für uns relevant ablehnen, was die Gewohnheit durchbricht. Was das eigene Körpergefühl angeht, welches für Bodenarbeit und Reiten so wichtig ist, so erstarren wir auch hier gern in Gewohnheiten: Eine Verspannung, eine Steifheit im Körper, eine unrationelle, weil unnötig kraftverschleißende Bewegung wird als solche nicht mehr erkannt, weil wir uns daran gewöhnt haben, zuviel Kraft dafür aufzuwenden. Solche Gewohnheiten gilt es zu erkennen und zu ändern. Denn das Pferd erkennt Spannungen im Körper des Ausbilders und reagiert darauf seinerseits mit Spannung. Und es erkennt auch intuitiv die Ursachen der Spannung, wie Angst, Ärger oder sonstige negative Stimmungen. Genauso erkennt es Gelassenheit und Freude an der Arbeit seitens des Ausbilders und gibt ein positives Feedback.
Die Feldenkrais-Methode oder die Alexander-Technik helfen, sich des eigenen Körpers bewusster zu werden.
Ist die eigene Sensibilität entwickelt, so fällt es auch viel leichter, sensibel auf die Äußerungen des Pferdes zu reagieren.
Im Zuge der eigenen verstärkten Empfindsamkeit werden Sie auch mehr Feinheiten und Nuancen in den Bewegungen des Pferdes erkennen können. Dies ist Voraussetzung für das später noch beschriebene »Sehen lernen« und die Entwicklung von Leitbildern. Auch das Gefühl für angemessene, nicht übersteigerte Reaktionen im Bereich Lob und Strafe wird besser.

3

Signale und Hilfen

Natürliches Verständnis

Beginnen wir mit Signalen, die das Pferd aufgrund seiner artspezifischen Verhaltensstruktur (siehe S. 6 ff.) von Natur aus versteht.
Wichtig sind deutliche, bestimmte Bewegungen und eine innere Souveränität des Ausbilders, um dem Pferd seine Autorität und seine ranghohe Position auch glaubhaft vermitteln zu können.
Selbstsicherheit und Ausgeglichenheit sind das A und O im Umgang mit Pferden (und mit Menschen...), denn wie soll man mit anderen – Pferden wie Menschen – klarkommen, wenn man mit sich selbst nicht im Reinen ist?
Jede Unsicherheit, ob z. B. das Pferd ein Signal auch befolgen wird, oder eine Unkonzentriertheit wird Ihre Körpersignale verändern und damit das Pferd verunsichern – unter Umständen sogar zum Ungehorsam reizen, weil es sich unbeobachtet glaubt.

Die Körpersprache ist dann am wirkungsvollsten, wenn sie auf Distanz, ohne das Pferd direkt zu berühren, verstanden und vom Pferd befolgt wird. Jedoch kann es oft nötig sein, bei sturen oder schon verdorbenen Pferden, diese erst einmal massiv zu »stören«, um überhaupt eine Reaktion zu erhalten. Dazu können Sie die Finger und die flache Hand oder auch Arm und Ellbogen benutzen. Setzen Sie jedoch wann immer möglich weitgehend den eigenen Körper ein (ohne viele Hilfsmittel in Form von Ausrüstung), denn das Pferd soll ja auf Sie reagieren lernen – nicht auf den Zwang durch Ausrüstung.

Haltung bewahren

Bei der Bodenarbeit heißt es – wie beim Reiten – aufrechte Haltung!
Jedes Zusammenfallen im Brustkorb, jedes Hängenlassen oder Schiefneigen von Kopf und Schultern vermittelt das Signal eines unentschlossenen Menschen. Mit hängendem Kopf ist zudem Ihr Gesichtsfeld eingeschränkt, was das Beobachten des gesamten Pferdes erschwert. Fallen die Schultern nach vorne, so schränken Sie erstens die freie Beweglichkeit der Arme ein und behindern zweitens Ihre Atmung. Drittens leidet durch diese Einschränkungen die Deutlichkeit Ihrer Bewegung, weil sich nicht der ganze Körper daran beteiligen kann – denn Teile des Körpers sind durch das Hängenlassen oder Zusammenfallen blockiert.
Wenn ich sage, der ganze Körper soll sich an der Bewegung beteiligen, so meine ich natürlich nicht, dass »viel Bewegung« nötig ist, sondern dass eine Bewegung fließend und weich (elegant) ist, dass ein Heben des Armes nicht durch eine steife Schulter behindert, ein weiter Schritt nach vorne nicht durch einen steifen Rücken oder eine steife Hüfte blockiert wird. Nicht nur der Reiter auf dem Pferd sollte elegant aussehen, sondern auch der Ausbilder, der am Boden mit dem Pferd arbeitet. Eine elegante Bewegung ist immer die kraftsparendste, effektivste.

Zielstrebig bewegen

Ihre Bewegungsrichtung in Verbindung mit der Schnelligkeit der Bewegung hat einen deutlichen Einfluss auf das Pferd. Gehen Sie sehr forsch auf das Pferd zu, so wird es denken, Sie wollen seinen

Platz beanspruchen – und ausweichen. Nähern Sie sich schnell von vorne, so wird es nach hinten weichen; kommen Sie von rechts, so weicht es nach links aus, »zielen« Sie nur auf die Hinterhand, so weicht nur die Hinterhand aus (siehe Kapitel Grundlegende Arbeit). Gehen Sie langsam, so nähern Sie sich in »freundlicher Absicht« und das Pferd wird abwarten.

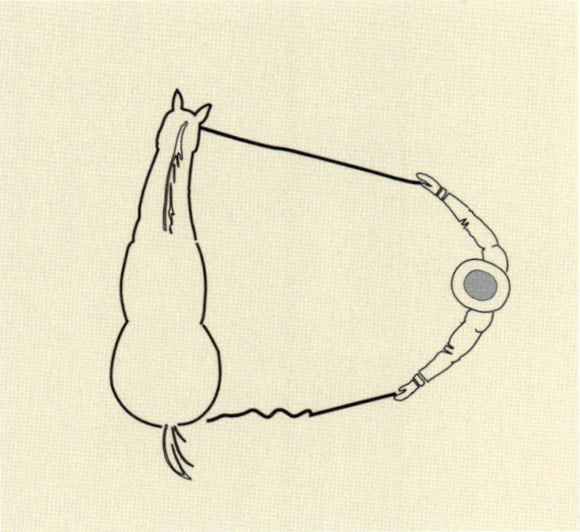

Einrahmen des Pferdes mit den Armen und der Armverlängerung (Peitsche). Die Peitsche zielt dabei nicht auf die Hinterhand, sondern dahinter.

Gehen Sie einen Schritt zurück, so fordern Sie das Pferd praktisch damit auf, Ihnen zu folgen. Ein Schritt zurück darf jedoch auf keinen Fall von einem Verhalten des Pferdes verursacht werden.

Treten Sie zurück, wenn Ihnen das Pferd unaufgefordert zu nahe »auf die Pelle rückt« oder gar in Ihre Richtung steigt, so weichen Sie dem Pferd aus. Das Pferd hat damit ausgetestet, was es sich bei Ihnen erlauben kann – Ihre Position als Ranghöherer ist gefährdet.

Drehungen im Oberkörper

Eine Besonderheit der Haltung ist die Positionierung Ihrer Schultern. Durch Drehung des Oberkörpers können Sie die Ausrichtung der Schultern von Ihrer Bewegungsrichtung abkoppeln. In der Bodenarbeit fortgeschrittene Pferde richten sich, wie unter dem Sattel, mit ihren Schultern auf die Schultern des Ausbilders aus. Durch Schulterdrehung können Sie ein freies Pferd zum Abwenden veranlassen oder es ohne weitere Hilfsmittel ins Schulterherein führen (siehe Seitliches Ausweichen S. 75 ff.).

Kontrollierte Gestik

Die Gestik sollte aus ruhigen, kontrollierten Bewegungen bestehen. Jede überflüssige oder unkontrollierte Bewegung ist ein unnötiges und oft auch noch missverständliches Signal für das Pferd. »Kontrollierte Bewegung« soll jedoch nicht heißen, dass Sie sich jede Geste erst lange überlegen müssen: Jedes Signal würde damit unweigerlich zu spät kommen. Über abrufbare, bildhafte Vorstellungen sind die jeweils adäquaten Gesten schnell und richtig verfügbar (siehe Abschnitt Augen und Wahrnehmung S. 47 ff.).

Die Arme

Mit den Armen weisen Sie dem Pferd die Richtung, in die es sich bewegen soll. Sie können es »einrahmen«, nach vorne und hinten begrenzen, wenn Sie Longe und Peitsche dazu nehmen.
Die Übung, das Pferd – ohne Peitsche, nur mit dem Einsatz der Armbewegungen und des Oberkörpers – im Bogen um sich herumlaufen zu lassen, ohne sich selbst

von der Stelle zu bewegen, wie sie später im Kapitel Grundlegende Arbeit (S. 66 ff.) beschrieben wird, bietet eine gute Kontrolle der richtigen Armbewegungen.
Durch Heben eines Armes oder beider fordern Sie Aufmerksamkeit vom Pferd. Gerte oder Peitsche oder ein kreisendes Strickende (siehe Ausrüstung S. 56 ff. und Grundlegende Arbeit S. 66 ff.) dienen als Verlängerung des Armes, wenn das reine Körpersignal nicht ausreicht.
Ein Anheben des Armes beim Führen des Pferdes zeigt ihm die Grenze – den Punkt, den es nach vorne nicht überschreiten darf. Das gleiche wird durch seitliches Anheben des Ellbogens ausgedrückt.
Wollen Sie das Pferd beim Führen anhalten und rückwärts treten lassen (Sie stehen dabei mit dem Rücken zum Pferd), so können Sie ihm mit dem angewinkelten Ellbogen vor der Nase herumwedeln und dabei selbst rückwärts laufen.
Reagiert ein Pferd schlecht, so können Sie auch ruhig mit beiden hocherhobenen Armen fuchteln und wild gestikulieren oder es heftig an den Hals klatschen, um erst einmal Aufmerksamkeit und den Ansatz einer Reaktion zu erhalten (dabei stehen Sie mit Blick zum Pferd frontal vor ihm). Später reduzieren Sie diese »wilde« Gestik wieder. Mit den hohen Armen machen Sie sich selbst größer und imitieren das drohende Steigen eines Pferdes. Keine Angst: Ihr Pferd wird davon nicht kopfscheu.

Die Hände

Mit den Händen können Sie dem Pferd einerseits angenehme Empfindungen – z. B. durch Massage oder Streicheln – übermitteln; Sie können sie aber auch einsetzen, um das Pferd absichtlich zu stören. Wenn ein Pferd nicht rückwärts gehen will, können Sie es mit mehreren Fingern kurz hintereinander in die Brust pieken. Das tut nicht weh, wird aber mit der Zeit unangenehm – eben einfach störend – und löst deswegen eine Reaktion aus.

Armsignal: dem freien Pferd den Weg zeigen

Um die Gesten zu minimieren, suchen Sie sich die Punkte am Pferd, an denen es besonders sensibel auf Druck reagiert.
Sie können mit beiden flachen Händen seitlich gegen die Schultern des Pferdes klopfen. Viele Pferde gehen auf dieses Signal gut rückwärts. Auch das Wedeln neben dem Kopf oder sogar leichtes Anklatschen der Backen des Pferdes mit den Händen kann helfen. Es stimmt nicht, dass man das Pferd damit kopf-

Das gleiche Armsignal an der Longe

scheu macht. Das Pferd kann – und soll – ja schließlich ausweichen. Es wird schnell merken, dass das unangenehme Gewedel aufhört, wenn es reagiert. Kopfscheu macht man das Pferd, wenn man ihm im normalen Umgang, also z. B. beim Halfteranziehen, unkoordiniert und fahrig am Kopf herumfuchtelt, denn dabei soll es ja stillhalten, und nicht durch Wegziehen des Kopfes bzw. Wegtreten nach hinten reagieren.

Gerade und ruhig stehen, wenn Sie nichts bewirken wollen.

Das Anpieken mit den Fingerspitzen in Bauch oder Hinterhand treibt das Pferd seitwärts – ein Klatschen mit der flachen Hand oder auch Anpieken an den Hals veranlasst es zum Wegdrehen des Kopfes und schließlich Ausweichen mit der Schulter. Je schlechter es reagiert, desto höher – Richtung Kopf – kann die Hand eingesetzt werden.
Wichtig ist immer, erst einmal überhaupt eine Reaktion des Pferdes auf den eigenen Körper ohne Hilfsmittel zu erlangen, auch wenn dieses Traktieren des

Pferdes anfangs unschön aussieht. Es wird sehr schnell lernen, auf geringere Signale zu reagieren.

Das Pferd weicht schnell mit der Hinterhand aus (Dominanztraining ohne Feinabstimmung).

Zermürbungstaktik

Bei allen diesen Störbewegungen müssen Sie darauf achten, auf keinen Fall wütend zu werden, wenn nicht bald eine Reaktion kommt, und dann aus der Wut heraus das Pferd zu traktieren. Das Verfahren ist vielmehr idealerweise eine Zermürbungstaktik, die dem Pferd irgendwann auf die Nerven geht, ohne dass sich der Ausbilder dabei in irgendeiner Form aufgeregt hat. Behält nämlich der Ausbilder die Ruhe, so signalisiert er dem Pferd seine Sicherheit nach der Devise: »Du wirst schon irgendwann nachgeben.« Wut verrät jedoch dem Pferd eine gewisse Hilflosigkeit oder sogar Angst des Menschen. Wut und Angst liegen sehr nah beieinander und so mancher Mensch verprügelt sein Pferd, weil er eigentlich Angst vor ihm hat.

Beine und Füße

Beine und Füße sind neben der aufrechten Haltung für die Deutlichkeit der Bewegungsrichtung verantwortlich.
Suchen Sie den Körperteil des Pferdes aus, mit dem es ausweichen soll, und zielen mit den Fußspitzen direkt darauf. Wollen Sie das Pferd dazu veranlassen, mit der Hinterhand aus dem Weg zu gehen, so zielt Ihre Fußspitze auf den inneren Hinterhuf, während Sie auf die Hinterhand des Pferdes zugehen. Auch der Winkel, in dem Sie sich auf den Teil des Pferdes, der weichen soll, zubewegen, ist wichtig. Es ist nämlich gut möglich, dass Sie das Pferd dabei selbst in einer bestimmten Richtung blockieren. Die Richtigkeit Ihrer Bewegung zeigt sich in der Reaktion des Pferdes. Es weicht nicht in die gewünschte Richtung, wenn die Bewegung des Ausbilders nicht stimmt (siehe auch Kapitel Grundlegende Arbeit S. 66 ff.).

Hals und Kopf

Ein angehobenes Kinn signalisiert Entschlossenheit, ein eingezogenes Genick und Kinn Angst oder Unentschlossenheit. Das ängstliche Einziehen des Genicks wirkt sich zudem auf die Beweglichkeit des ganzen Körpers und auf die Schnelligkeit der Reaktionen aus. Ihre Absichten und Bewegungen bleiben praktisch »im Hals stecken«, werden blockiert. Es ist nun nicht nur so, dass die innere Haltung die äußere bedingt. Das Ganze funktioniert auch in begrenztem Maße andersherum. Wird Ihnen bewusst, dass Sie das Genick einziehen, so können Sie durch eine Änderung dieser äußeren Haltung, indem Sie sich straffen und den Kopf anheben, eine aufrechtere innere Haltung erlangen.

Mit einem Lächeln ...

Ein verbissener Gesichtsausdruck führt zu verbissenem Handeln ohne jene lächelnde Nachsicht, die den Umgang mit dem Pferd entspannter gestalten kann. Wie die Richter in Dressurprüfungen einen lächelnden Reiter sehen wollen, so ist dies auch in der Bodenarbeit von Vorteil. Ein entspanntes Gesicht bedingt entspanntes Verhalten. Sie können ruhig ein Liedchen pfeifen oder summen, um sich zu entspannen, solange Sie dabei das Pferd nicht aus den Augen lassen.

Augen und Wahrnehmung

Das Erkennen eines Problems impliziert oft dessen Lösung. Erkannt werden Probleme bei der Bodenarbeit hauptsächlich mit den Augen. Zusammengekniffene Augen führen meist zu einem verkniffenen, zumindest gespannten Gesichtsausdruck. Weit offene Augen entspannen das Gesicht und erweitern zudem das Gesichtsfeld, also den Bereich, in dem wahrgenommen wird. Zur Erfassung eines Zusammenhanges sind die weit geöffneten Augen besonders gut geeignet. Wollen Sie ein spezielles Problem analysieren, so können Sie die Augen verengen und sich auf einen speziellen Ausschnitt Ihres Gesichtsfeldes konzentrieren.

Das »richtige« Sehen soll nun im Folgenden noch näher ausgeführt werden. Wichtig ist zudem die Möglichkeit, Gesehenes überhaupt einordnen und angemessen bewerten zu können. Dazu gehört entweder viel Erfahrung mit Pferden oder ein bewussteres »Speichern und Verarbeiten« von Gesehenem in Form von Leitbildern.
Dies soll im folgenden Abschnitt näher erläutert werden.

Richtig sehen und bewerten

Durch ganzheitliches Sehen sollen Leitbilder und Idealvorstellungen des richtigen Bewegungsablaufes beim Pferd entwickelt werden.
Das »richtige Sehen« ist in Verbindung mit der grundlegenden Kenntnis des Pferdeverhaltens sowie der Anatomie des Pferdes der Grundstein zu besserem Umgang mit dem Pferd und schließlich auch zu besserem Reiten und zu besserer Ausbildung der Pferde.

Der aufmerksame Beobachter wird bei jedem Pferd in der Bewegung bestimmte Eigenheiten erkennen können, die es deutlich von anderen Pferden unterscheiden. Diese Eigenheiten sind hauptsächlich bestimmt von Exterieur, Rasse und Temperament des speziellen Pferdes. Darüber hinaus kann das geschulte Auge auch Disharmonien im Bewegungsablauf wahrnehmen. Die am leichtesten erkennbare Disharmonie ist sicherlich eine Lahmheit des Pferdes, bei der der gleichmäßige Bewegungsablauf deutlich gestört ist. Daneben gibt es aber viele Nuancen von der kaum wahrnehmbaren Steifheit einer Körperpartie bis zur Taktunreinheit in bestimmten Tempi oder Gangarten. Diese Störungen des Bewegungsablaufes können durch ungünstiges Exterieur – auch ohne reiterliche Einwirkung – verursacht werden, aber auch durch fehlerhafte Ausbildung des Pferdes. Der gute Reiter erfühlt sie auf dem Pferd sofort und versucht, sie durch

Sehen lernen: ruhiger, gelöster Galopp des Pferdes mit guter Stellung nach innen

passende Lektionen zu korrigieren. Der Reiter mit noch unausbalanciertem Sitz wird durch solche Steifheiten daran gehindert, den richtigen Sitz zu erlernen. Für beide ist es eine große Hilfe, wenn sichtbare Steifheiten schon am Boden erkannt werden.

Dem erfahrenen Reiter erleichtert frühzeitiges Erkennen von Störungen im Bewegungsablauf manchmal die Korrektur des Pferdes, weil er diese weitgehend vom Boden aus durchführen kann. Er korrigiert also von unten und reitet später ein prinzipiell lockeres Pferd ohne eigene Bewegungsprobleme, die durch das Reitergewicht natürlich verstärkt werden.

Dem unerfahrenen Reiter erleichtert es die Entwicklung des Gefühls für koordinierte Bewegung, wenn er lernt, zu sehen, in welcher Körperpartie des Pferdes eine Bewegung gestört ist. Hat er erst einmal sehen gelernt, kann er ein Bild von der idealen, störungsfreien Bewegung in seinem Gehirn speichern. Und er kann später versuchen, dieses Bild auf sein Körpergefühl zu übertragen, um locker und geschmeidig auf dem Pferd zu sitzen. Entwickelte Idealbilder erleichtern also das Erlernen eines guten Sitzes auf dem Pferd.

Mehr sehen = mehr Interesse

Das »Sehen« an sich ist jedoch ein Problem – viele Menschen müssen es erst mühsam lernen. Es geht bei dem »Sehenlernen«, welches ich meine, natürlich nicht um das Wahrnehmen in seiner einfachsten, unspezifischen Form, sondern um eine sehr differenzierte Art des Sehens. Ein einfaches Beispiel sollte den Unterschied leicht verdeutlichen.

Der oberflächliche Betrachter sieht einen Stamm, Zweige und Blätter. Er ordnet diese Konstellation in seinem Denken in die vorhandene Kategorie »Baum« ein. Das genügt ihm. Er hat daran kein weiteres Interesse.

Der Naturinteressierte wird vielleicht sehen: Der Baum hat eine breite Krone, längliche Blätter mit vielfach gekerbtem, unregelmäßigem Rand und einen gefurchten Stamm – eine Eiche. Er untergliedert

also seine Kategorie »Baum« mit weiteren Begriffen.
Ein Künstler wird nun noch ganz andere Dinge wahrnehmen. Er wird das Grün der Blätter unterscheiden nach dem helleren Frühlingsgrün oder dem dunkleren Sommergrün. Er wird die spezielle Erscheinung der Baumes bei Regen, Wind oder Sonne betrachten, seinen Schatten je nach Sonnenstand beachten, die Struktur des Stammes bewundern usw.
Der Förster wird hingegen wahrnehmen, ob die Blätter von Raupen angefressen sind, bestimmen wie alt der Baum ist und prüfen ob der Stamm gesund ist etc. Die beiden Letzteren »sehen« also noch differenzierter. Der eine will den Baum vielleicht malen ihn interessiert die Gesamtstimmung, die durch Abbildung des Baumes samt der Umgebung auf seinem Gemälde entstehen soll. Den Förster interessiert der Baum als Lebewesen und Nutzobjekt.

Selektive Wahrnehmung
Alle vier beschriebenen »Sehenden« bekommen prinzipiell die gleiche Information auf Ihre Netzhaut. Jeder Mensch nimmt jedoch seine Umwelt selektiv wahr. Er sortiert aus, was ihn nicht besonders interessiert. Das »Mehr-Sehen« der beiden letzten Baumbetrachter im Gegensatz zum ersten, entsteht aus einem speziellen Interesse der letzteren und der daraus resultierenden Ausbildung von differenzierten Denkstrukturen (Kategorien).

Idealbilder für den Sollzustand
Die differenzierte Wahrnehmung eines Künstlers kann auch der Pferdemensch erlernen. Er muss nur genug Interesse daran haben und die Bereitschaft, zu lernen.
Wer nun das Reiten oder den Umgang mit Pferden sehr oberflächlich betreibt, wem es genügt, auf einem Pferd irgend-

Sehen lernen: Das Pferd zeigt Spannungen in der Schulter.

wie obenzubleiben, mit einem Pferd schlecht und recht umgehen zu können, der wird nicht differenziert sehen lernen, denn es fehlt ihm das Interesse. Wer jedoch die sprichwörtliche Einheit von Mensch und Pferd, die Harmonie, sucht, der sollte beim Sehenlernen anfangen, um Harmonie oder Disharmonie in der Bewegung des reiterlosen und später auch des gerittenen Pferdes zu erkennen. Daraus erwächst schließlich ein Idealbild, wie eine ungestörte Bewegung eines Pferdes und später eine harmonische Pferd-Reiter-Kombination in Bewegung aussehen sollte. Diese bildhafte Vorstellung sollten Sie im Geiste als Sollzustand »abspeichern«, um sie jederzeit mit dem Istzustand vergleichen zu können. (Auch beim Reiten können Sie ein einmal erlebtes harmonisches Sitzgefühl als Soll mit sich herumtragen und während der Ausbildung immer wieder mit dem Istzustand vergleichen.)

Eine bildhafte Vorstellung erleichtert den Vergleich, weil sie als Ganzes aufgenommen und abgerufen wird. Würden Sie einzelne Faktoren einer Gesamtbewegung analysieren und sie als Einzelteile mit Vorzeichen »falsch« oder »richtig« abspeichern, so wären diese lange nicht so schnell abrufbar wie das Gesamtbild. Doch auch die Ursachen von Störungen im Bewegungsablauf sind wichtig. Ursachenforschung können Sie allerdings besser betreiben, wenn Sie wirklich einzelne Faktoren unter die Lupe nehmen. Die »Leitbild-Datei« in Ihrem Kopf muss natürlich immer wieder aktualisiert werden. Schließlich lernen Sie beständig dazu.

Im Prinzip sind die schnellen Reaktionen eines erfahrenen Reiters bzw. Ausbilders am Boden nichts anderes als die für verschiedene Situationen jeweils in bildhafter, vorstellbarer Form zurechtgelegten Bewegungsmuster, die eben wegen dieser Form schnell abrufbar sind. Er hat ein fertiges Bild seiner Reaktion im Kopf. Würde die Reaktion über das langsamere logische, analytische Denken ablaufen, käme sie oft zu spät.

Reflex-Reaktionen

Schnell reagieren wir, wenn wir nicht erst lange nachdenken müssen. Wir nennen eine superschnelle, mehr oder weniger unbewusste Reaktion eine reflexhafte Handlung. Manche »Reflexe« sind sowohl dem Pferd als auch dem Menschen antrainierbar. Beim Ausbilder, der immer schnell genug reagiert, um einen Ungehorsam des Pferdes im Ansatz zu unterbinden, sprechen wir von Erfahrung oder davon, dass er »ein Händchen« für Pferde hat. Die Mechanismen, die hinter diesem guten Reaktionsvermögen stehen, sind aber genau jene bildhaften Vorstellungen, auf die der Pferdemensch direkt, ohne nachzudenken, Zugriff hat und die er reflexartig umsetzt. Die meisten haben diese Erfahrungen in langen Jahren erworben, ohne recht zu wissen wie. Andere haben versucht, Bewegungsabläufe von Reitern und Pferden zu analysieren und daraus einen sinnvollen theoretischen Unterbau abzuleiten, aus dem heraus wieder so etwas wie ein Idealbild entsteht. Ein solches nur theoretisch-analytisch abgeleitetes Idealbild ist jedoch gefährlich, denn viele starre Formvorschriften resultieren daraus;

Schnelle Reaktionen sind oft notwendig ...

diese sind zwar nicht unbedingt falsch, passen jedoch nicht unterschiedslos auf jedes individuelle Pferd. Schablonenhaft angewendeten Formvorschriften fehlt das intuitive Gefühl für die Harmonie in der Bewegung des Pferdes. Intuition ist zwar nicht von jedem Reiter bzw. Ausbilder gleichermaßen zu erlangen – prinzipiell aber ist sie trainierbar.

Einige wenige Reiter scheinen das intuitive »Händchen für Pferde« von Anfang an zu haben. Ich behaupte, sie haben einfach nur die bessere Beobachtungsgabe und können einmal als richtig erkannte oder erfühlte Bewegungsmuster schnell in eigene Reflexhandlungen überführen. Gehen wir nun von diesen Reitern mit guter Beobachtungsgabe aus und versuchen, von ihnen zu lernen: Angehende Reiter sollten demnach ihr Vorstellungsvermögen trainieren und Gedankenbilder von wünschenswerten Reaktionen sowie harmonischen Bewegungsabläufen entwickeln. Idealbilder können dabei jedoch nur entstehen, wenn ihnen auch neben fehlerhaften »ideale« Bilder und Bewegungsmuster gezeigt werden können.

Da diese nicht immer auf Abruf zur Verfügung stehen, bietet sich die Verwendung von Lehrfilmen mit Positiv-Beispielen im Rahmen eines theoretischen Unterrichts an. Zusätzlich sollten immer einzelne real vorhandene Pferde oder Pferd-Reiter-Kombinationen besprochen und auf deren besondere Probleme mit bestimmten Bewegungen hingewiesen werden, um den Blick zu schulen.

Richtige Haltung des Pferdes mit korrektem Spannungsbogen. Die Nase ist leicht vor der Senkrechten.

Überdeutlich: Falsche Haltung mit durchhängendem Rücken, die zu Rückenschäden führen kann.

Unvoreingenommen sehen

Sehenlernen sowie Gesehenes richtig bewerten und einordnen bedeutet auch, nichts von vornherein auszugrenzen. Wie oft sind wir »betriebsblind« – d. h., wir verbauen uns durch vorgefasste Meinungen oder Vorurteile die ungehinderte Sicht auf einen Vorgang. Nach dem Muster der Betriebsblindheit funktioniert das bedenkenlose Aufschauen zu einem idealisierten Vorbild, dessen Fehler man einfach nicht sehen will. Doch auch der anerkannt gute Reiter macht Fehler, das als hochtalentiert eingestufte Pferd kann unerzogen oder schlecht geritten sein. Und die Meinung der Koryphäe muss nicht immer richtig sein. Wer das erkannt hat, ist auf dem besten Weg zu einer unvoreingenommenen Sehweise.

Gesamtbilder erfassen

Sehenlernen bedeutet optisch von der Gesamtheit zu den Einzelheiten vorzudringen. Erst, wenn eine Disharmonie im Gesamtbild lokalisiert ist, können Sie die Aufmerksamkeit auf den Punkt konzentrieren, wo Sie deren Ursprung vermuten.

Betrachten Sie einzelne Körperpartien des Pferdes nacheinander ohne den Zusammenhang des Gesamteindrucks, so können sich diese jeweils in recht harmonischer Bewegung präsentieren. Trotzdem braucht die Gesamtbewegung nicht in Ordnung zu sein: Es ist z. B. möglich, dass der Bewegungsrhythmus der Vorhand nicht mit dem der Hinterhand übereinstimmt. Oder das lockere Schwingen des Rückens wird durch eine lokale Steifheit im Nackenbereich gehemmt. Leichtere und schwerwiegendere »Brüche« im Gesamtbewegungsablauf und auch im Spannungsbogen (der Rückenlinie) gibt es häufig – bis in die höchsten Ausbildungsstufen hinein. Und genauso häufig fragt man sich: »Warum sieht das denn keiner?«

Die Kopfhaltung ist neben der Verengung und Erweiterung des Gesichtsfeldes durch die Augen entscheidend für die Art der Wahrnehmung. Ein schräg gehaltener Kopf des Beobachters verzerrt das wahrgenommene Bild natürlich. Die Angewohnheit mancher Reitlehrer, ihre Schüler mit schräg gehaltenem Kopf zu korrigieren, kann deswegen nur erstaunen. Ein dadurch zusätzlich verspannter Nacken verhindert einen unverkrampften Blick und ein schnelles Bewegen des Kopfes.

Ohne Zwang

Sehen können Sie Probleme in der Bewegung des Pferdes am besten, wenn Sie das Pferd nicht einzwängen. Beobachten Sie es in freier Bewegung auf der Koppel oder unausgebunden an der Longe (möglichst nur am Halfter oder Kappzaum). Binden Sie das Pferd aus, so nehmen Sie ihm die Möglichkeit, sich völlig natürlich zu bewegen. Ein mit Ausbindern oder

Dieses Pferd zeigt beim Longieren ohne Hilfszügel deutlich, dass es sich nicht für den interessiert, der in der Mitte steht.

Schlaufzügel heruntergezogener Pferdehals täuscht leicht über einen weggedrückten Rücken (d.h. einen Bruch im gleichmäßigen Spannungsbogen) hinweg. Jede Art der Beeinflussung des Pferdes durch irgendwelche Hilfsmittel erschwert die Beurteilung.

Deswegen ist auch die Kombination Pferd-plus-Reiter schwerer zu beurteilen als das Pferd allein. Pferd und Reiter beeinflussen sich gegenseitig. Schlimmstenfalls behindern sie sich gegenseitig. Wer wen stärker stört, wenn das Gesamtbild unharmonisch wirkt, und wer zuerst der Korrektur bedarf – Reiter oder Pferd –, ist dabei manchmal schwer zu erkennen.

Atmen nicht vergessen

Ihrer Atmung während der Beschäftigung mit dem Pferd müssen Sie besondere Beachtung schenken. Probieren Sie in

Akzeptable Selbsthaltung und Aufmerksamkeit für den Ausbilder im Zirkelmittelpunkt. Das nach innen gerichtete Ohr und die leichte Innenstellung und Biegung verraten deutlich die Ausrichtung des Pferdes auf den Menschen.

einem kleinen Selbstversuch, wie sich das »Luftanhalten« auf die Gesamtspannung in Ihrem Körper auswirkt. Ihr Körper ist schlimmstenfalls komplett blockiert. Die Beweglichkeit ist jedoch auf jeden Fall eingeschränkt – und damit auch die Reaktionsschnelligkeit. Andererseits kann das tiefe, ruhige Durchatmen Spannungen im ganzen Körper beseitigen. Das Autogene Training trägt mit der Atemübung (siehe Literaturhinweise) dieser entspannenden Wirkung der richtigen, freien Atmung Rechnung. Stellen Sie sich z. B. vor, dass der Atem durch den gesamten Körper »fließt«, von einer Fußspitze über den Kopf zur anderen Fußspitze beim Einatmen – und wieder zurück beim Ausatmen.

Stimmgewaltig?

Eine blockierte Atmung wirkt sich auch auf Ihre Stimmlage aus. Die Festigkeit und Höhe Ihrer Stimme verändert sich unter Stress oder Spannung. So entsteht z. B. die hysterisch überkippende Stimme oder das hektische »Nach-Luft-Schnappen«, wenn man aufgeregt spricht. Haben Sie Ihre Stimme beim Umgang mit dem Pferd nicht unter Kontrolle, so können Sie sie natürlich nicht gezielt einsetzen. Das bedeutet: erst entspannen, dann mit der Stimme arbeiten.

Wenn Sie Ihre Stimme zur Beruhigung eines ängstlichen, aufgeregten Pferdes einsetzen wollen, ist es wichtig, dass Sie selbst keine Angst empfinden und sich innerlich entspannen. Andernfalls bestätigen Sie dem Pferd nur, dass es sich zu recht aufregt, denn Ihre Stimme transportiert über die Tonlage Ihre eigene Angst.

Die Aufmerksamkeit des Pferdes ist teils beim Ausbilder, teils bei der Stange, über die es tritt.

Auch ein warnendes Anheben oder Lauterwerden der Stimme kann und soll aus einer entspannten Grundhaltung (am besten völlig emotionslos) erfolgen. Es soll nur erzieherischen Wert haben, und nicht dazu dienen, den aufgestauten Ärger (oder vielleicht auch die Angst) des Menschen zu entladen. Wenn Sie dem Pferd mit der Stimme drohen wollen, so muss Ihre Haltung zu dieser Drohung passen. Andernfalls funktioniert es nicht. Dasselbe gilt für die Beruhigung mit der Stimme. Klingt Ihre Stimme dabei unsicher oder schrill, so können Sie das Pferd damit nicht beruhigen.

Die Aufmerksamkeit des Pferdes ist auch hier teils beim Ausbilder, teils bei der Aufgabe (einer Wippe).

Körpersprache auf einen Blick

Die äußere (Körper-)Haltung resultiert weitgehend aus der inneren Einstellung.

Es besteht jedoch eine Wechselwirkung, so dass über die Änderung der Haltung eine Änderung des inneren Zustandes bewirkt werden kann.

Bewegen Sie sich bewusst. Kontrollieren Sie Ihre Bewegungen. Verbessern Sie die Qualität (Effektivität) Ihrer Bewegungen.

Lernen Sie, sich bewusst zu entspannen. Eine entspannte Grundhaltung führt zu einem ruhigen, sicheren, stressfreien Umgang mit dem Pferd.

Kontrollieren Sie Ihre Atmung.

Schulen Sie Ihre Wahrnehmung. Lernen Sie »gute« und »schlechte« Bewegungen erkennen.

Entwickeln Sie eigene Leitbilder und Reaktionsmuster.

Die Ausrüstung

Ausrüstung bei der Bodenarbeit ist immer nur Hilfsmittel und nicht Selbstzweck. Wie bei den Hilfen heißt es wieder: so wenig wie möglich, so viel wie nötig.
Bei der Wahl der Ausrüstung sollten Sie sich darüber im Klaren sein, welche Art der Bodenarbeit Sie für sich selbst auswählen, was Sie in Ihrem speziellen Fall mit der Bodenarbeit erreichen wollen, wo die Schwierigkeiten des Pferdes liegen etc. Es gibt immer mehrere richtige Wege in der Pferdeausbildung. Achten Sie darauf, dass der Weg, den Sie wählen, zu Ihnen und Ihren Möglichkeiten bzw. Fähigkeiten passt.

Wie in den folgenden Kapiteln näher erläutert, gibt es das Dominanz- oder Grundsatztraining, die normale, gymnastizierende Ausbildung an der Hand, die Korrektur von Problemen, die versammelnde Arbeit und die Arbeit an Hindernissen oder Speziallektionen. Für manche dieser Bereiche kann das eine oder andere Hilfsmittel in Form von Ausrüstung sinnvoll oder nötig sein. Wichtiger als ein ganzes Ausrüstungsarsenal ist die Qualität und Brauchbarkeit der einzelnen Ausrüstungsteile sowie ihre sinnvolle Verwendung. Auf diese Punkte will ich in diesem Kapitel kurz eingehen.

Basis-Ausrüstung

An einem Punkt müssen Sie mit der Kontrolle über das Pferd ansetzen. Es ist dies normalerweise der Kopf. Über den Kopf des Pferdes, über Gehirn und Wahrnehmung, erlangt man seine Aufmerksamkeit. Er eignet sich am besten für das Anbringen eines Kontrollinstruments wie Halfter oder Kappzaum oder auch Trense, nicht zuletzt wegen seiner Empfindlichkeit.
Hüten Sie sich jedoch davor zu denken, dass man das ganze Pferd kontrollieren kann, wenn man Kopf und Hals in eine bestimmte Haltung zwingt. Das ganze Pferd kontrolliert man nur, wenn man die Mechanismen der Kontrollierbarkeit kennt und anwendet, wie im Kapitel Psychologisches Grundwissen beschrieben, und den körperlichen Gegebenheiten des Pferdes Rechnung trägt, wie im Kapitel Grundlegende Arbeit erläutert.

Die sinnvolle Ausrüstung am Kopf des Pferdes

Das Halfter

Zum Arbeiten wählt man anfangs am besten ein dünnes Strickhalfter. Dieses

Das Halfter sollte nicht zu fest und nicht zu locker sitzen.

Der Kappzaum

gibt einen punktuellen Druck direkt an der Stelle, an der er ausgeübt wird, auf den Pferdekopf weiter. Ein breites, weiches Gurt- oder Lederhalfter verteilt den Druck und macht diese Hilfe unschärfer, schwammiger. Bei Pferden, die schon gelernt haben, auf die Körpersprache des Ausbilders zu reagieren, ist es jedoch unerheblich, welche Art von Halfter man verwendet, denn es ist nur noch untergeordnetes Hilfsmittel.
Das Halfter wird so verschnallt, dass es nicht knalleng am Pferdekopf anliegt. Es sollte jedoch auch nicht bei jeder Bewegung schlackern oder sich über das äußere Auge herüberziehen lassen.

Führstrick und Haken
Dazu gehört ein langer Strick. Er sollte mindestens 2,5 m lang sein, besser noch länger und möglichst schwer. Das freie Ende soll als Gerten- bzw. Peitschenersatz verwendet werden können. Dazu wird dieses freie Seilende propellerartig kreisend in der jeweils freien Hand geschwungen. Der Strick muss dafür gut und locker in der Hand liegen und darf nicht zu Knotenbildungen neigen. Durch seine Länge muss er das Arbeiten auf mindestens 2 m Distanz (siehe Kapitel Grundlegende Arbeit S. 66 ff.) ermöglichen.

Der Haken am Strick sollte schwer sein, und nicht von allein aufgehen. Der gebräuchliche Anbindestrick mit Panikhaken ist zum Arbeiten nicht geeignet. Er ist zu kurz, der Haken nicht schwer genug. Die langen Stricke der Westernreiter sind oft geeignet, sie dürfen jedoch nicht so weich und dick sein, dass sie unhandlich werden.

Kappzaum
Statt eines Halfters, welches die Westernreiter vorziehen werden, kann auch der in der englischen Reitweise bekannte Kappzaum verwendet werden. Er hat gegenüber dem Halfter den Vorteil, dass er nicht so leicht verrutscht, hat jedoch den gravierenden Nachteil, dass er sehr schwer ist und fest am Kopf des Pferdes verschnallt sein sollte. Durch diese feste Verschnallung wird dauernd ein leichter Druck auf den Kopf des Pferdes ausgeübt. Wollen Sie dem Pferd ein Signal geben, so müssen Sie nun festeren Druck ausüben, um den schon vorhandenen Druck zu »überlagern«.
Hinsichtlich der erstrebten Sensibilisierung des Pferdes ist dies nicht unbedingt wünschenswert. Wer sich jedoch mit dem Kappzaum wohler fühlt, soll ihn

ruhig verwenden, denn es ist wichtig, dass der Ausbilder Vertrauen in sein »Handwerkszeug« hat.

Das Sidepull wirkt durch Druck auf die Nase. Es ist ähnlich wie eine Trense handhabbar.

Sidepull

Auch ein Sidepull ist statt des Kappzaumes bzw. Halfters verwendbar. Es hat den Vorteil, dass es leicht ist und trotzdem etwas stärker wirkt als das einfache Halfter. Zudem ist es in einer der Trense ähnlichen Form verwendbar (z. B. am langen Zügel).

Longe

Die Longe ist für die Arbeit auf weiteren Zirkeln anfangs unentbehrlich. Nur am langen Strick können Sie insbesondere mit einem jungen Pferd im Galopp nicht arbeiten, weil es einen zu kleinen Zirkel gehen müsste.

Die Longe sollte jedoch die gleichen Merkmale wie der lange Strick aufweisen: Sie sollte rund und schwer sein, gut in der Hand liegen und nicht zur Schlaufen- oder Knotenbildung neigen. Die gängigen Longen aus Bandmaterial liegen nicht gut in der Hand und sind auch meist zu leicht, so dass sie im Wind flattern und damit dem Pferd zusätzliche – unbeabsichtigte – Signale geben. Der Wellenschlag (siehe S. 74 ff.) ist mit einer

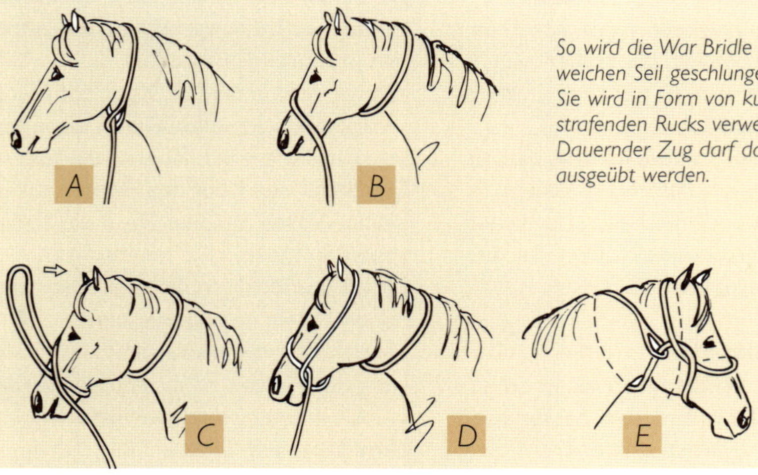

So wird die War Bridle aus einem weichen Seil geschlungen. Sie wird in Form von kurzen strafenden Rucks verwendet. Dauernder Zug darf damit nicht ausgeübt werden.

zu leichten Longe kaum vernünftig auszuführen. Auch das freie Ende der Longe sollte man als Peitschenersatz in Form des Seilpropellers verwenden können. Halfter, langer Strick und zusätzlich eine Longe genügen für die »Boden-Grundausbildung« des Pferdes, welches keine besonderen physischen oder psychischen Schwierigkeiten hat.

Führkette und War Bridle

Bei problematischen Pferden, die schon »gelernt« haben, Schwierigkeiten zu machen, kann der Einsatz einer Führkette oder der War Bridle sinnvoll sein. Beide sollen jedoch immer nur in Form eines kurzen Rucks eingesetzt werden. Ein Festziehen ist – wie ja eigentlich immer beim Umgang mit Pferden – zu vermeiden, denn es stumpft die Pferde auf diese schmerzhafteren Signale hin ab und provoziert im schlimmsten Fall Widerstand gegen den Schmerz.

Kommen wir nun zu den Hilfsmitteln und den Hilfszügeln, die manchmal für bestimmte Lektionen oder Korrekturen notwendig sein können.

Hilfsmittel

Hilfsmittel für eine verlängerte Reichweite des Menschen sind lange Gerte sowie kurze oder lange Peitsche. Gerte oder Peitsche können beim Longieren benutzt werden, je nachdem, ob das Pferd auf nähere oder weitere Distanz gearbeitet wird. Wer damit umgehen kann, kann auch beide »Werkzeuge« in die Hand nehmen und je nach Bedarf das eine oder andere verwenden.

Die Peitsche sollte nicht zu schwer sein. Eine kürzere Peitsche mit langer Schnur (Fahrpeitschen eignen sich gut) ist der langen Peitsche vorzuziehen, die man kaum noch mit der Spitze vom Boden hochbekommt: Ein gezieltes Treffen mit der Peitschenschnur ist bei einer zu schweren Peitsche kaum möglich. Die Peitschenschnur selbst, der »Schlag«, besteht am besten aus einem dünnen Lederriemen. Leder ist stabil genug und trotzdem leicht. Dicke Schläge aus geflochtenem Nylon sind unbrauchbar, da auch wieder zu schwer.

So liegt die Führkette richtig.

Wollen Sie, dass Ihr Pferd ein Signal mit der Gerte als bedrohlich empfindet oder mehr Respekt vor der Gerte bekommt, so können Sie ein Stück Plastik o. ä. an der Gertenspitze befestigen.

Übungen mit Seilende und Peitsche

Eine kurze Empfehlung zum Umgang mit den Werkzeugen Führstrick und Peitsche: Trainieren Sie den Umgang mit beiden als Trockenübung, bevor Sie damit ans Pferd gehen. Das Pferd sollte Ihre volle Aufmerksamkeit haben. Wenn Sie mit der Peitsche oder Gerte herumprobieren oder den Umgang mit dem freien Seilende des Führstrickes üben, so sind Sie vom Pferd abgelenkt, was dieses für unerwünschte Eskapaden nutzen kann.
Übungen mit dem freien Seilende können z. B. folgende sein: Schwingen Sie das Ende propellerartig in der freien Hand und näheren sich damit einem Gegenstand, bis Sie ihn mit dem »Propeller« leicht streifen. Dann entfernen Sie sich wieder und nähern sich erneut an – ohne den Rhythmus des Kreisens zu verändern. Beherrschen Sie dies, so können Sie auch das Pferd sehr gezielt, d. h. an jeder beliebigen Stelle seines Körpers damit »stören«.
Übungen mit der Peitsche beziehen sich vorwiegend auf ein zielgenaues Treffen mit der Peitschenschnur. Es geht darum, jede einzelne Stelle des Pferdes zu treffen – ohne ihm damit richtig weh zu tun. Beherrschen Sie die Peitsche, so können Sie mit der Peitschenschnur auch ein Pferd zu sich heranholen, wenn es frontal vor Ihnen steht, indem Sie im Bogen schlagen und die Peitschenschnur die Hinterbeine oder Vorderbeine von hinten treffen lassen. Peitschenhilfen zu üben ist deswegen so wichtig, weil der Punkt des Pferdes direkt berührt werden soll, an dem es Schwierigkeiten gibt. Winkelt ein Pferd z. B. die Hinterhand nicht richtig, so sollten Sie ganz gezielt den Bereich des Sprunggelenks treffen können. Tritt es nicht gut genug unter, so können Sie tiefer zielen.
Eine weitere Übung besteht darin, einen Gerten- oder Peitschenschlag aus dem Handgelenk auszuführen, ohne Arm oder Hand dabei nennenswert zu bewegen. Das ist wichtig, um dem Pferd eine Peitschenhilfe nicht immer durch ein Ausschwingen des Armes anzukündigen. Manchmal ist es angebracht, das Pferd überraschend zu treffen, ohne dass es sich durch Verspannen und Davonlaufen auf die Peitschenberührung vorbereiten kann.
Bei der Arbeit am langen Zügel (auf Trense) ist es zudem wichtig, das Pferd bei einer Gertenhilfe nicht im Maul zu stören. Dies ist nur möglich bei einer Bewegung aus dem Handgelenk.
Auch den Peitschenknall kann man üben und dazu einsetzen, die Aufmerksamkeit des Pferdes zu erlangen (z. B. anstatt der Stimme). Um mit der Peitschenschnur zu knallen, ziehen Sie die Schnur ganz langsam im Bogen zu sich heran, heben dann den Peitschenstiel ruckartig hoch und schlagen ihn genauso ruckartig wieder herunter.

Hilfszügel und Trense

Bei problematischen Pferden oder für starke Versammlung sind Hilfszügel manchmal zu empfehlen.

Die Trense: hier eine dünne im Westernstil. Der zufriedene Ausdruck des Pferdes zeigt, dass es sich damit wohlfühlt.

Auch das Ausbinden am Halfter ohne Longiergurt ist möglich.

Ausbinder/Trense

Fangen wir mit dem altbekannten Ausbinder an. Er wird in Verbindung mit einer Trense verwendet, um das Pferd dazu zu veranlassen, einem Druck im Maul nachzugeben. Das passende Gebiss ist ein doppelt gebrochenes oder ungebrochenes (z. B. Gummi oder Nathe). Bei diesen kann sich keine scharfe Spitze Richtung Gaumen bilden, wenn das Pferd gegen das Gebiss drücken sollte. Gummischeiben an den Trensenringen verhindern ein Verletzen der Maulwinkel, sollte sich das Pferd widersetzen. Ein Nasenriemen, der meistens keine andere Funktion hat, als dem Pferd das Maul bzw. die Maulwinkel einzuzwängen, ist unnötig. Ein Pferd wird das Maul nur so lange aufsperren, wie es sich durch irgend etwas gestört fühlt. Beseitigt man die Störung, hört es von allein auf.

Ein vernünftiger Ausbinder ist einer aus Vollgummi, der dem Pferd mehr Spielraum läßt. Lederausbinder mit dem bekannten Gummiring fördern durch ihre weitgehende Unnachgiebigkeit eher die Unart des Pferdes, sich aufs Gebiss zu legen. Longiert man ein Pferd mit Ausbindern, so sollte im Normalfall der innere Ausbinder etwas höher (am Longiergurt höher Richtung Widerrist) geschnallt werden als der äußere. Dies verhindert, dass das Pferd sich zu stark auf die innere Schulter fallen läßt. Bei speziellen Lektionen muss jedoch von Fall zu Fall anders verfahren werden (siehe Kapitel Weiterführende Arbeit S. 126 ff.).

Schlaufzügel/Stoßzügel

Wenn man nicht dauernd die Ausbinder umschnallen will, weil man z. B. den Handwechsel beim Longieren vornimmt, ohne das Pferd ganz zu sich zu rufen, kann man einen einzelnen Ausbinder (Stoßzügel) oder einen tiefgeschnallten Schlaufzügel verwenden, die zwischen den Beinen des Pferdes hindurchführen (siehe Abbildungen S. 62 rechts unten und S. 63 links unten). Eine bequeme Art, einen Stoßzügel auch am Halfter und am ungesattelten Pferd zu verwenden, zeigt die Abbildung S. 61 unten. Auch hier spart man sich ein aufwendiges Umschnallen bei Richtungswechseln.

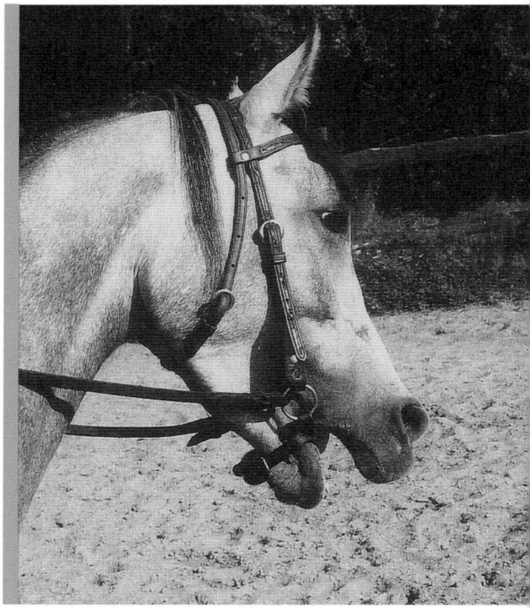

Das Ledergebiss ist eine Alternative zum Metallgebiss der Trense. Hier sieht man deutlich seine Lage im Maul.

Die Wirkung des Chambons: Es entsteht Druck auf das Genick, wenn das Pferd den Kopf hebt.

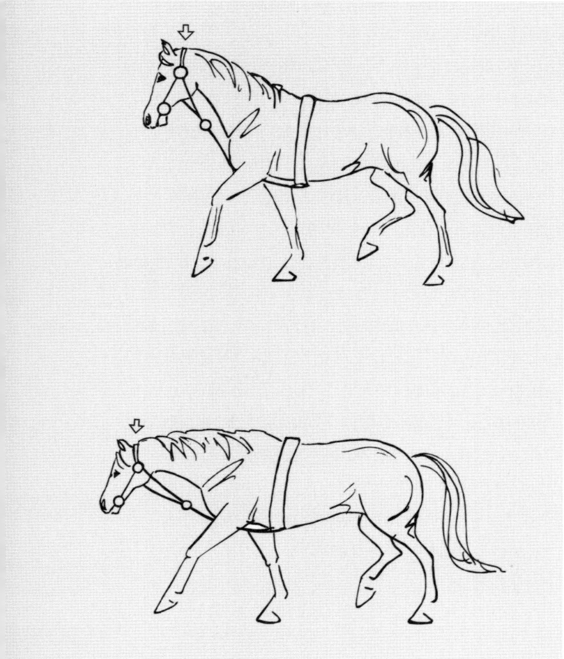

Stoßzügel können auf die Nase des Pferdes oder auf das Maul einwirken.

unten: Stoßzügel mit Verzweigung weit vor den Trensenringen, um das Gebiss nicht im Maul zu knicken

Chambon

Bei Rückenproblemen oder zu tief angesetztem Hals sowie generell bei jungen Pferden (falls bei diesen überhaupt Hilfszügel nötig sind) ist dem Ausbinder das Chambon vorzuziehen oder der dem Chambon ähnliche Hilfszügel der Westernreiter, der auf das Genick des Pferdes wirkt. Durch einen Ausbinder können immer Spannungen im Hals und Genick des Pferdes entstehen – das Chambon verhindert solche Spannungen besser, denn das Pferd ist nach jeder Richtung frei beweglich, nur nicht nach oben.

Mehr Arten von Hilfszügeln braucht man eigentlich nicht zu kennen, denn alle anderen sind für die Bodenarbeit und auch meist für das Reiten irrelevant.

Longiergurt

Wollen Sie mit Hilfszügel arbeiten, brauchen Sie in den meisten Fällen einen Longiergurt. Dieser sollte auf jeden Fall die Möglichkeiten haben, den Hilfszügel höher oder tiefer einzuschnallen, d. h., er muss mehrere Ösen in verschiedener Höhe haben, um die Höhe zu variieren. Die Arbeit mit der Doppellonge oder dem langen Zügel wird dadurch deutlich erleichtert.

Mit dem richtig geschnallten Schlaufzügel kann das Pferd sich aufrichten und strecken.

Der Ausbinder und seine Nachteile: Das Pferd kann sich nicht vorwärts-abwärts strecken.

Damit wären wir bei den beiden letzten Ausrüstungsteilen:

Doppellonge und langer Zügel

Bei beiden ist das gute »In-der-Hand-Liegen« wichtig. Sowohl Doppellonge als auch langer Zügel sollten nicht so schwer sein wie die Longe, die einzeln verwendet wird – und vor allem nicht rund. Kann und soll man die einfache, schwere Longe am Halfter verwenden, um Dominanztraining und Grundgymnastizierung ohne körperliches Einzwängen des Pferdes zu absolvieren, so sind Doppellonge und besonders der lange Zügel eher ein Werkzeug für die Trense (funktionieren aber auch mit Sidepull und leichterem Kappzaum gut). Sie sollen – mit Tendenz in Richtung stärkere Versammlung – die Arbeit unter dem Reiter weitgehend simulieren. Dazu gehört es auch, die Zügelhilfen so zu geben, als ob man draufsitzen würde. Zügelähnliches Gurtmaterial ist dafür am besten geeignet. Kleine Haken zum Einhängen in die Trensenringe sind von Vorteil.
Der lange Zügel ist etwa 7–8 m lang. Die Doppellonge besteht entweder aus zwei einzelnen Longen oder einer von etwa doppelter normaler Länge mit einem Haken an jeder Seite.

Äußere Bedingungen

Neben der Vervollkommnung Ihrer eigenen Bewegungen und Reaktionen sowie der Auswahl von geeigneter Ausrüstung können Sie sich das Leben zusätzlich dadurch erleichtern, dass Sie dem Pferd wenig Möglichkeiten geben, sich Ihrem Einfluss zu entziehen.
Glücklich können sich diejenigen schätzen, die einen fest (am besten undurchsichtig) eingezäunten, überdachten

Fahren vom Boden. Der Voltigiergurt kann als Ersatz für den Longiergurt dienen.

Roundpen von etwa 18 m Durchmesser ihr Eigen nennen. In einem solchen Longierzirkel wird das Pferd wenig durch äußere Einflüsse abgelenkt. Es wird sich deswegen zwangsläufig mehr auf den Ausbilder konzentrieren. Zudem kann es beim Longieren nicht nach außen ausbrechen. Geht man zur freien Arbeit ohne Longe über, so kann sich das Pferd nicht in einer Ecke feststellen, wie dies häufig in einer eckigen Bahn vorkommt. Natürlich muss die Arbeit später überall durchführbar sein. Es geht nur um die Anfangsübungen, bei denen Sie so viele Ansatzpunkte zum Widerstand ausschließen sollten wie möglich.
Wer ein so bequemes Hilfsmittel wie den Roundpen nicht besitzt, muß improvisieren. Eine feste hohe »Strohballen-Umzäunung« ist als Ersatz brauchbar. Ein Paddock mit abgespannten Ecken kann ebenfalls als Führungshilfe dienen.

Auch die Bodenbeschaffenheit ist wichtig. Rutschfest sollte der Boden sein, damit sich das Pferd nicht aus Angst vor dem Ausrutschen verspannt. Und nicht allzu tief, denn tiefer Sand belastet die Sehnen.

Sind Sie gezwungen, bei jedem Wetter draußen zu arbeiten, so können Sie an Tagen, an denen alles unter Wasser steht, evtl. im Schritt an Trailhindernissen arbeiten. Zwingen Sie ein Pferd nicht im glitschigen Schlamm an der Longe zu konzentriertem Arbeiten, besonders wenn Sie merken, dass es auf diesem Boden Gleichgewichtsprobleme hat. Werfen Sie noch einen weiteren prüfenden Blick aufs Wetter. Bei viel Wind und Kälte verhalten sich viele Pferde hektisch und unkonzentriert. Üben Sie neue oder schwierige Dinge mit einem jungen oder problematischen Pferd deswegen besser bei ruhigem, warmem Wetter.

5

Ein hoch eingezäunter Roundpen als Führungshilfe und für die freie Arbeit. Idealerweise wäre er noch undurchsichtiger eingezäunt, um die Aufmerksamkeit des Pferdes immer beim Ausbilder zu halten.

Grundlegende Arbeit

Eine für viele anfangs verblüffende Art der Bodenarbeit ist das Konzept der »natürlichen Ausbildung« an der Hand, wie es der Amerikaner Pat Parelli in Reinform betreibt. Die Grundlagen zu dieser Arbeit können Sie im Kapitel Psychologisches Grundwissen (S. 6 ff.) nachlesen.
Das »natürliche« Konzept stützt sich auf folgende Hauptaussage:
Das Pferd soll bei der Arbeit auf die Körpersprache des Menschen reagieren und nicht mit Ausrüstung »verschnürt« werden, bis es sich kaum noch wehren kann. Dabei gilt ganz grob: Tut das Pferd nicht, was der Mensch von ihm will, so hat es ihn nicht verstanden oder es akzeptiert ihn nicht als ranghöher.

Viel Pferde-Psychologie und sehr wenig Materialeinsatz kommen dabei zur Anwendung. Keine Ausbinder, kein Longiergurt, keine Trense, kein Kappzaum – und was sich nach der klassischen Methode sonst noch alles am Pferd befinden kann. Als einzig wirklich nötige Ausrüstung dienen ein dünnes, jedoch stabiles Strickhalfter sowie ein schwerer, nicht zu dicker etwa 3 m langer Strick (siehe Kapitel Ausrüstung S. 56 ff.). Der Strick wird im Laufe der Arbeit teilweise durch eine Longe ersetzt.
Mehr nicht?
Mehr nicht! – Zumindest, was die Ausrüstung betrifft.
Das wichtigere »Handwerkszeug« sind Verständnis des natürlichen Pferdeverhaltens und genaues Beobachten des Pferdes. Dazu kommt, dass Sie sich bewusst werden, wie Sie auf Ihr Pferd wirken und Ihre Wirkung nötigenfalls korrigieren können.

Rangordnung und Dominanz

Was für den Umgang mit der natürlichen Methode besonders wichtig ist, ist das grundsätzliche Verständnis der Rangordnung und der lebenswichtigen Faktoren Sicherheit und Schutz der einzelnen Herdenmitglieder durch die gesamte Herde, wie im Kapitel Herdenverhalten dargestellt. Das Verhalten von ranghohen, dominanten Tieren soll mit der eigenen Körpersprache nachgeahmt werden. Gelingt dies, ist der Erfolg gesichert. Weil das Pferd dem Ranghöheren, der immer auch eine Schutzfunktion hat, vertraut und sich ihm freiwillig unterordnet, tritt Ungehorsam aufgrund von »Nichtwollen« nicht mehr auf. Sie können also bei geklärter Dominanz normalerweise davon ausgehen, dass ein Ungehorsam Ihres Pferdes auf »Nichtkönnen« oder »Nichtverstehen« basiert, dass Sie also zuviel verlangt oder sich dem Pferd gegenüber missverständlich ausgedrückt haben. Suchen Sie den Fehler immer zuerst bei sich selbst. Das erleichtert die Entscheidung: »Strafe oder Nichtstrafe« ungemein.
Das Konzept der natürlichen Ausbildung an der Hand basiert auf einem ganz simplen Grundsatz des Herdenverhaltens:
Das rangniedere Pferd muss dem ranghöheren ausweichen.
Da Sie das ranghohe Pferd (im Idealfall den Leithengst oder die Leitstute) verkörpern sollen, können Sie den Platz des Pferdes beanspruchen – egal, wo sich dieses gerade aufhält.

Das bedeutet in einem einfachen Praxisbeispiel: Das Pferd steht irgendwo dösend auf dem Auslauf. Gehen Sie forschen Schrittes auf es zu und treiben es von diesem Platz weg.
Hat das Pferd bisher wenig Respekt vor Ihnen gehabt, wird es unter Umständen versuchen, sich stur auf diesem Platz zu behaupten. Wenn es das schafft, haben Sie die erste Runde im Rangordnungsspiel schon verloren – und werden vermutlich auch alle weiteren verlieren.

Forcierte Bewegung

Ein einfaches Hilfsmittel dafür, Ihrem Ansinnen Nachdruck zu verleihen, ist der eingangs beschriebene schwere Strick, den Sie wie einen Propeller in der Hand schwingen (siehe Kapitel Ausrüstung S. 56 ff.). Zunächst verleiht diese »scharfe« Bewegung des Seilendes allen anderen Bewegungen (also auch Ihrer Vorwärtsbewegung in Richtung des Pferdes) eine stärkere Bestimmtheit. Sollte dies nicht ausreichen, um beim Pferd Eindruck zu machen, so können Sie es mit diesem Propeller auch an Schulter oder Seite berühren, bis ihm das wiederholte Klatschen des kreisenden Seilendes zuviel wird und es das Feld räumt.
Der Vorteil des Seilpropellers gegenüber der Gerte liegt besonders bei schnellen Aktionen darin, dass Sie ihn rascher und flexibler einsetzen können. Es gibt jedoch einige Lektionen, besonders im versammelnden Bereich, bei denen der Einsatz der Gerte besser, da präziser ist. Wem die Handhabung der Gerte sympathischer ist als die des Seilendes, der kann auch durchgehend mit der Gerte arbeiten; er wedelt dann mit der Gertenspitze, statt das Seilende zu schwingen. Wer beides ausprobiert hat, wird bei verschiedenen Pferden Unterschiede in den Reaktionen auf Seilende oder Propeller feststellen können. Das eine Pferd wird besser auf Seilende, das andere besser auf Gerte reagieren.

Im Auge behalten

Behalten Sie bei dieser Vorübung Ihr Pferd sehr genau im Auge, denn es ist gut möglich, dass es sich zwar blitzschnell von seinem Platz entfernt, dabei aber ungnädig ausschlägt. Oder aber es versucht erst einmal, selbst der Ranghöhere zu sein und kommt auf Sie zu. Begegnen Sie der Drohung durch das Pferd in absolut aufrechter Haltung, mit hocherhobenem Kopf sowie mit in Richtung des Pferdes ausgestrecktem Arm. Machen Sie möglichst einen Schritt auf das Pferd zu (lenken Sie das Pferd allenfalls durch einen Schritt seitwärts ab). Weichen Sie jedoch auch nur einen Schritt zurück, so hat wieder das Pferd einen Sieg in Sachen Rangordnung errungen.
Bei besonders renitenten Pferden sollten Sie statt des kreisenden Strickes auf jeden Fall eine längere Peitsche verwenden und mit dieser wedeln (nicht schlagen), damit Sie sich nicht zu dicht in Reichweite der Hufe begeben müssen. Bei solchen Übungen ist es sinnvoll, die Ausdehnung der »Gefahrenzone« zu kennen und auf heftige Reaktionen des Pferdes gefasst zu sein.
Anfangs ist es erst einmal völlig egal, in welche Richtung das Pferd von dem beanspruchten Platz verschwindet. Die weiterführende Arbeit nach diesem

6

Das Pferd zu sich heranholen – bauen Sie Druck in der Gummibandmanier auf.

Konzept besteht darin, das Pferd nach einer bestimmten Richtung bzw. nur die Vorhand oder nur die Hinterhand des Pferdes ausweichen zu lassen.
Dazu arbeiten Sie am schon erwähnten Halfter mit Strick bzw. Longe, später in einem Roundpen (oder in einem abgesteckten Longierzirkel) auch ohne Strick.

Ausweichmanöver
Prinzipiell hat das Pferd sechs Möglichkeiten des Ausweichens:
nach vorne
durch vorwärts Gehen
nach hinten
durch rückwärts Gehen
zur Seite nach rechts oder links
- durch Ausweichen mit Vor- oder Hinterhand (in Form von Hinterhandwendung oder Vorhandwendung)
- durch eine komplette Seitwärtsbewegung von Vorhand und Hinterhand nach rechts oder links in Form von:
- Schenkelweichen, Schulterherein oder Travers (45°)
- reinem Seitwärtstreten (90°)

nach oben
- (z. B. durch Steigen oder Erklettern eines Hügels etc.)

nach unten
- (z. B. durch Hinlegen oder Herunterspringen in ein Loch oder eine Senke)

Ihre Arbeit besteht nun darin, das Pferd so zu schulen, dass es präzise in die von Ihnen gewünschte Richtung ausweicht. Die Ausweichmöglichkeiten nach oben und unten sind dabei vorerst zu vernachlässigen – sie werden später gebraucht, wenn mit dem Pferd an der Hand im bergigen Gelände oder an kleinen Auf- und Absprüngen gearbeitet werden soll oder aber für Kunststückchen in der Freiheitsdressur (steigen lassen, hinlegen lassen). Sie werden

z. T. später noch aufgegriffen. Wichtig sind für den Anfang die anderen vier Richtungen – nach vorne, hinten, rechts und links.

1. Nach vorne – heranholen.

Holen Sie das Pferd zu sich heran. Dabei stehen Sie 2–3 m vom Pferd entfernt, schauen es frontal an und ziehen leicht am Seil. (Benutzen Sie eine Longe, so kann der Abstand größer sein.)

Die Reaktion des Pferdes kann nun sehr unterschiedlich ausfallen. Hat es in irgendeiner Form Angst vor Ihnen oder will aus anderen Gründen gerade nicht zu Ihnen kommen, so wird es bockbeinig stehen bleiben und dem Druck hinter den Ohren durch Langmachen des Halses ohne sonstige Vorwärtsbewegung nachgeben. In diesem Fall handhaben Sie den Strick ähnlich wie ein Gummiband: Erhöhen Sie langsam den Zug und geben immer mal wieder leicht nach, um zu testen, ob das Pferd sich evtl. nur gegen den Druck wehrt und bei Wegfall des Druckes von allein käme. Reagiert es nicht, so wird wieder Druck aufgebaut (ähnlich wie bei halben Paraden in der englischen Reitweise, jedoch anfangs mit mehr Kraftaufwand), bis ihm die Sache zu unangenehm wird und es einen Schritt nach vorne geht. Nach dieser Reaktion geben Sie sofort am Strick nach. Noch besser ist, schon während der Bewegung nachzugeben. Das Pferd verbindet den Schritt nach vorne mit etwas Angenehmem, dem Aufhören des Druckes im Genick. Weitere Schritte nach vorne können Sie dem Pferd nun auf die gleiche Weise entlocken. Schon nach kurzer Zeit wird es mehrere Schritte auf Sie zugehen. Geben Sie immer sofort nach, sobald das Pferd auch nur den Ansatz einer Vorwärtsbewegung zeigt. Idealerweise geben Sie schon nach, wenn es einen Vorderhuf hebt. Das Pferd empfindet dann seine Bewegung in Ihre Richtung als freiwillige, eigene Entscheidung. Es konnte zwischen »angenehm« und »unangenehm« wählen. Für den weiteren Erfolg der Arbeit ist sehr wichtig, dem Pferd so oft wie möglich zu suggerieren, es täte etwas aus eigenem Antrieb.

Sobald das Pferd stehenbleibt, wird wieder Druck aufgebaut. Schon nach sehr kurzer Zeit gibt es selbst dem leichtesten Druck durch eine Vorwärtsbewegung nach. Stellt es sich sehr stur, kann man mit der Peitsche arbeiten und es mit dem Bogenschlag (von hinten an die Vorderbeine) heranholen.

Hat es Sie erreicht, loben Sie es (Art des Lobes siehe entsprechendes Kapitel) und lassen es eine Weile völlig ruhig stehen. Damit zeigen Sie ihm das Ende dieser Übung an. Beenden Sie möglichst jede Übung mit diesem ruhigen Stehenlassen. Nach einer angemessenen Ruhepause können Sie die Übung wiederholen.

Die Lektion des Heranholens können Sie mit der des Weichens nach hinten (siehe nächster Abschnitt) kombinieren. Funktioniert die Übung, so können Sie den Abstand zwischen sich und dem Pferd auch während der eigenen Vorwärtsbewegung verringern, das Pferd also, während Sie selbst laufen, zu sich heranholen. Für Wanderreiter kann dies wichtig werden, wenn sie sich mit ihren Pferden in schwierigem Gelände bewegen.

1.1. Nach vorne – Kopf tief.

Eine Variante der Heranhol-Übung ist es, den Kopf des Pferdes »herunter zu ziehen«. Gehen Sie dabei vor dem Pferd in die Hocke und üben von unten in der eben beschriebenen Manier Druck auf das Genick des Pferdes aus, bis das Pferd mit der Nase den Boden berührt. Will es den Kopf unaufgefordert heben, so folgt sofort wieder ein leichter Zug am Strick. Nach kurzer Zeit wird das Pferd den Kopf am Boden lassen, solange der Ausbilder kein gegenteiliges Kommando gibt. Mit dieser Lektion können Sie dem Pferd erstens das Nachgeben auf Druck beibringen und haben zweitens die Möglichkeit, die Rückenmuskulatur am stehenden Pferd zu entspannen (siehe auch Kapitel Probleme erkennen und beseitigen. Versuchen Sie einmal, das Pferd aufzuzäumen, während Sie selbst vor ihm in der Hocke bleiben. Sie können dabei überprüfen, wie lange und geduldig es freiwillig den Kopf unten lässt.

Kopf durch vibrierenden Druckaufbau herunterspielen

Diese Übungen des Nachgebens auf ausgeübten Druck sensibilisieren das Pferd mit der Zeit, sodass es schon dem Ansatz eines Druckes oder Zuges nachgibt. Die spätere Arbeit wird damit stark erleichtert; auch unter dem Reiter wird es schließlich minimalem Druck nachgeben, wenn es an der Hand darauf konditioniert wurde.

Von hinten treiben: Pferde im Spiel zeigen Ihnen die richtige Position.

Von hinten führen:
oben: mit einem in der Bodenarbeit noch nicht fortgeschrittenen Pferd am langen Strick
unten: mit einem freien Pferd, welches ohne Führungshilfe durch den Strick auf die Signale der Ausbilderin reagiert

1.2. Nach vorne – von hinten führen.
Schicken Sie das Pferd vor sich her. Sie treiben es dabei in ähnlicher Weise, wie es der Leithengst einer Herde tun würde. Sie stehen schräg hinter dem Pferd, haben es am langen Strick und schicken es durch das kreisende Seilende, einen Klaps mit Gerte oder Hand nach vorne. (Auch die spätere Arbeit am langen Zügel basiert auf diesem Führen von hinten.) Nehmen Sie bei Bedarf Ihre Stimme zu Hilfe.
So können Sie mit dem Pferd dann eine Weile spazierengehen – auch im Gelände, an angsterzeugenden, »pferdefressenden Ungeheuern« vorbei.
Das Pferd assoziiert mit dem, der es von hinten führt, das Leittier, dem es von Natur aus gehorcht und vertraut.
Nun treten bei dieser Art des Führens natürlich auch Probleme auf: Das Pferd will an diesem oder jenem Gegenstand nicht so gern vorbei, es bleibt nicht in der gewünschten Richtung. Mit einer festen Gerte oder einem kleinen Stöckchen (wegen der Reichweite besser als der Seilpropeller) können Sie dem Pferd leicht an Schulter, Hals oder Bauch klopfen, um die Richtung zu korrigieren oder auch um mehr vorwärts zu treiben. Sie imitieren damit die Bisse und Knüffe des Hengstes bei Ungehorsam des Rangniederen.

2. Nach hinten.
Schicken Sie das Pferd rückwärts von sich weg, idealerweise ohne dass Sie sich dabei von Ihrem eigenen Standplatz fortbewegen. Fordern Sie das Pferd nur mit Ihrer eigenen Körpersprache dazu auf, sich rückwärts von Ihnen zu entfernen.

6

Eine sinnvolle Vorübung, um dem Pferd erst einmal die gewünschte Bewegungsrichtung klarzumachen, ist es, frontal auf das Pferd zuzugehen und dabei das Seilende vor seiner Nase kreisen zu lassen. Ein sensibles, ängstliches Pferd wird erschreckt die Augen aufreißen und nach hinten ausweichen, ein eher phlegmatisches muß evtl. erst mit dem kreisenden Seilende an der Nase berührt werden, bevor es den Rückzug antritt.
Achten Sie darauf, Ihre eigene Haltung schon in diesem Stadium der Vorbereitung kritisch zu beobachten und gegebenenfalls zu korrigieren. Sie müssen das Gefühl haben, vor Ihrem Pferd zu wachsen. Ihre Bewegung ist genau mittig auf die Brust des Pferdes gerichtet. Schauen Sie das Pferd dabei mit erhobenem Kopf voll an und strecken den Arm mit dem kreisenden Seilende nach vorne. Zielen Sie damit Richtung Brust oder Nase des Pferdes. Je höher dabei das Pferd den Kopf nimmt, um so höher nehmen Sie den Seilpropeller, damit das Pferd diesen auch im Blickfeld hat.

Beachten Sie Ihre Atmung. Der Atem darf auf keinen Fall stocken. Halten Sie den Atem an, so verkrampfen Sie sich, und Ihre Körpersprache drückt Angst oder Unsicherheit aus. Das Pferd merkt das sofort und »hinterfragt« dabei Ihre Autorität.
Wollen Sie zuerst ohne Seilende arbeiten, um z. B. ein ängstliches Pferd nicht zu erschrecken, so können Sie es mit den Fingern beeinflussen. Sie können einen Biss imitieren, indem Sie das Pferd mit den Fingern pieken. »Stören« Sie das Pferd so lange, bis es »genervt« rück-

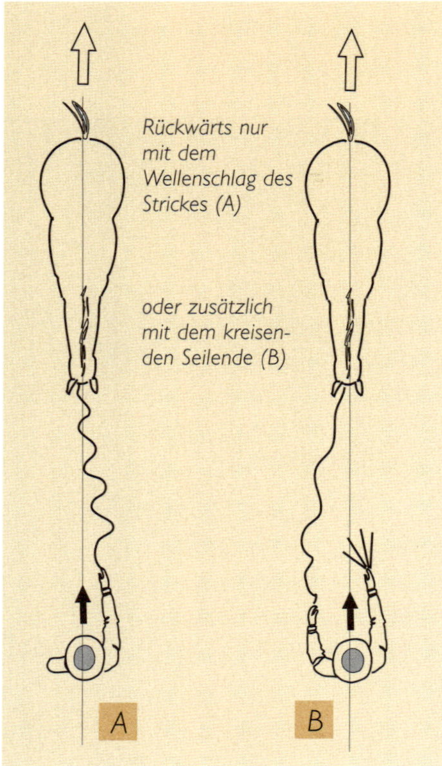

Rückwärts dirigieren des Pferdes am Führstrick durch Positionswechsel (unten) sowie des freien Pferdes (rechte Seite) mit einer quer gehaltenen Peitsche

wärts weicht. Achten Sie aber darauf, es nicht so stark zu provozieren, dass es womöglich die Flucht nach vorne an Ihnen vorbei (oder über Sie drüber...) antritt.

Minimierung der Signale

Wie beim Reiten geht es auch in der Bodenarbeit darum, die Intensität der Signale und auch die Hilfsmittel mit der Zeit zu reduzieren. Aus Sicherheitsgründen sollten Sie zudem auf Distanz arbeiten können, dem Pferd also nicht zu dicht auf den Leib rücken müssen, um eine Reaktion zu erhalten (besonders bei angstbesetzten Übungen). Dazu gehört, dass das Pferd immer aufmerksamer auf Ihre Körpersprache achtet. Die meisten Pferde tun dies nicht von Anfang an. Deswegen müssen Sie oft mit extrem deutlichen und ausladenden Gesten beginnen, damit das Pferd Sie beachtet. Wedeln Sie z. B. mit hoch erhobenen Armen vor dem Pferdekopf hin und her, um es zum Ausweichen nach hinten zu veranlassen. Damit imitieren Sie das drohende Steigen eines ranghöheren Pferdes. Reagiert es nicht, können Sie ihm mit den Handflächen seitlich an den Hals oder Kopf klatschen, bis es rückwärts ausweicht. Auch das harte Rucken am Halfter (was auch gut auf Distanz funktioniert) macht dem Pferd klar, dass es Sie nicht ignorieren sollte. Die meisten dieser Übungen sehen für den unbedarften Zuschauer grausig aus: Das Pferd reißt dabei die Augen auf und den Kopf hoch – ein Bild des Widerstandes, wogegen der Mensch deutlich an einen Hampelmann erinnert. Jedoch wird das Pferd damit auf Ihre Signale aufmerksam gemacht, wenn es vorher eher geneigt war, den Menschen nicht so ganz ernst zu nehmen. Schon nach kurzer Zeit wird es aufmerksamer werden und ohne unschöne Bilder reagieren.

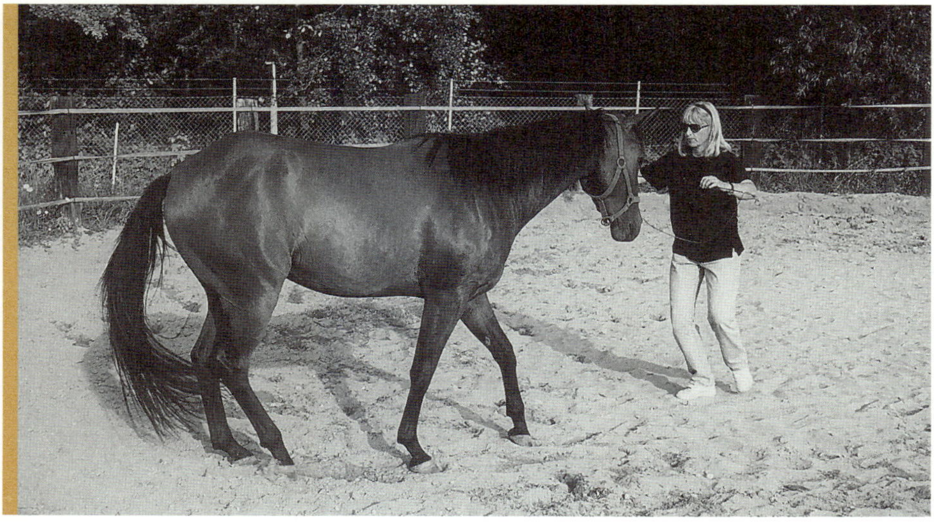

Rückwärts mit dem Wellenschlag

Wellenschlag

Nach den Vorübungen können Sie versuchen, das Pferd nur über die eigene, »drohende« Körperhaltung von sich wegzuschicken.

Statt das Seilende kreisen zulassen, wobei Sie dem Pferd meistens ziemlich nahe kommen müssen, bevor es reagiert, benutzen Sie das Seil nun in anderer Weise. Versetzen Sie es in wellenförmige Bewegung, sodass das Pferd in unregelmäßigen Abständen einen kleinen Ruck auf Genick und Backen bekommt. Ihre aufrechte Haltung, der regelmäßige Atem und vor allem der nach vorne-oben ausgestreckte Arm signalisieren dem Pferd »Rückzug«. Reagiert es nicht, so werden in die Wellenbewegung etwas härtere, seitliche Seilschläge eingefügt.

Irgendwann wird dem Pferd die Störung durch den Wellenschlag zu viel, und es weicht rückwärts aus. Dann muss Ihr Wellenschlag sofort aufhören. Er setzt wieder ein, wenn das Pferd weiter rückwärts gehen soll. Reagiert das Pferd gut, so wird der Wellenschlag nur noch als leichtes Signal benutzt, solange das Pferd sich rückwärts von Ihnen entfernen soll. Er hört immer dann auf, wenn das Pferd stehenbleiben soll.

Bei dieser Lektion ist das Loben fast nur noch mit der Stimme und durch »Zufriedenlassen« möglich. Sie schicken also das Pferd von sich weg, ohne sich selbst von der Stelle zu rühren – nur mit der Kraft des Ausdrucks Ihrer eigenen Körpersprache. Das Hilfsmittel des wellenschlagenden Seiles kann – z. B. bei Arbeit in einem Roundpen – später vollständig entfallen. Das Pferd reagiert dann nur noch auf Ihre Signale.

Eine weitere Übung in diesem Sinn ist das schon im Kapitel Herdenverhalten angesprochene Führen des Pferdes im Schritt und Trab mit anschließendem sofortigen Rückwärtstreten. Das Pferd soll sich dabei hinter Ihrer Schulter befinden. Bleiben Sie abrupt stehen und legen selbst den Rückwärtsgang ein (ohne dabei nach hinten zu schauen). Heben

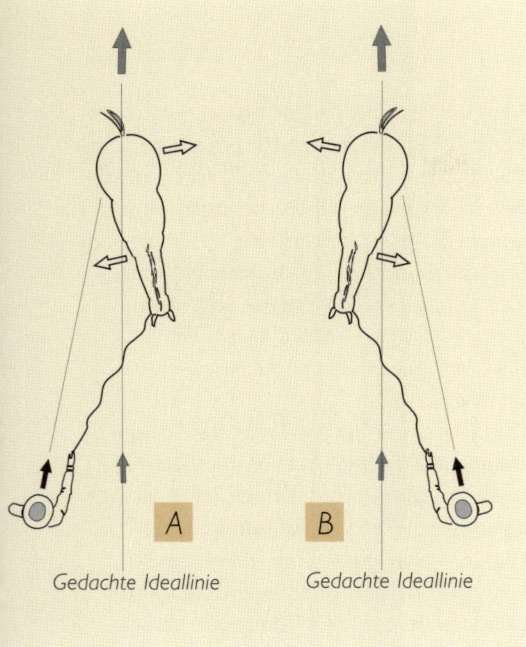

Korrektur des mit der Hinterhand nach links (A) bzw. nach rechts (B) ausweichenden Pferdes. Der Ausbilder zielt mit seiner Fußspitze auf die Hinterhand des Pferdes. Diese weicht aus und das Pferd kommt zurück auf die Ideallinie (siehe auch Fixierung).

Rückwärts durch eigenes Rückwärtslaufen

Sie dabei einen oder beide Ellbogen und wedeln ein wenig damit wie ein Huhn, welches versucht zu fliegen. Das Pferd sollte nun auch sofort rückwärts marschieren. Falls nicht, bekommt es die Ellbogen vor die Nase. Funktioniert diese Übung aus Schritt und Trab auch bei sehr schnellen Bewegungen, so zeigt das Gelingen deutlich den Respekt, den Ihnen das Pferd entgegenbringt. Es will keines Ihrer Signale verpassen, um nicht zurechtgewiesen zu werden.

Das Ausweichen nach hinten gymnastiziert das Pferd und festigt die Position des Ausbilders, denn es ist auch eine Demutsgebärde gegenüber dem Ranghöheren. Ein späteres Rückwärtsrichten unter dem Reiter gestaltet sich mit solchen Vorübungen recht einfach. Meist reicht ein Anheben der Hand mit einem leichten »Zügelschütteln«, welches die Wellenbewegung des Seiles nachahmt.

3. Seitliches Ausweichen
mit drei verschiedenen Möglichkeiten des Weichens:

3.1. Nur die Hinterhand weicht aus
Das Pferd führt dabei eine Vorhandwendung aus.
Sinn der Übung ist die Kontrolle der Hinterhand des Pferdes. Mit dieser Kontrolle ist das Pferd, wie nachfolgend noch beschrieben wird, z. B. an der Longe, immer ohne Ziehkampf anzuhalten. Auch für den Richtungswechsel beim Longieren ist diese Kontrolle wichtig.
Sie stehen bei dieser Lektion seitlich neben dem Pferd, etwa in Höhe seines Kopfes, mit Blickrichtung auf seine Hin-

6

terhand. In der dem Pferd zugewandten Hand halten Sie den Strick, sodass dieser in einer Schlaufe bis fast auf den Boden durchhängt.
Um die Hinterhand zum Ausweichen zu veranlassen, bewegen Sie sich nun zielgerichtet und bestimmt, mit deutlichem Anheben Ihrer eigenen Beine aus der Hüfte heraus, auf diese zu. Ihre Fußspitzen zeigen dabei genau auf den inneren Hinterhuf des Pferdes. Ihre Haltung ist aufrecht und straff. Unterstützen Sie Ihre Bewegung mit dem kreisenden Seilende, welches Sie mit der dem Pferd abgewandten Hand schwingen und damit in Richtung Knie/Oberschenkel des Pferdes zielen.
Soll die Hinterhand des Pferdes z. B. nach rechts weichen, so stehen Sie auf der linken Seite des Pferdes. Ihre rechte Schulter befindet sich schräg neben dem Kopf des Pferdes. Ihre rechte Hand hält locker den Strick, die linke schwingt das freie Seilende (links und rechts aus dem Blickwinkel des Ausbilders gesehen). Bewegen Sie sich so auf die Hinterhand des Pferdes zu. Idealerweise weicht sie sofort nach rechts aus.

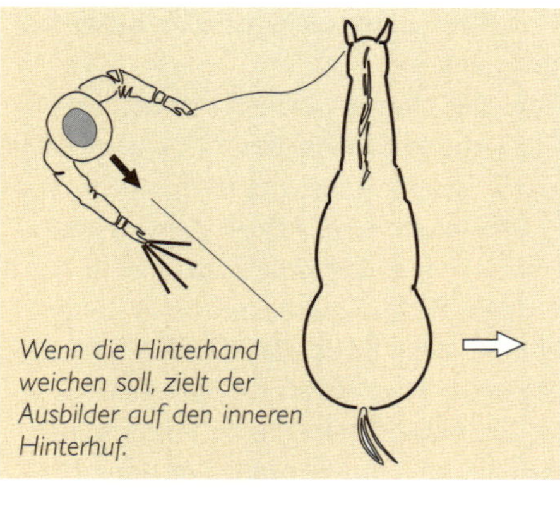

Wenn die Hinterhand weichen soll, zielt der Ausbilder auf den inneren Hinterhuf.

Nun soll bei dieser Übung nur die Hinterhand weichen, nicht das ganze Pferd. Das bedeutet, dass die Vorhand stehen bleibt, wenn Sie die richtigen Signale geben. Es ist im Prinzip eine schnelle Vorhandwendung, die da verlangt wird. Die richtige Ausführung ist über den losen Führstrick kontrollierbar. Er soll nach der gewünschten Reaktion immer noch lose sein.
Das Pferd soll Sie am Ende der Übung immer anschauen und aufmerksam auf neue Signale warten. Es soll nicht einfach irgendwohin von Ihnen wegspringen (dafür waren die ersten »Vertreibe«-Übungen da). Zeigt es Ihnen die Seite und spannt sich der Führstrick, so setzen Sie die Übung fort, so lange, bis es Sie anschaut, also nur die Hinterhand weicht.
Es ist jedoch kaum anzunehmen, dass das Pferd sofort, wie oben beschrieben, richtig reagiert. Ein stures Pferd ohne genug Respekt wird vielleicht gar nicht reagieren und den Menschen nur verwundert anschauen, was denn das nun schon wieder soll. Ein sensibles, ängstliches Pferd wird vielleicht einen Satz seitwärts machen, jedoch mit Vor- und Hinterhand, so dass sich das Seil vorne spannt.
Dem sturen Pferd werden Sie mit Ihrem Seilpropeller deutlich auf die Sprünge helfen, indem Sie es damit berühren. Das regelmäßige Klatschen gegen die Hinterhand wird das Pferd schließlich zu einer Ausweichreaktion veranlassen. Wenn Sie Bedenken haben, dass das Pferd nach dem Seilpropeller treten könnte, dann nehmen Sie eine lange Gerte und tippen damit das innere Knie oder Sprungge-

Das Pferd weicht mit der Hinterhand aus. Die Fußspitze der Ausbilderin zeigt deutlich auf den inneren Hinterhuf. Der Strick ist lose.

lenk des Pferdes an (nicht fest schlagen, sondern vibrierend »stören«).
Die häufigste Reaktion wird sein, dass sich das Pferd komplett von der Störungsquelle Mensch entfernen will – mit Vorhand und Hinterhand. Diese falsche Reaktion müssen Sie nun sofort erkennen und die Übung fortsetzen. Dazu brauchen Sie etwas Kondition, denn ein schnelles Nachlaufen (hinter der Hinterhand her) ist oft unerlässlich. Zu Korrekturzwecken können Sie den Strick kurzfristig vorne etwas kürzer fassen und die Vorhand des Pferdes mehrmals kurz zu sich heranziehen (keinen dauernden Zug ausüben, damit sich das Pferd vorne nicht festmachen kann). Der Seilpropeller klatscht derweil weiterhin auf die Hinterhand. Irgendwann werden Sie mit dieser Methode auch einem phlegmatischen Pferd eine heftige Reaktion entlocken können. Es kreiselt dann hektisch um Sie herum. Genau das ist beabsichtigt: eine schnelle Reaktion, wie es auch das rangniedere Pferd in der Herde zeigen muss, will es nicht vom ranghöheren Prügel beziehen.
Nervöse, hektische Pferde springen bei der Prozedur meist von Anfang an ziemlich wild in der Gegend herum. Ihnen müssen Sie immer genug Seil lassen.
Das wilde Herumzappeln ist nicht schlimm. Lassen Sie es zu, ohne sich selbst darüber aufzuregen. Die Pferde beruhigen sich sehr schnell wieder.

Das Prinzip »Aufregen lassen« und wieder »Ruhigwerden lassen« gehört zu den Grundlagen der Angstbewältigung, die im Kapitel Probleme erkennen und beseitigen S. 112 f. noch genauer behandelt werden.

Weicht das Pferd nach einer Seite gut, so probieren Sie das Ganze auf der anderen Seite. Auch bei der Bodenarbeit zeigt sich schnell die steifere Seite des Pferdes, auf der die Hinterhand schlechter ausweicht.
Haben Sie beide Seiten völlig unter Kontrolle, so lässt Sie Ihr Pferd nicht mehr aus den Augen. Ein Prüfstein für den Erfolg dieser Lektion ist die folgende Übung:

Fixierung

Stellen Sie sich vor das Pferd: Machen Sie einen Schritt nach rechts vorne – das Pferd muss mit der Hinterhand nach links weichen. Die Vorhand bleibt stehen, jedoch dreht sich das ganze Pferd durch die Bewegung der Hinterhand um den »Drehpunkt Vorderbeine«, sodass es Sie

Fixierung: hier mit dem freien Pferd. Es folgt den Bewegungen der Ausbilderin.

wieder anschaut. Machen Sie daraufhin einen Schritt nach links – das Pferd weicht mit der Hinterhand nach rechts – und es schaut Sie wieder an.
Diese Schritte nach rechts und links können nun in schnellerer Folge und unregelmäßig ausgeführt werden – das Pferd ist bei richtigem Lernerfolg der Hinterhand-Ausweichlektion völlig auf Ihre Bewegungen fixiert und dementsprechend absolut aufmerksam auf Ihre Körpersignale. Es wird Sie immer im Auge behalten wollen, um kein Signal zu verpassen und schnell genug reagieren zu können, wenn Sie etwas fordern. Ihre Bewegung nach vorne – Richtung Hinterhand – kann bei schnellem Richtungswechsel und genügend entwickelter Sensibilität und Aufmerksamkeit des Pferdes entfallen, eine Seitwärtsbewegung nach rechts oder links reicht dann aus. Prinzipiell führt das Pferd bei der Fixierung eine ähnliche Bewegungsfolge aus, wie das Westernpferd beim Cutting. Jedoch wird sie anders verursacht. Das Cutting-Pferd reagiert auf die Bewegungen des Rindes, weil es das Rind unter Kontrolle halten will. Bei der Fixierung verursacht der Ausbilder die Bewegungen des Pferdes, weil er es kontrolliert. Das Cutting-Pferd kontrolliert also, und das fixierte Pferd wird kontrolliert.

Die mit der Fixierung erlangte Aufmerksamkeit des Pferdes bedingt seine sichere Kontrolle an der Hand und an der Longe oder im Roundpen.
Ist die Reaktion des Pferdes in dieser Lektion gefestigt, können Sie Ihr Pferd nun z. B. longieren und es durch einen Schritt Richtung Hinterhand aus jeder Gangart anhalten: Es dreht die Hinterhand nach außen und schaut Sie an.
Das funktioniert auch bei Widersetzlichkeiten des Pferdes, z. B. wenn es im Zirkel nach außen drängelt, über die Schul-

ter weglaufen will etc. Jedoch funktioniert es nur, wenn diese Unarten im Ansatz bekämpft werden können, wenn Sie also schnell genug reagieren.
Eine Sekunde zu langsam jedoch, eine Sekunde das Pferd aus den Augen gelassen, und schon kann das renitente Pferd gewonnen haben und Sie samt Longe über den Platz ziehen. Der Schritt Richtung Hinterhand dreht das Pferd nur dann in Ihre Richtung, wenn Sie noch die grundsätzliche Aufmerksamkeit des Pferdes haben. Ist das Pferd schon mit seinen eigenen Dingen beschäftigt, wechselt z.B. unaufgefordert die Richtung, so kommt jede Reaktion des Longierenden zu spät. Das weitverbreitete sinn- und gedankenlose Laufenlassen an der Longe, nur um das Pferd etwas zu bewegen und ohne ihm die gebührende Aufmerksamkeit zu widmen, führt zu solchen Fehlern. Wie bei allen Dingen, die mit Pferden zu tun haben, gibt es auch bei der Bodenarbeit einen direkten Bezug zwischen der Aufmerksamkeit, der Konzentration, die Sie dem Pferd widmen, und der Aufmerksamkeit, die daraufhin das Pferd bereit ist, Ihnen zu widmen.

3.2. Nur die Vorhand weicht aus.

Für diese Übung brauchen Sie etwas mehr Kondition als für die des Hinterhandweichens. Ab und zu müssen Sie dabei nämlich ganz schön rennen. Prinzipiell ist diese Übung eine Hinterhandwendung, bei schnellerer Ausführung ein Spin an der Hand. Bei der schnelleren Ausführung gibt es jedoch Unterschiede in der Handhabung des Führstrickes (siehe Kapitel Weiterführende Arbeit S. 134 ff.).

Hier können Sie sehen, wie stark sich das Pferd bei der Fixierung auf die Hinterhand setzt.

oben: Die Vorhand weicht aus. Reagiert das Pferd gut, wie hier, so muss der Ausbilder nur auf seine Position zur Vorhand achten. Hier sieht man deutlich das Zielen der Fußspitze auf das – in Richtung der Wendung – äußere (rechte) Vorderbein

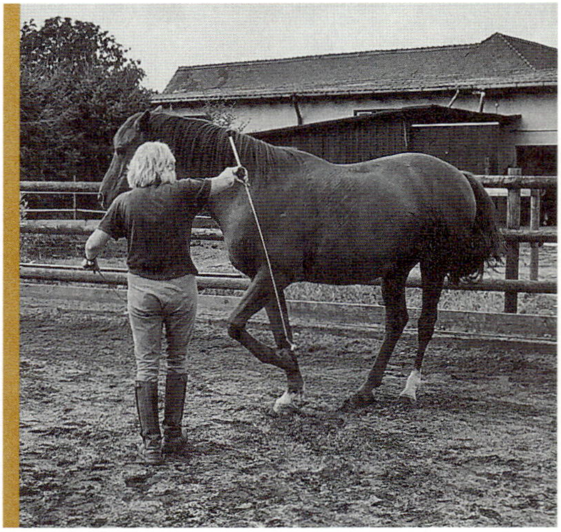

Noch diffiziler als beim Weichen der Hinterhand ist hier die Körperposition und vor allem der Standort des Ausbilders. Schon geringe Abweichungen von der Idealposition führen bei dieser Lektion zu einer falschen (d.h. nicht beabsichtigten) oder völlig fehlenden Reaktion des Pferdes.

Sie stehen in Höhe der Schulter des Pferdes mit etwa einem Meter Abstand. Die genaue Position können Sie über die Reaktion des Pferdes ermitteln. Stehen Sie zu weit vorne, biegt das Pferd den Hals von Ihnen weg und weicht nicht oder nur schleppend mit der Vorhand. Stehen Sie zu weit hinten, so weicht unter Umständen das ganze Pferd seitwärts aus.

Bewegen Sie sich nun schräg – etwa mit Blickrichtung auf die Mitte zwischen Kopf und Schulter des Pferdes – auf das Buggelenk des Pferdes zu. Die Fußspitze des näher am Pferd stehenden Beines zeigt beim Antreten auf den Ballen des Ihnen näheren Vorderhufs. Den wieder lang durchhängenden Strick halten Sie in der Hand, die näher am Pferdekopf ist; mit der anderen Hand schwingen Sie

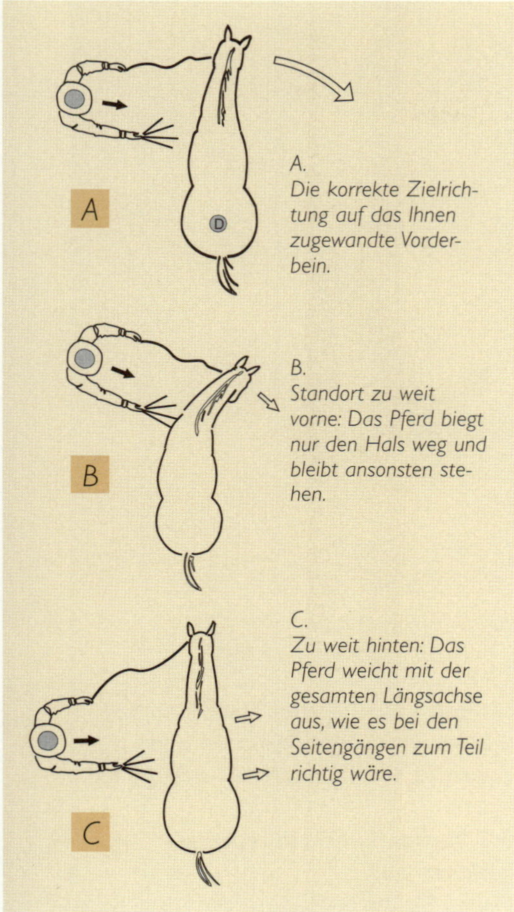

Die Vorhand weichen lassen (linke Seite und unten) mit dem freien Pferd

den Seilpropeller, bis das Seilende die Schulter berührt.

Beispiel: Das Pferd soll mit der Vorhand nach rechts weichen. Der Ausbilder steht auf der linken Seite des Pferdes, hält mit der linken Hand das Seil und schwingt in der rechten Hand das Seilende.

Selbstkorrektur

Weicht nun das Pferd mit der Vorhand nach rechts aus, so müssen Sie sofort nachsetzen, um weiteres Ausweichen – also z.B. eine volle 360°-Drehung – zu erreichen. Je schneller das Pferd weicht, desto besser; um so schneller müssen Sie jedoch auch laufen, denn bei dieser Art des Ausweichens stehen Sie nicht in der Nähe des Drehpunktes wie beim Weichen der Hinterhand, sondern weit entfernt vom Drehpunkt Hinterhand. Gleichzeitig mit dem Laufen im Kreis müssen Sie noch auf Ihre Haltung achten sowie Ihre Position im Verhältnis zur Pferdeschulter ständig korrigieren: Geraten Sie zu weit nach vorne, so zielen Sie nicht mehr auf die Vorderbeine, und das Pferd wird nur noch den Hals biegen und die Beine nicht mehr bewegen. Kommen Sie zu weit hinter die Schulter, so weicht das Pferd mit Vor- und Hinterhand oder es versucht, nach vorne wegzulaufen. All diese Fehler sind nicht durch Ziehen am Führstrick zu korrigieren, sondern nur durch die Korrektur der eigenen Position.
Achten Sie auch auf die Länge des Führstrickes, denn das Pferd dreht bei richtiger Reaktion den Kopf von Ihnen weg in die Wendung hinein und braucht dementsprechend genug Spielraum am Strick.

Schulterherein mit dem freien Pferd in einer Wendung durch Heraustreiben der Hinterhand ...

Der Strick darf sich nicht spannen, wenn das Pferd mit mehr Tempo ausweicht. Spannt sich der Strick, ist dies ein widersprüchliches Signal: die Vorhand wegtreiben und gleichzeitig den Kopf zu sich ziehen.

Neben der Möglichkeit, Hinterhandwendung und später Spin schon mit dem ungerittenen Pferd zu trainieren, bietet diese Übung wieder eine Grundlage für die Longenarbeit oder freie Arbeit im Roundpen. Sie ist nämlich Teil des Richtungswechsels, der sich aus dem Weichen der Hinterhand, dem Hereinrufen des Pferdes, schließlich dem Weichen der Vorhand und dem darauffolgenden Wegschicken des Pferdes zusammensetzt (siehe Richtungswechsel S. 92 ff.).

Im folgenden Abschnitt wollen wir uns nun mit dem reinen Seitwärtstreten, dem Schenkelweichen und dem Schulterherein beschäftigen. Die Seitengänge werden im Kapitel Weiterführende Arbeit (S. 131 ff.) nochmals aufgegriffen.

3.3. Vorhand und Hinterhand weichen aus.

Haben Sie die beiden vorigen Abschnitte über das Weichen der Hinterhand und der Vorhand aufmerksam gelesen, so müsste prinzipiell klar sein, wie Sie Ihr Pferd seitwärts dirigieren: Es wird weder auf die Hinterhufe noch auf die Vorderhufe »gezielt«. Ihre Bewegungsrichtung sowie auch das kreisende Seilende zielen nunmehr in die Mitte des Pferdes: Dieses weicht über seine gesamte Längsachse aus. Unterschiedliche Positionen führen dabei zu unterschiedlichen Seitwärtsbewegungen.
Stehen Sie genau in der Mitte des Pferdes, so wird es über eine reine Seitwärtsbewegung ausweichen. Es bewegt sich also in einem Winkel von 90° zu sei-

... das Gleiche von hinten

ner eigenen Längsachse. Diese Art des Ausweichens wird derjenige vermehrt brauchen, der ein Pferd im Trail trainieren will (siehe Kapitel Weiterführende Arbeit S. 139 ff.).
Stehen Sie etwas mehr in Richtung Schulter, wird das Pferd sich vorwärts-seitwärts von Ihnen entfernen – in einem Winkel von etwa 45°. Die Vorhand weicht in diesem Fall stärker aus als die Hinterhand – das entspricht unter dem Reiter dem Schenkelweichen, bei den Westernreitern Two Track genannt.
Auch ein Schulterherein können Sie bewirken. Dazu stehen Sie neben der Hinterhand des Pferdes, führen das Pferd von hinten und treiben die Hinterhand mit Ihrem eigenen Körper leicht seitwärts. Die Schulter und die Halsstellung des Pferdes kontrollieren Sie am besten, indem Sie sie mit einer Gerte antippen. Damit verhindern Sie, dass sich das Pferd in Ihre Richtung abwendet, statt sich gebogen vorwärts zu bewegen. Sie können ein Schulterherein jedoch auch erreichen, indem Sie schräg vor dem Pferd stehen, dadurch seine Bewegung nach vorne begrenzen und die Hinterhand mit der Gerte seitwärts treiben.
Bei allen Seitwärtsbewegungen müssen Sie darauf achten, dass sich das Pferd im Hals nicht zu sehr verbiegt. Die Längsachse des Pferdes soll in sich nur leicht gebogen sein. Ein zu starkes Abstellen im Hals erschwert die Kontrolle der Bewegungsrichtung. Außerdem kann sich das Pferd in Schenkelweichen und Schulterherein dem Übertreten und der gleichmäßigen Längsbiegung entziehen, indem es einfach über die Schulter wegläuft.
Die Korrektur des »Über-die-Schulter-Weglaufens« ist durch ein Schütteln des Führstrickes möglich, welches das Pferd dazu veranlassen soll, den Hals wieder geradezustellen. Sie können das Pferd durch Anpieken mit der ausgestreckten Hand, durch leichtes Anticken mit dem Seilende oder einem Gertenknauf an die Kopfseite zum Wegdrehen des zu stark gebogenen Halses bewegen. Bei schon weitgehend sensibilisierten Pferden reicht nur das Deuten mit den Hilfsmitteln oder dem Finger in Richtung des Kopfes. Weitergehende Korrekturmöglichkeiten bietet die Arbeit am langen Zügel oder die kurzfristige Verwendung von Ausbindern, die dem Pferd ein Abknicken im Hals erschweren.
Die Seitwärtsübungen sind oft einfacher mit Gerte (statt des Seilendes) zu bewältigen. Tippen Sie z. B. gezielt ein Bein an, um es zum Vor- oder Übertreten zu veranlassen.

Mit dem unausgebundenen Pferd (oder auch mit dem ganz freien Pferd) sind die Seitwärtsbewegungen besser ausführbar, bei denen das Pferd gegen die Bewegungsrichtung oder gerade gestellt ist (vergl. unter dem Reiter: Schenkelweichen und Schulterherein sowie die 90°-Seitwärtsbewegung für manche Trailhindernisse). Travers und Traversale mit Stellung des Pferdes in Bewegungsrichtung lassen sich meist einfacher am langen Zügel trainieren (S. 158 f.).

Auch Arbeit mit zwei Gerten ist möglich ...

Abstand halten

Mit zunehmender Sensibilisierung des Pferdes auf Ihre Körpersprache können Sie aus immer größerer Entfernung mit dem Pferd arbeiten. Besonders bei angsterzeugenden Situationen (siehe Kapitel Psychologisches Grundwissen S. 13 ff.) ist die Arbeit auf Distanz erfolgreicher und sicherer als ein nahes Herangehen, ein physisches Bedrängen des Pferdes. Für Wanderreiter wird diese Arbeit zur Bewältigung schwieriger Geländeabschnitte besonders hilfreich sein. Ein fortgeschrittenes Einsatzfeld ist die Freiheitsdressur. Prinzipiell ist aber auch das normale Longieren ein Arbeiten auf Distanz.

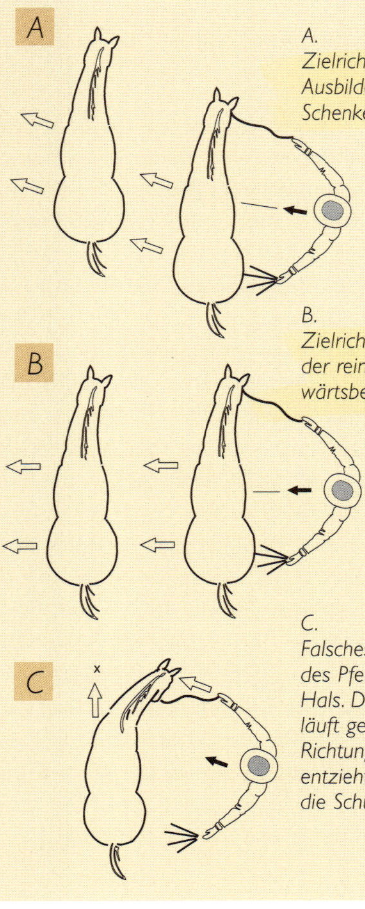

A. *Zielrichtung des Ausbilders beim Schenkelweichen*

B. *Zielrichtung bei der reinen Seitwärtsbewegung*

C. *Falsches Verbiegen des Pferdes im Hals. Das Pferd läuft geradeaus Richtung x. (Es entzieht sich über die Schulter.)*

Um das Arbeiten auf Distanz zu trainieren, können Sie folgende Übung durchführen: Schicken Sie das Pferd im Bogen um sich herum, ohne sich selbst dabei von der Stelle zu rühren.

Das Pferd im Bogen schicken

Dazu stellen Sie sich frontal vor das Pferd. Schicken Sie es mit der Wellenbewegung des Seiles bzw. der Longe

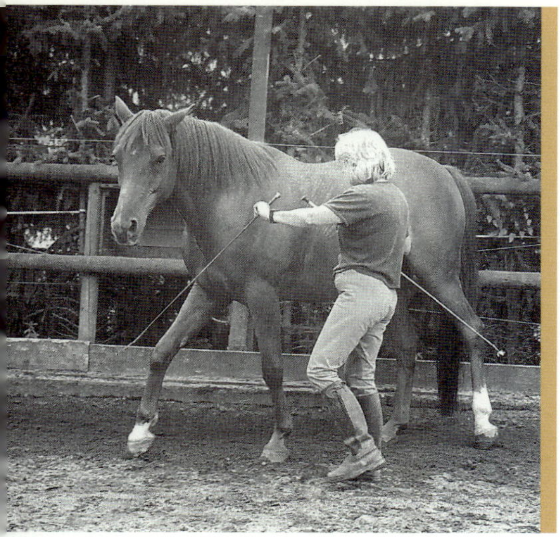

... die vordere Gerte begrenzt die Vorhand, die hintere treibt die Hinterhand zur Seite.

rückwärts weg. Soll es im Bogen nach rechts laufen, so strecken Sie nun den rechten Arm mit dem Seil nach rechts zur Seite. Es entsteht ein seitlicher Zug auf den Pferdekopf. Das Pferd hat gelernt, dem Zug nachzugeben – es wird den Hals und die Schulter nach rechts drehen. Jetzt können Sie mit der linken Hand das Seil bzw. Longenende in Richtung der rechten Schulter des Pferdes kreisen lassen oder mit einer Gerte in diese Richtung zeigen. Die Schulter weicht nach links aus. Jetzt zeigt uns das Pferd seine »Breitseite«. Zeigen Sie nun mit Seilende bzw. Gerte auf seine Mittelhand und üben mit der rechten Hand weiter Zug auf das Seil aus – das Pferd setzt sich nun in einem Rechtsbogen in Bewegung (siehe Zeichnung unten).
Soll es anschließend einen Linksbogen beschreiben, so wechseln Sie die Hand, die das lose Seilende hält. Ihr linker Arm schwingt nun nach links und zeigt dem Pferd den Weg nach links. Die rechte Hand schwingt den Seilpropeller wieder Richtung Schulter und Mittelhand des Pferdes.

Nach außen drehen lassen

Eine Sonderform des Nachgebens auf seitlichen Druck ist, das Pferd nach außen von sich wegdrehen zu lassen.

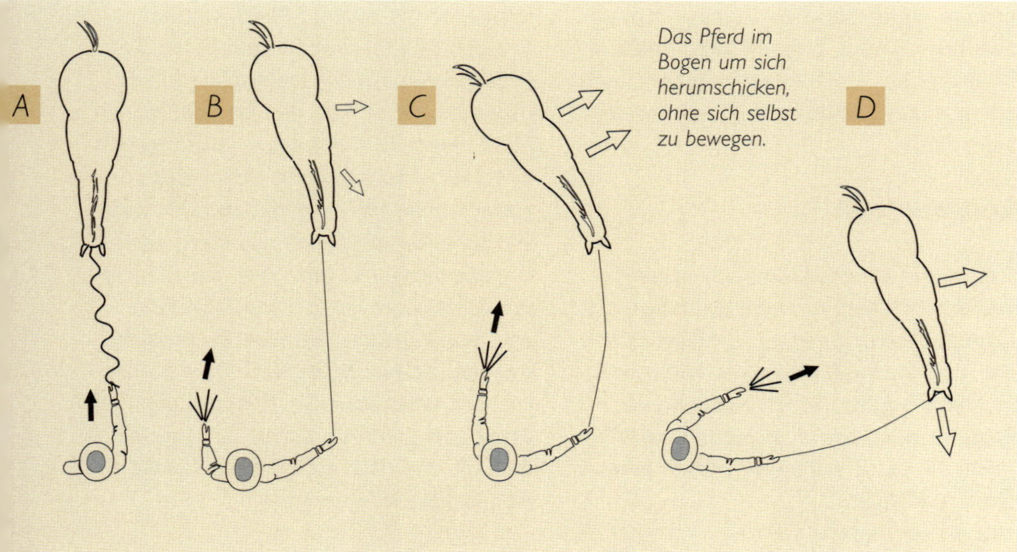

Das Pferd im Bogen um sich herumschicken, ohne sich selbst zu bewegen.

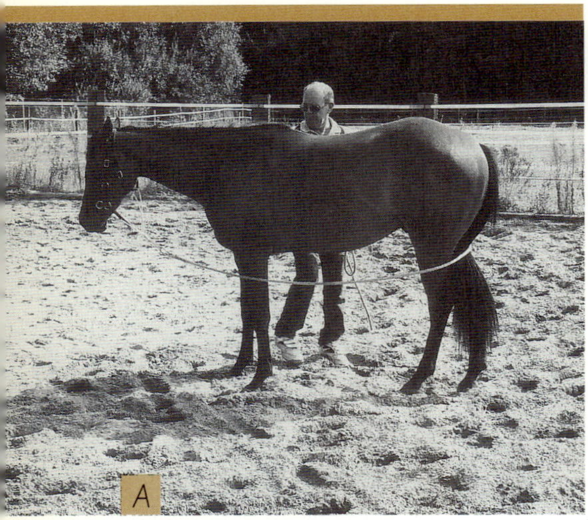

A–D: Das Pferd dreht nach außen. Es folgt dem Seil in die Richtung des Zuges, unabhängig davon, wo der Ausbilder steht.

Lassen Sie die Longe oder ein langes Seil um die Hinterhand des Pferdes bis zu seinem Kopf herumlaufen. Üben Sie dann Zug auf das Seil aus, sodass sich das Pferd nach außen zu Ihnen umdreht. Es beschreibt dabei fast eine volle 360°-Wendung. Mit dieser Übung lehren Sie das Pferd erstens, ein Seil um die Hinterhand zu akzeptieren, und zweitens, einem Zug am Seil immer in Richtung des Zuges nachzugeben, auch wenn der Ausbilder auf der anderen Seite steht.

Longenarbeit

Aufbauend auf das Dominanztraining, wie beschrieben, kann die grundlegende Gymnastizierung des jungen Pferdes an der Longe weitgehend ohne Hilfsmittel (= Hilfszügel) betrieben werden. Eine Peitsche oder Gerte ist jedoch oft hilfreich, um das Pferd immer direkt erreichen zu können.

Das Pferd fühlt sich bei dieser Art der Arbeit nicht eingezwängt – es kann seine natürlichen Bewegungen frei entfalten. Dies ist ein entscheidender Vorteil zur herkömmlichen Art der Longenarbeit, die oft Spannungen hervorruft. Meist verschwinden zwar diese Spannungen mit der Zeit, jedoch geht trotzdem manchmal ein Teil der natürlichen Eleganz der Pferde verloren.

Longieren Sie nun ein Pferd mit der »natürlichen Methode«, so müssen Sie genauso wie bei der klassischen Methode darauf achten, dass es den Rücken nicht wegdrückt, sich biegt, gut untertritt usw. Der entscheidende Vorteil des Longierens ohne Hilfszügel ist, dass Sie sehr viel schneller sehen, ob das Pferd wirklich spannungsfrei geht. Weil Sie es nicht mit Ausbindern oder Schlaufzügeln in eine Form pressen, können Sie Steifheiten viel leichter beurteilen. Dem »Sterngucker« wird nicht der Kopf auf die Brust gezogen – er schaut so lange in die Luft und nach außen, bis Sie seine Aufmerksamkeit erlangen.

Aufmerksamkeit erregen

Sie können ein Pferd an der Longe nur dann ohne Hilfsmittel dehnen und biegen, wenn Sie seine ungeteilte Aufmerksamkeit haben. Haben Sie die, so schaut es von allein in die Zirkelmitte und wartet darauf, was das »Leittier« da drinnen von ihm will. Damit haben Sie schon einmal die richtige Stellung des Pferdes erreicht. Die Biegung folgt, wenn Sie das innere Hinterbein zum Untertreten aktivieren können. Lassen Sie das Pferd abwechselnd kleinere Zirkel (bis zur Volte) und wieder größere Zirkel gehen und treiben es – besonders während der kleinen Zirkel – ein wenig von hinten mit Gerte oder Peitsche. Schnell können Sie beobachten, dass sich das Pferd abwärts streckt, wenn es wieder auf den größeren Zirkel geschickt wird: Es entspannt sich von selbst nach der »spannenden« Arbeit auf dem kleineren Zirkel. Das ist der Effekt, den wir bei der Arbeit ohne Hilfsmittel haben wollen: das Pferd soll selbst herausfinden, dass das Abstrecken bequem ist. Der Lerneffekt für das Pferd ist dabei sehr viel größer als alles, was es unter dem Zwang von Ausbindern oder anderen Hilfszügeln gelernt haben kann.

Pferde, die es vorziehen, bei der Zirkelarbeit stur nach außen zu schauen, respektieren den Ausbilder oft noch nicht vollständig. Fixieren Sie ein solches Pferd durch das Dominanztraining noch stärker auf sich. Geben Sie zudem jedesmal, wenn es den Kopf desinteressiert nach außen wendet, einen kleinen Ruck an der Longe nach innen, so lange, bis es zu Ihnen schaut. Lassen Sie es immer nur so lange zufrieden, wie es den Kopf innen behält. Wiederholen Sie die »Störmanöver« immer, wenn das Pferd die Aufmerksamkeit von Ihnen abzieht.

Wenn es bei dem Rucken an der Longe nach innen abwenden will, so nehmen Sie eine Peitsche zur Hilfe und zeigen damit auf die Schulter oder den vorderen Teil des Halses. Damit treiben Sie das Pferd wieder hinaus auf die Zirkellinie. Das wiederholen Sie, bis das Pferd dauerhaft nach innen schaut. Es kann unter Umständen ein langes Geduldspiel sein, bis Sie die gewünschte dauerhafte Reaktion vom Pferd erhalten. Es lohnt sich jedoch, da es ein weiterer Schritt in Richtung freiwilliger Gehorsam des Pferdes ist. Jeder kleine Teilerfolg sollte dabei ausgiebig mit beruhigender Stimme gelobt werden.

Aufmerksamkeit und Gehorsam sind die Grundlage für Gymnastik und Kontrolle.

Kontrolle

Mit dem Halfter allein haben Sie wenig Möglichkeiten, ein Pferd in irgendeiner Form »festzuhalten«. Manche Pferde sind absolute »Künstler«, wenn es darum geht, sich der biegenden Zirkelarbeit durch Ausbrechen nach außen zu entziehen. Merken Sie einen solchen »Ausbruchsversuch« rechtzeitig, so haben Sie immer die Möglichkeit, das Pferd durch einen Schritt Richtung Hinterhand anzuhalten. Das Pferd hat im vorhergehenden Training gelernt, mit der Hinterhand auszuweichen. Zielt man mit den Füßen Richtung Hinterhand, wird diese nach außen weichen – das Pferd schaut einen an und bleibt stehen. Ein ergänzend gesagtes Ho oder Halt kann diese Geste unterstützen. Sie müssen nur früh genug den Ansatz zum Ungehorsam erkennen. Hat das Pferd erst einmal den Hals aus der Schulter heraus festgemacht, schaut nach außen und hat seine Aufmerksamkeit von Ihnen abgezogen, so ist kaum noch etwas dagegen auszurichten; denn dann sieht es ja Ihre Körpersignale nicht mehr. Und mit reiner Kraft haben haben Sie keine Chance, das Pferd zu halten, wenn es sich auf und davon machen will.

Das Pferd achtet auf den Ausbilder und wartet aufmerksam auf Signale.

Gymnastik

Gymnastizierend an der Longe wirken Tempo- und Gangartenwechsel, die durch verbale Kommandos eingeleitet werden können. Sie sind ohne Hilfszügel genauso auszuführen wie mit.
Die wichtigsten drei Grundübungen an der Longe sind folgende:

- Sie können das Pferd immer anhalten.
- Es geht Volten und kleine Zirkel ohne Widerstand und Gezerre nach außen.

Das Pferd ist unaufmerksam und desinteressiert, wie die Außenstellung zeigt.

– Es tritt aus dem Halten auf Kommando im Schritt und Trab an.

Diese Lektionen, so einfach sie auch scheinen mögen, setzen bei konsequenter Durchführung den Grundstein für widerstandsfreie Arbeit bei schwierigeren Lektionen.

Schrittarbeit

Lucien Gruss, ein bekannter französischer Ausbilder von Zirkus- und Showpferden, sieht in diesen grundlegenden Lektionen, vor allem in der Schrittarbeit, den wichtigsten Teil seiner Arbeit. Denn nur ein von Grund auf widerstandsfreies Pferd wird auch bei schwereren Übungen noch aufmerksam mitarbeiten. Schrittarbeit ist durchaus nicht langweilig, wenn man sie richtig betreibt – nämlich im Hinblick auf das Ausschalten von Restwiderständen bei problematischen Pferden. Für den Anfänger in Sachen Bodenarbeit ist sie besonders wichtig, denn das Pferd kann sich im Schritt nicht so schnell durch eine »Blitzaktion« den geforderten Lektionen entziehen. Seine Bewegungen sind langsamer – und so auch rechtzeitig zu erkennen und zu korrigieren, wenn Sie noch nicht ganz so reaktionsschnell sind. Zudem bietet der Schritt für das Pferd selbst viel weniger Ansatzpunkte zum Widerstand: Es hat im Schritt keine Gleichgewichtsprobleme. Es kann sich leichter biegen. Es kann ohne Probleme anhalten.

Wenn das Pferd in der Schrittarbeit ungehorsam ist, so können Sie davon ausgehen, dass es in jeder anderen Gangart doppelt so viele Schwierigkeiten macht. Also bringen Sie sinnvollerweise zuerst die Arbeit im Schritt in Ordnung.

Anhalten an der Longe:
A. Ein Schritt Richtung Hinterhand
B. Das Pferd setzt die Hinterbeine bremsend ein ...
C. ... weicht mit der Hinterhand nach außen, hält an und wartet auf neue Signale.

Viele klassische Lehrmethoden verbieten es, das Pferd beim Longieren zu sich hereinzuholen, weil es dabei angeblich lernt, auch unaufgefordert in die Mitte zu kommen. Da das Pferd jedoch im Dominanztraining gelernt hat, sich hereinho-

Einfacher Richtungswechsel an der Longe:
Das Pferd anhalten und drehen lassen (A) und in die andere Richtung wieder wegschicken (B).

len, aber auch problemlos wieder wegschicken zu lassen, so können Sie das Gelernte auch ohne weiteres an der Longe anwenden. Sie können dabei seelenruhig auf der Stelle stehenbleiben. Sie können das Pferd für einen Richtungswechsel (siehe auch Arbeit im Roundpen) hereinholen oder auch, um es zu belohnen. Das Pferd muss jedoch ganz genau wissen, wann es hereinkommen darf und wann nicht. Setzen Sie Ihre Körpersprache und Ihre Peitschenhilfen so unmissverständlich ein, dass das Pferd sehr genau den Unterschied begreift, wann es auf der Zirkellinie stehenbleiben und abwarten und wann es hereinkommen soll. Ein leichter Schnick mit der Peitschenschnur Richtung Schulter oder Kopf des Pferdes, wenn es unaufgefordert nach innen in die Mitte des Zirkels abdreht, oder ein Ausfallschritt Richtung Schulter samt einem deutlichen Ho oder Halt werden es schnell von seiner Absicht abbringen. Manchmal reicht schon das Anheben des Armes in Richtung der Schulter.

Um dem Pferd unmissverständlich klar zu machen, was Sie von ihm wollen, erziehen Sie es am besten dahingehend, dass es nur nach innen kommt, wenn Sie es durch ein paar Schritte, die Sie selbst rückwärts gehen, dazu auffordern (siehe auch Weiterführende Arbeit S. 126 ff.).

Zirkel verkleinern

Wollen Sie eine Verkleinerung des Zirkeldurchmessers erreichen, leiten Sie eine Volte ein, indem Sie langsam auf die

Hinterhand des Pferdes zugehen (beim Stoppen des Pferdes wäre es ein schneller, abrupter Schritt auf die Hinterhand zu) und die Longe dabei verkürzen. Die Hinterhand weicht dabei leicht nach außen aus. Das Pferd kommt dadurch mit der Vorhand von allein herein. Ein Widerstand in der Schulter, welchen viele Pferde der unangenehmen Biegung entgegensetzen, taucht dabei erst einmal nicht auf. Mit ein paar Schritten haben Sie eine beachtliche Verkleinerung des Zirkeldurchmessers erreicht, ohne dass Sie das Pferd hereinzerren mussten. Ist der Zirkel verkleinert, können Sie das innere Hinterbein mit einem kurzen Antippen unter das Pferd bringen, sodass es sich auch biegt.

Der »richtige« Galopp

Besonders junge Pferde und solche, die auf einer Seite deutliche Steifheiten zeigen, neigen dazu, an der Longe im Außengalopp oder im Kreuzgalopp anzuspringen. Abgesehen davon, dass das falsche Anspringen sofort durch Zurücknehmen in den Schritt oder Trab und neues Anspringenlassen korrigiert werden muss, sollten Sie die Möglichkeit nutzen, dem Pferd das Angaloppieren im Außengalopp von vornherein zu erschweren.

Stellen Sie das Pferd vor dem Angaloppieren durch ein Annehmen der Longe etwas stärker nach innen und lassen es in dem Moment vorne los, in dem Sie das verbale Kommando zum Angaloppieren geben. In diesem Moment bekommt das Pferd durch das Loslassen Hals und Kopf und damit die innere Schulter frei (und höher) und kippt nicht über die innere Schulter in die Wendung hinein. Es ist die Methode, mit der die Westernreiter ihre jungen Pferde angaloppieren – mit leichter Außenstellung. Sinnvoll ist es auch, das Pferd möglichst aus dem Schritt angaloppieren zu lassen. Es kann dann nicht in den Galopp hineinrennen, wird also nicht gleich so schnell, dass es auf der Kreisbahn des Zirkels Probleme mit der Balance bekommt.

Wollen Sie bei Korrekturpferden mit Ausbindern arbeiten (siehe auch Weiterführende Arbeit S. 126 ff.), so schnallen Sie den inneren Ausbinder höher (nicht kürzer), um dem Pferd das richtige Angaloppieren zu erleichtern. Auch damit bekommt es die Schulter frei.

Zirkel verkleinern mit guter Biegung und Stellung

Tempokontrolle

Um das Tempo in einer beliebigen Gangart zu verstärken, zielen Sie mit der Longenpeitsche direkt hinter die Hinterhand des Pferdes. (Die Zielrichtung auf die Hinterhand würde diese heraustreiben.) Bei der Verstärkung des Tempos soll das Pferd jedoch nicht aus dem Takt geraten, d.h. anfangen zu zappeln und seine Hufe in schnellerer Folge aufzusetzen. Es soll vielmehr den Raumgriff erweitern – also die Länge der Tritte bei gleichem Takt vergrößern. Sie dürfen deswegen das Pferd für eine Tempoverstärkung nicht mit zu starken Peitschenhilfen »jagen«. Ist das Pferd durch das Dominanztraining sensibel auf Ihre Signale gemacht worden, so sollte dies auch nicht nötig sein. Vielmehr wird oft schon ein Aufmuntern mit der Stimme reichen. Reagiert das Pferd schlecht auf die Aufforderung zum Verstärken des Tempos, so liegt das oft daran, dass es sich im Rücken festhält. Sie können zur Korrektur den Zirkel verkleinern, es damit etwas stärker biegen und es schließlich wieder hinausschicken. Nach der verstärkten Biegung ist es froh, wenn es sich wieder in freierer Bewegung entspannen darf. Es wird den Rücken dehnen und von sich aus etwas zulegen.

Um das Tempo zurückzunehmen, machen Sie einen Schritt, der auf den Platz vor dem Kopf des Pferdes zielt. Die Bewegung muß jedoch wohldosiert und langsam sein. Tritt man dem Pferd dabei völlig in den Weg, so verlangsamt man es nicht, sondern hält es an. Dieses Anhalten von vorne brauchen wir später für Richtungswechsel in Form eines Roll Back (siehe auch S. 94).
Bei Pferden, die schon sensibel genug reagieren, verändern Sie Ihre eigene Position nur insoweit, dass Sie mit dem Arm, der die Longe hält, vor die Nase des Pferdes zielen können. Heben Sie dann diesen Arm, so wirkt das bremsend auf das Pferd. Eine Verstärkung dieser Armhilfe wäre es, den Peitschenschlag vor die Nase des Pferdes zu schwingen.

A

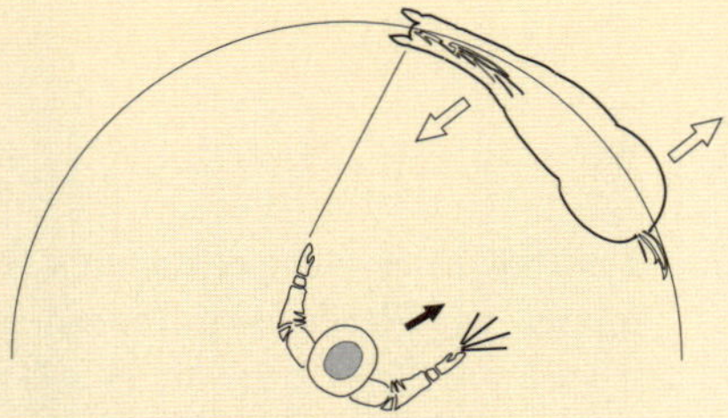

Einen Schritt Richtung Hinterhand machen. Wenn das Pferd hereinkommt, die Longe in die andere Hand wechseln.

B

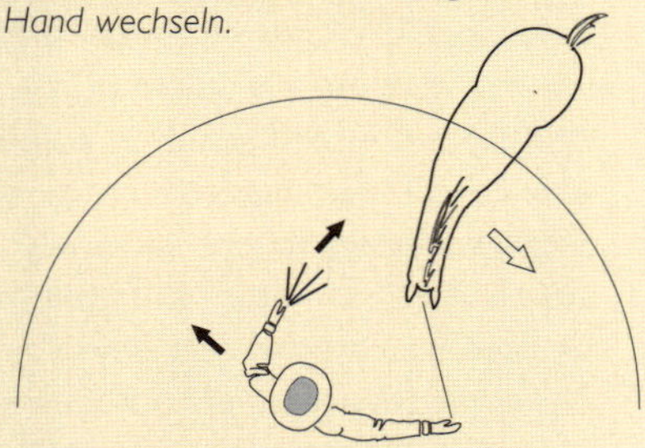

Einen Schritt zur Seite gehen und dem Pferd mit dem rechten Arm die Richtung weisen.

C

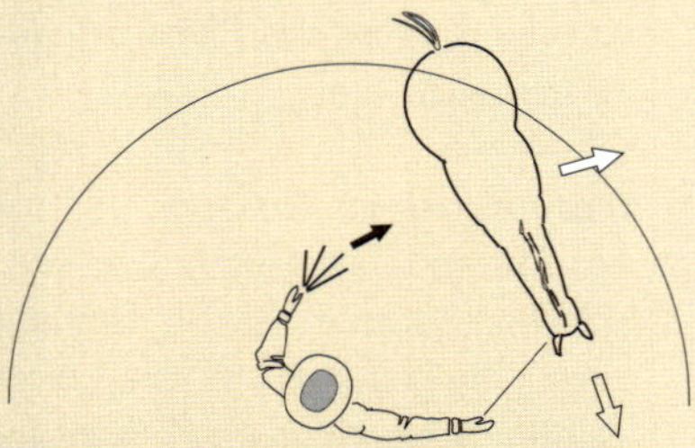

Das Pferd wieder auf die Kreislinie treiben, indem Sie auf Mittelhand und Schulter zielen.

Einfacher Richtungswechsel

Dazu müssten Sie jedoch mit der Peitschenhand den Arm, der die Longe hält, überkreuzen. Da dies meist nur zu Verwicklungen der Peitschenschnur mit der Longe führt, wechseln Sie besser Longen- und Peitschenhand. Dazu führen Sie die Peitsche unter der Longe durch.

Freie Arbeit im Roundpen

Richtungswechsel

Als Alternative zum »normalen Longieren« kann nun derjenige, der Lust auf

Freie Arbeit im Roundpen: Das Pferd anhalten (oben) und nach innen drehen lassen (unten)

mehr Bodenarbeit und auf noch feinere Abstimmung des Pferdes auf seine Körpersignale bekommen hat, im Roundpen arbeiten.
Als Hilfsmittel genügen wieder das Halfter und – anfangs – die schwere, runde Longe. Bei der freien Arbeit ist wichtig, dass Sie in der Zeit, in der Sie keine Reaktion vom Pferd erwarten, völlig still in der Mitte stehen und sich nur dann bewegen, wenn Sie dem Pferd einen Befehl geben wollen. Auch hier gilt: soviel wie nötig, sowenig wie möglich. Vermeiden Sie das weitverbreitete »Mitlaufen« in einem kleinen inneren Kreis, wenn Sie nichts damit bezwecken. Jede Bewegung des Ausbilders soll für das Pferd ein Signal sein. Mit zuviel unnötiger, sinnloser Bewegung stumpfen Sie das Pferd ab. Es wird auf die »wichtigen« Bewegungen dann nicht mehr gut genug reagieren. Vergleichbar ist dies mit dem Abstumpfen des gerittenen Pferdes auf z. B. einen dauernd klopfenden Reiterschenkel.

Longieren Sie das Pferd im Schritt und Trab. Dazu schicken Sie es erst einmal aus der Mitte im Bogen von sich weg. Der führende Arm zeigt dem Pferd die Richtung, die andere Hand kann das freie Longenende propellern lassen, um dem Befehl Nachdruck zu verleihen.
Das Pferd trabt nun beispielsweise rechts herum im Roundpen. Wollen Sie es anhalten, so machen Sie einen Schritt schräg nach links auf die Hinterhand zu. Sitzt die Vorübung des Hinterhandweichens, so wird es auch auf die weitere Distanz mit der Hinterhand nach außen weichen und in der Folge den Ausbilder anschauen.

Übrigens können Sie Ihr Pferd auch stoppen, indem Sie ihm in den Weg treten. Dabei zielen Sie mit Ihrer Bewegung vor seine Vorhand. Besonders für Übungen, bei denen das Pferd nach außen drehen soll (Roll Back), ist dies angebracht. Aber auch der Richtungswechsel nach innen kann so eingeleitet werden, wenn Ihnen das leichter fällt.
Nun können Sie es die Richtung wechseln lassen: Holen Sie das Pferd ein Stück zu sich herein, indem Sie Zug mit der Longe ausüben und ein paar Schritte rückwärts gehen.

Arbeiten Sie statt mit dem Seilende mit Peitsche oder Gerte, so müssen diese nach hinten zeigen, wenn Sie das Pferd hereinrufen. Sie klemmen sie sich am besten unter den Arm. Nun wechseln Sie die Longenhand und zeigen dem Pferd mit dem ausgestreckten linken Arm die neue Richtung, üben evtl. einen leichten Zug in diese Richtung aus. In dem Moment, in dem das Pferd sich ansatzweise in die angegebene Richtung dreht, können Sie mit der rechten Hand (plus Gerte oder Seilpropeller) auf die linke Schulter des Pferdes zielen. Es wird dann im Linksbogen um Sie herumlaufen. Dann zielen Sie auf die Mitte des Pferdes, damit es sich noch weiter nach außen entfernt und wieder auf die äußere Kreisbahn kommt. Das Pferd hat jetzt die Richtung gewechselt. Mit zunehmender Routine und Übung kann dies im Trab und schließlich auch im Galopp in einer einzigen flüssigen Bewegung geschehen. Sie können mit dem Richtungswechsel sogar die fliegenden Galoppwechsel am Boden trainieren.

Das Pferd hereinholen und wieder wegschicken

Um den Richtungswechsel flüssiger zu machen, holen Sie das Pferd später nicht mehr direkt zu sich heran, nachdem die Hinterhand ausgewichen ist, sondern treten etwas aus der Zirkelmitte zur Seite und lassen das Pferd mit ausgestrecktem Arm seitlich an sich vorbeilaufen. Damit bekommen Sie schnelleren und besseren Zugriff auf die Schulter und Vorhand des Pferdes, die ja beim Richtungswechsel in die neue Richtung und nach außen getrieben werden.

Haben Sie das Gefühl, das Pferd reagiert auf die eigenen Körpersignale sicher und willig, so sollte das relativ bald bei richtigem Einsatz des eigenen Körpers auch ohne Longe funktionieren, und der Grundstein für die freie Arbeit ist gelegt. Alle Ausweichübungen bis hin zum Schulterherein könne dann auch ohne Führstrick absolviert werden.

Es gibt auch Ausbildungsmethoden, bei denen die freie Arbeit im Roundpen ohne direkte Verbindung zum Pferd durch Longe oder Strick allem anderen vorausgeht. Vor allem bei Pferden, die mehr oder weniger wild – ohne Menschenkontakt – aufgewachsen sind, kommen solche Methoden zum Tragen. Für die Arbeit mit dem hierzulande »normal« aufgewachsenen Pferd braucht man sie nicht, es sei denn, das Pferd ist so verdorben, dass es nach Ihnen tritt und beißt, wenn Sie nur in seine Nähe kommen.

Probleme erkennen und beseitigen

Grobe Fehler im Bewegungsablauf zu erkennen fällt meistens auch den »Untrainierten« leicht. Bei den Feinheiten – z. B. Verspannungen in bestimmten Teilen des Rückens oder Halses – wird es schon schwerer. Zudem kommt erschwerend hinzu, dass sich manche Störungen weit entfernt von den Ursachen auswirken. Nachstehend möchte ich einige häufige »Brüche im Bewegungsablauf« darstellen sowie die möglichen Ursachen anreißen.

1. Die Hinterhand schleift nach – die Hinterhufe schlurfen im Sand – die Sprunggelenke wirken steif.
Der »Knackpunkt« liegt meist irgendwo im Rücken. Die Vorhand wirkt noch recht schwungvoll, die Hinterhand dagegen matt. Dort, wo das normalerweise schwingende Auf und Ab des Rückens (der Spannungsbogen) unterbrochen ist, befindet sich meist ein schmerzhafter Punkt. Tasten Sie den Rücken mit etwas Druck ab, wird das Pferd an dieser Stelle zucken oder den Rücken nach unten wegdrücken. Es ist jedoch auch möglich, dass die Sprunggelenke aufgrund einer Erkrankung oder durch einen Trainingsfehler bzw. zuwenig Training unelastisch sind. Sie sehen das, wenn Sie versuchen, das Pferd vermehrt zu biegen: Es tritt nicht deutlich mit dem inneren Hinterbein unter (mindestens in die Spur des Vorderbeines), sondern setzt es weit hinten auf oder schleudert mit der Hinterhand nach außen.

2. Das Pferd drückt den Unterhals heraus. Es hält den Kopf hoch und/oder schief.
Das Problem liegt normalerweise im Rücken und/oder in der Schulter. Schwingt der Rücken trotz leicht herausgedrücktem Unterhals frei, so liegt die Störung hauptsächlich in der Schulter, die vielleicht etwas steil und damit nicht optimal beweglich ist. Auch Schwierigkeiten im Bereich der Ganaschen können ein Hochrecken des Halses verursachen. Natürlich kann es sich beim »Sterngucker« auch einfach um ein nervöses Pferd handeln, welches sich in dauernder Alarmbereitschaft befindet und deswegen den Kopf so hoch trägt (siehe auch Punkt 11).

3. Das Pferd zeigt Taktunreinheiten in der Bewegung.
Taktfehler können durch Störungen im Rücken, in der Hüfte, in der Schulter sowie durch Schmerzen in jedem Gelenk der Gliedmaßen entstehen.
Abgestumpfte und gleichgültige Pferde lassen manchmal die Vorhand hängen und stolpern vor sich hin. Hektische nervöse Pferde verlieren den Takt, wenn sie übereilt gehen.
Zeigen sich die Taktfehler nur in einer bestimmten Gangart, so lässt dies auf Koordinationsprobleme in dieser Gangart schließen. Sie können durch langsame und vorsichtige Steigerung der Anforderung in dieser Gangart gebessert werden. Besonders Tempoverstärkungen sollte man bei diesen Pferden nur sehr vorsichtig verlangen. Es ist nicht ungewöhnlich, dass ein Pferd exterieurbedingte Koordinationsschwächen hat. Schwerere Ponys und Kleinpferde haben z. B. manchmal Schwierigkeiten mit dem Galopp.
Läuft sich das Pferd während der Bewegung ein, so kann dies auf eine krankhaf-

Eine saubere Innenstellung des freien Pferdes verrät Aufmerksamkeit.

te oder altersbedingte Veränderung des Bewegungsapparates hindeuten (z. B. Arthrose). Es kann jedoch auch einfach Muskelkater haben. Dann jedoch müsste das Symptom nach ein paar Tagen verschwinden.

4. Das Pferd schaut deutlich nach außen – es will sich nicht biegen.
Die Ursache können körperliche Steifheiten in Schulter, Hals oder Rücken sein. Ist das Pferd grundsätzlich gut beweglich, so zeugt die Außenstellung jedoch von totalem Desinteresse des Pferdes an der Person des Ausbilders. Es schaut demonstrativ in die andere Richtung – es interessiert sich nicht für den, der da in der Mitte steht, will sich nicht mit ihm und seinen Signalen auseinandersetzen.

5. Die Vorhand wirkt steifer als die Hinterhand.
Die Ursache ist häufig eine steife Schulter. Die Steifheit der Schulter kann wiederum mehrere Ursachen haben: Sie kann durch einen Ausbildungsfehler entstanden sein – wenn das Pferd z. B. nie richtig gearbeitet hat und nur geradeaus im Gelände geritten worden ist. Oder die Schulter ist von Natur aus steil und wenig beweglich. Das führt dazu, dass das Pferd zwar von hinten federnd untertreten, jedoch mit der Vorhand den Raumgriff der Hinterhand nicht mehr auffangen kann. Je mehr Sie das Pferd im Verlauf der Ausbildung aufrichten können, um so freier wird jedoch eine steile Schulter. Dritte Ursache ist wieder eine mögliche Erkrankung. Diese Ursache können Sie annehmen, wenn eine Verschlechterung im vormals guten Bewegungsablauf auftritt.

6. Das Pferd zeigt deutliche Unmutsäußerungen.
Es schnickt mit dem Kopf, schlägt mit dem Schweif, schüttelt unwillig den Kopf oder stampft mit einem Fuß auf:
Das Pferd ist deutlich unzufrieden. Die Unzufriedenheit kann ihren Ursprung darin haben, dass Sie das Pferd verärgern – z. B. ungerecht behandeln oder überfordern. Sie kann auch auf einem nicht ganz ausgefochtenen »Machtkampf« zwischen Ihnen und dem Pferd beruhen. Beides ist sicherlich oft dann der Fall, wenn sie beständig und nur bei der Arbeit auftritt. Beobachtet man das Pferd jedoch auf dem Auslauf oder beim Fressen und es gebärdet sich ähnlich unzufrieden wie bei der Arbeit, so müssen Sie den Grund woanders suchen. Unwohlsein kann durch viele Faktoren ausgelöst werden. So können Pferde, ebenso wie wir Menschen, wetterfühlig sein, Kopf- oder Bauchschmerzen haben oder sich eben einfach nicht so recht wohl fühlen. Dauernde Unzufriedenheit

kann jedoch ihren Ursprung auch in einer schleichenden Krankheit oder in falschen Haltungsbedingungen haben, die dem Pferd nicht ermöglichen, seine natürlichen Bedürfnisse zu befriedigen. Psychosomatische Krankheiten aufgrund von Stress und nicht artgerechten Lebensbedingungen sind auch bei Pferden möglich.

7. Das Pferd zeigt Schmerzreaktionen.
Es rollt bei bestimmten Bewegungen die Augen, legt die Ohren an oder öffnet das Maul und bleckt die Zähne: Ohrenanlegen und Zähneblecken hat nichts mit Aggressivität gegen den Ausbilder zu tun, wenn das Pferd sich nicht drohend nähert. Es sind dies vielmehr häufig deutliche Zeichen von Schmerz oder Unwohlsein. Der aggressive Ausdruck des Pferdes richtet sich gegen den Schmerz im eigenen Körper. Analysieren Sie die Bewegung, bei der das Symptom auftritt. Vielleicht können Sie die Schmerzreaktion mit einer alten Verletzung in Verbindung bringen. Es ist jedoch auch möglich, dass das Pferd vor bestimmten Bewegungen Angst hat, weil es z. B. dabei immer durch einen schlecht sitzenden Reiter gestört wurde. Ein empfindliches Pferd kann sich durchaus vor dem Angaloppieren fürchten, wenn es damit rechnen muss, dass ihm sofort ein »Mehlsack« in den Rücken plumpst. Vor Angst verspannt es sich. Und diese Verspannung verursacht einen realen Schmerz bei der angstbesetzten Bewegung.

8. Das Pferd keilt aus.
Oft wird dieses Symptom auf die gleiche Weise verursacht wie die Symptome von

Das Pferd zeigt einen ausgesprochen »sauren« Ausdruck.

Punkt 7. Eine stärkere Pferdepersönlichkeit begnügt sich nicht mit einem schmerzlichen Gesichtsausdruck, sondern versucht, den Schmerz durch Auskeilen loszuwerden. Es ist nicht zu vergleichen mit dem befreienden Buckeln des Pferdes, wenn dieses einfach zuviel Kraft hat. Beim Buckeln ist die Bewegung des Pferdes kraftgeladen, explosiv, flüssig und ohne »Brüche«. Keilt es als Ausdruck des Schmerzes, so wirkt die Bewegung abgehackt. Zusätzliches Unterscheidungsmerkmal zwischen »gesundem« Buckeln und »krankhafter« Verspannung ist immer der in Punkt 7 beschriebene Gesichtsausdruck des Pferdes.

9. Das Pferd stolpert dauernd.
Ursache kann sowohl ein Temperamentsfehler (Phlegma) sein als auch eine Steifheit in oder ein Schaden an den Vorderbeinen oder der Schulter. Gibt sich das Phänomen bei forcierter Bewegung, so handelt es sich um ersteres und ist durch »Aufwecken« des Pferdes schnell korrigierbar. Machen Sie dem Pferd die Arbeit interessanter. Fordern Sie seine Aufmerksamkeit durch Änderungen im Trainingsablauf. Im zweiten Fall hilft ein vermehrtes Biegen des Pferdes und

Das gleiche Pferd bei der gleichen Übung mit zufriedenem Gesicht

»Setzen« auf die Hinterhand fast immer, wo noch kein Schaden an den Sehnen oder Knochen besteht.

10. Die Vorhand wirkt wacklig (lose Schulter).

Das Pferd ist in der Schulter nicht gefestigt und tritt nicht mit der Hinterhand unter seinen Schwerpunkt. Es lässt sich einfach auf die Vorderbeine fallen – die Vorhand ist dabei überlastet. Dies Phänomen tritt oft in Verbindung mit einem tief angesetzten, langen Hals auf, den das Pferd hängen lässt. Das Hängenlassen des Halses wird von manchem mit der Dehnungshaltung, dem – erwünschten – Abstrecken des Pferdes verwechselt. Es gibt jedoch einen gravierenden Unterschied: Streckt sich das Pferd in die Dehnungshaltung, so ist die Hinterhand aktiv und tritt weit unter; die Oberhalslinie wölbt sich und der Unterhals wird »hohl«. Lässt es den Hals einfach nur fallen, so zeigt sich ein »Loch« in der Oberhalslinie. Es lässt dabei auch Rücken und Hinterhand »hängen«: Der Spannungsbogen mit gleichmäßiger Wölbung nach oben ist an einer oder mehreren Stellen unterbrochen. Besonders der Trab wirkt mit loser Schulter unkoordiniert und taktunrein. Wie in Punkt 9 hilft das Aktivieren der Hinterhand und die Aufrichtung des Pferdes. Besonders Seitengänge wie das Schulterherein und langsames, kontrolliertes Tempo bringen eine deutliche Verbesserung. Das Pferd darf nicht zu eilig werden.

11. Das Pferd reißt Hals und Kopf ruckartig hoch.

Das Pferd versetzt sich damit in die »Alarmstellung«. Der hohe Kopf ist ein Zeichen von Erschrecken oder Angst, aber auch unter Umständen von Widersetzlichkeit gegen den Ausbilder. Manche Pferde sind gute Schauspieler und tarnen ihre Widersetzlichkeiten mit dem Verhaltensmuster des Erschreckens und Aufregens. Sie »suchen einen Grund«, um sich aufzuregen. Auch das beliebte Scheuen passt in vielen Fällen in die Kategorie: »Ich suche mir einen Grund.«

12. Die Hinterhand wirkt im Kruppenbereich wacklig.

Dies kann eine Überbeanspruchung der Hinterhand anzeigen, wenn das Problem kurzfristig auftritt. Möglich ist jedoch auch eine grundsätzliche, angeborene Koordinationsschwierigkeit des Pferdes. Im ersten Fall kann man einfach Abhilfe schaffen: Man schraubt die Anforderungen zurück. Im zweiten Fall ist durch langsame, behutsame »Aufbau-Arbeit« in nicht zu schnellem Tempo eine Besserung zu erzielen.

13. Das Pferd zeigt keine Rückenbewegung trotz taktreinem Gang.

Das Pferd hält den Rücken völlig fest – es läuft entweder flach und ausdruckslos

7

oder zeigt passageartige »gespannte Tritte«. Unter dem Reiter fühlen sich solche Pferde oft unbequem-hölzern an oder sind aufgrund des »verspannten Schwunges« nach oben nicht auszusitzen. Es gibt jedoch auch Pferde, auf denen Sie butterweich sitzen können, obwohl sie den Rücken festhalten.
Das Problem wird oft durch Reiten mit zuviel Zügeleinwirkung, durch ein »Langsam-Machen« des Pferdes von vorne nach hinten verursacht (dieses Langsam-Machen wird leider manchmal mit Versammlung verwechselt). Beim jungen Pferd kann ein zu starkes Zusammenschnüren mit Ausbindern den gleichen Effekt haben. Auch permanente Angst des Pferdes kann einen festgehaltenen Rücken zur Folge haben. Erkennbar ist das Problem an zwei Hauptpunkten. Erstens: Pferde mit festgehaltenem Rücken gehen meistens nicht gut vorwärts. Ein Zulegen im Tempo ist kaum möglich. (Es gibt jedoch auch welche, die vorwärts rennen und sich nicht bremsen lassen.) Zweitens: Das Pferd lässt sich nicht biegen; es läuft wie ein Brett durch die Ecken bzw. auf dem Zirkel. Arbeiten Sie an Biegung und Tempowechseln, um das Problem zu beheben.

14. Beim Rückwärtstreten zeigen sich deutliche Widerstände.
Die Hinterhand wird nach hinten herausgestellt, die Vorhand schleift dabei mit deutlichen Spuren über den Boden. Oder das Pferd drückt den Unterhals heraus und nimmt den Kopf hoch und versucht seitlich auszuweichen. Steifheiten im Rücken, im Schulterbereich oder im Bereich der Hüfte und der Sprunggelenke sind die Ursache. Häufig wehrt sich das Pferd gegen das starke Untertreten sowie die Aufwölbung des Rückens beim Rückwärtstreten.

Das Pferd geht widerstandsfrei rückwärts.

Eine Widersetzlichkeit im psychischen Bereich, gegen das Weichen, also den Rückzug, ist jedoch auch möglich. Mangelndes Vertrauen in den Ausbilder kann zudem eine Rolle spielen: Das Pferd sieht hinter sich nichts – wenn Sie es rückwärts schicken, muss es Ihnen vertrauen und sicher sein, dass Sie es nicht rückwärts in den Abgrund laufen lassen.
Dem freien, flüssigen Rückwärtsgehen des Pferdes (am Boden und später unter dem Reiter) sollten Sie viel Aufmerksamkeit widmen. Die Qualität der Rückwärtsbewegung ist ein Gradmesser für die Durchlässigkeit und den Gehorsam des Pferdes: Vorhandene Steifheiten und Widerstände sowohl im körperlichen als auch im psychischen Bereich sind hier am besten sichtbar.

Probleme sind Symptome
Probleme, die sich beim Umgang mit dem Pferd ergeben, sind immer Symptome: für eine körperliche oder psychische Krankheit; für eine Störung der

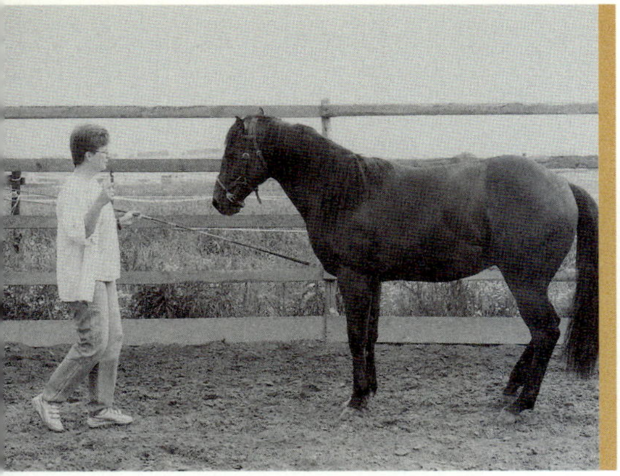

Das Pferd zeigt deutliche Widerstände in der Schulter. Es blockiert die Hilfe der Ausbilderin.

Beziehung Mensch-Pferd; für Ausbildungsfehler oder auch für eine falsche Einstellung dessen, der mit dem Pferd umgeht. Wie bei einem Krankheitssymptom kann es nicht sinnvoll sein, das Symptom an sich – z. B. mit Zwangsmitteln – zu bekämpfen, wenn die zugrunde liegende Ursache, die eigentliche »Krankheit« nicht erkannt ist.
Es geht vielmehr darum, eine Diagnose zu stellen und herauszufinden, wie die grundlegende »Krankheit« heißt.
Als Beispiel sei nur der recht häufige Fall des mit Hilfsmitteln zusammengeschnürten Pferdes genannt. Es lernt nie, sich frei zu tragen, weil es immer die Möglichkeit bekommt, sich irgendwo im Hilfszügel und später in der Hand des Reiters abzustützen.
Das Symptom: Das Pferd ist nicht ausbalanciert und wirkt steif, drückt beim Longieren ohne Hilfszügel den Unterhals heraus und den Rücken weg etc.
Die Ursache: die falsche Anwendung des Hilfszügels.
Das Symptom wird jedoch meist wiederum mit Hilfszügeln bekämpft, weil die Ursache nicht erkannt wurde und weil eine bestimmte äußere Form, die unbedingt sofort erreicht werden soll, als falsches Idealbild in den Köpfen vieler Reiter herumspukt.
Das Ergebnis: eine Verschlimmerung des Problems durch ein Herumdoktern am Symptom statt an der Ursache.
Abhilfe würde ein wenig Geduld schaffen. Gewinnen Sie die Aufmerksamkeit des Pferdes (und damit die Möglichkeit der Biegung) ohne Hilfszügel, aber mit differenzierter Körpersprache. Geben Sie ihm damit die Möglichkeit, selbst zu erkennen, dass es sich dehnen kann und dass dieses Abstrecken viel bequemer ist als die gespannte Haltung, die einzunehmen es »gelernt« hat.

Ursachenforschung

Gehen Sie Ihrem Problem auf den Grund und betreiben Sie Ursachenforschung. Beobachten Sie Ihr Pferd und sich selbst und stellen Sie sich Fragen. Drücken Sie sich nicht vor unbequemen Antworten (wenn Sie nämlich feststellen, dass Sie selbst evtl. der Auslöser eines Problems sind). Die folgende Checkliste listet häufige Grundsatzfragen auf.

1. Beobachten Sie das Verhalten Ihres Pferdes

- Taucht das Problem nur bei bestimmten Bedingungen (z. B. Bodenbeschaffenheit, Wetter),
- nur bei spezifischer (vielleicht zu hoher oder falscher) Belastung,
- nur bei bestimmten Personen, die mit dem Pferd umgehen (Antipathie oder falsches, ungeschicktes Verhalten der betreffenden Person),
- nur in speziellen, wiederkehrenden Situationen auf?

- Fühlt sich das Pferd wohl oder ist es unzufrieden?
- Hat es Angst oder ist es nur aufsässig?
- Hat es Interesse an der Arbeit und dem Ausbilder oder ist es mehr an seiner Umgebung und anderen Pferden interessiert?

2. *Beurteilen Sie das Exterieur und das Wesen des Pferdes.*

- Hat es spezielle gebäudebedingte Schwierigkeiten: einen zu kurzen Hals, zu dicke Ganaschen, einen schwachen Rücken, eine überbaute Hinterhand?
- Verspannt sich das Pferd? Wenn ja, wann, in welchen Situationen? Wo kommt die Spannung her?
- Ist die Muskulatur an einigen Körperteilen unterentwickelt?
- Sieht oder hört es nicht gut?
- Ist es prinzipiell ängstlich oder mutig?
- Welchen Rang hat es in einer Gruppe von Pferden?
- Regt es sich gerne auf?
- Wieviel »Druck« (im Sinne von Zwang oder auch hohen Anforderungen) verträgt es?

3. *Rekonstruieren Sie die »Vergangenheit« des Pferdes.*

- Resultiert das Problem aus einem alten körperlichen Schaden des Pferdes oder aus einem alten psychischen Schaden (z.B. einem Schockerlebnis)?
- Macht eine alte Verletzung bestimmte Bewegungen schmerzhaft? (Die Vergangenheit ist leider nicht immer rekonstruierbar, weil oft nicht alle Vorbesitzer des Pferdes bekannt sind. Jedoch kann eine Nachforschung bei Problempferden nichts schaden. Macht doch z.B. die Erkenntnis, dass ein beständiges Scheuen vor Traktoren aus einem zurückliegenden Unfall mit einem Traktor resultiert, das Verhalten des Pferdes verständlich.)

4. *Beobachten Sie Ihr eigenes Verhalten.*

- Haben Sie das Pferd überfordert, unterfordert, gelangweilt?
- Ist die Rangfolge geklärt – haben Sie die volle Aufmerksamkeit des Pferdes?
- Sind Ihre Befehle und Signale eindeutig?
- Stören oder ärgern Sie das Pferd unbewusst in irgendeiner Form?
- Sind Sie nervös und gereizt – kann Sie das Pferd so ärgern, dass es Ihnen die gute Laune verdirbt?
- Versteifen Sie sich in einem oder mehreren Körperteilen?
- Und zu guter Letzt, aber äußerst wichtig: Sind Sie in der Lage, eine Forderung an Ihr Pferd auch sicher durchzusetzen? Oder geben Sie manchmal auf?

»Viele Wege führen nach Rom«

Verlassen Sie nötigenfalls ausgetretene Trainingspfade und probieren Sie etwas Neues. Es gibt immer verschiedene Wege, wie Sie Ausbildungsziele mit Ihrem Pferd erreichen und Probleme anpacken können. Dieses Buch kann nur Anregungen geben. In der Praxis werden sich unter Umständen bei manchen Pferden Abweichungen von den hier aufgeführten Methoden als sinnvoll herausstellen. Wenn Sie wissen, wo Sie hinwollen (Ihr

Ausbildungsziel kennen), und wissen, wie ein lockeres, zufriedenes Pferd aussehen soll (wenn Sie »Sehen gelernt« haben), dann werden Sie auch einen für Sie passenden Weg finden, das Ziel zu erreichen.

»Aus Fehlern wird man klug«

Eingeschoben sei an dieser Stelle ein Wort zu Fehlern, die jeder – und sei er noch so routiniert – macht. Nicht jede Situation und jedes Pferd können Sie immer richtig einschätzen. Kehren Sie Fehleinschätzungen und falsche Reaktionen nicht verschämt unter den Tisch, weil dadurch vielleicht der eigene Status leiden könnte. Haben Sie erkannt, dass Sie einen Fehler gemacht haben, sollten sie ihn vielmehr bewusst durchdenken und analysieren, um ihn in Zukunft in ähnlichen Situationen zu vermeiden. Es gilt das alte Sprichwort: »Einsicht ist der erste Weg zur Besserung.« Wer sich seine Fehler nicht eingesteht, lernt auch nicht, es das nächste Mal besser zu machen.

Haben Sie ein entspanntes Verhältnis zu Ihren Fehlern (das ist übrigens auch eine Form von Selbstsicherheit und damit Autorität), so haben Sie auch wenig Schwierigkeiten, eine mögliche Ursache von Problemen mit dem Pferd in Ihrem eigenen Verhalten zu suchen. Dort finden Sie sie auch in so manchem Fall ...

Kommen wir nun zu einigen praktischen Tipps im Einzelnen:

Lösungsmöglichkeiten

Unklare Rangordnung?

Sind Sie bei der Analyse Ihres Problems ehrlich, werden Sie vielleicht herausgefunden haben, dass Sie Ihr Pferd inkonsequent behandelt haben und es Sie deswegen nicht respektiert. Die Rangfolge ist also nicht geklärt. Je länger ein Pferd Ihnen schon »auf der Nase herumgetanzt« hat, um so schwerer ist die Korrektur von Widersetzlichkeiten. Unter Umständen wird es erbitterte Machtkämpfe geben.

Dabei müssen Sie manchmal sehr genau abschätzen, welche Reaktionen des Pferdes Sie noch provozieren dürfen. Sie müssen wissen, mit welchen Verhaltensweisen des Pferdes Sie noch fertig werden und mit welchen zu erwartenden Reaktionen Sie vielleicht nicht mehr umgehen können. Können Sie das Pferd nicht mehr kontrollieren, so müssen Sie befürchten, dass es eine Rang-Auseinandersetzung gewinnt, was Ihre Position dem Pferd gegenüber immer weiter schwächt.

Überlegen Sie zuallererst, ob Sie sich Ihrer Körpersprache und -beherrschung sowie Ihrer ausreichend schnellen Reaktionen schon sicher genug fühlen, dass Sie es mit einem Korrekturpferd aufnehmen möchten. Wenn nicht, überlassen Sie die Grundkorrektur jemandem, der es beherrscht, und arbeiten Sie erst später – unter Anleitung – selbst mit dem Pferd. Bevor Sie mit der Korrektur von einzelnen unerwünschten Verhaltensweisen des Pferdes beginnen, muss auf jeden Fall immer das Dominanztraining erfolgreich abgeschlossen sein. Das Pferd muss Sie als ranghöher akzeptieren. Manches Problem verschwindet damit von allein. Auf jeden Fall aber sind das Pferd und seine einzelnen Körperteile durch das Dominanztraining kontrollierbarer und seine Reaktionen für Sie vorhersehbarer geworden.

Longierprobleme

Ein Pferd lässt sich nicht longieren: Es wechselt die Richtung, wann es ihm passt, ignoriert den, der da in der Mitte steht, indem es beständig nach außen schaut, und rennt ihn im schlimmsten Fall einfach um, indem es in Richtung Zirkelmittelpunkt läuft, wann es ihm gefällt. Was können Sie nach Abschluss der grundlegenden Übungen des Ausweichens nach hinten, vorne und zur Seite dagegen tun? Durchdenken Sie zuerst die gängigen unerwünschten Verhaltensweisen des Pferdes beim Longieren und legen sich jeweils eine eigene Reaktion in Form eines Leitbildes zurecht: Tut das Pferd dies, so reagiere ich so und so ... Macht es jenes, so reagiere ich so ...

Leitbilder und Reaktionen

Die Betonung liegt auf Leit***Bild***, weil das Gesamtbild gegenüber der Abfolge von einzelnen Bewegungen und Handlungen, die zu einer adäquaten Reaktion zusammengesetzt werden müssen, schneller abrufbar ist. Analysieren Sie Ihre nötigen Einzelbewegungen, setzen Sie sie zu einer Gesamtbewegung zusammen (Synthese) und visualisieren dann Ihr eigenes Wunschverhalten als ein Gesamtbild. Will das Pferd die Richtung unaufgefordert wechseln, so kündigt es dies an: Es

Solche Bilder sind mit einem anständig am Boden erzogenen Pferd unnötig.

wird langsamer und kommt mit der Schulter nach innen. Diesen Punkt müssen Sie schnell genug erkennen. Longieren Sie mit der Peitsche, wie es bei einem aufsässigen Pferd empfehlenswert ist, so zeigen Sie in dem Moment, in dem das Pferd nach innen abdrehen will, mit der Peitschenspitze auf die Schulter des Pferdes und heben den Arm. (Das Heben und Deuten mit dem Arm sowie das Zeigen mit der Peitsche können Ihre eigene Bewegung in Richtung des Pferdes weitgehend ersetzen, wenn das Dominanztraining abgeschlossen ist.) Reagiert das Pferd nicht, so verstärken Sie diese Hilfe, indem Sie die Schulter des Pferdes mit der Peitschenschnur anschnicken (vorher »Peitschenzielschlag« üben!!!). Beide Maßnahmen müssen unter Umständen sehr schnell aufeinander folgen. Hat das Pferd

erst vollständig abgedreht, können Sie es damit nicht mehr stoppen. Sie können dann nur noch versuchen, durch einen Schritt vorwärts-seitwärts (auf keinen Fall rückwärts) wieder schräg neben die Schulter des Pferdes zu kommen, um diese wieder kontrollieren (d. h. mit Peitsche oder Seilende nach außen treiben) zu können.
Diese Möglichkeit müssen Sie auch in Gedanken parat haben, um schnell genug zu reagieren, wenn Sie das Pferd schon nicht mehr am Hereinkommen hindern konnten.

Nicht provozieren

Theoretisch (nach den Regeln des Dominanztrainings) könnten Sie auch forsch auf das Pferd zugehen, während es auf Sie zukommt. Es ist dies aber ein sehr provozierender Weg, das Pferd zum Rückzug auf die Zirkellinie zu bewegen, denn er bedeutet direkte Konfrontation: Sie verlangen trotz des schon vorhandenen Ungehorsams (dem unaufgeforderten Hereinkommen in den Zirkel) das demütige Rückwärtsweichen. Besonders bei Hengsten kann das gefährlich werden.
Der Schritt seitwärts-vorwärts ist weniger provokativ für das Pferd, und es wird mit weniger Kampflust reagieren. Außerdem können Sie auch noch zur Seite treten, wenn das Pferd schon sehr dicht herangekommen ist. Weicht das Pferd nicht seitlich dabei aus, so lassen Sie es an sich vorbeilaufen, schicken es jedoch wieder auf der gleichen Hand auf den Zirkel hinaus. Sie haben es damit abgelenkt – haben seine eigenen Ideen wieder in die von Ihnen gewünschte Richtung geführt. Es befindet sich, ohne dass es gestraft oder provoziert worden ist, wieder dort, wo es hin soll. Nach einigen dieser Ablenkungsmanöver wird es das Vergebliche seines Tuns begreifen und auf der Zirkellinie bleiben.
Ihr Arm, der das Pferd wieder seitlich heraustreiben soll, ist gestreckt und vorwärts-aufwärts erhoben. Ein oder zwei Finger der Hand sollten ausgestreckt sein, um mit der dadurch verstärkten Spannung im Arm Ihrer Geste Nachdruck zu verleihen.

Außenstellung

Schaut ein Pferd dauernd demonstrativ nach außen, wenn es longiert wird, so »stören« Sie es ständig durch kräftige kurze Rucks an der Longe nach innen. Nicht ziehen, sondern nur kurze, »stellende« Anschläge auf die Nase geben, denn es soll ja nicht nach innen kommen, sondern nur den, der da in der Mitte des Zirkels etwas von ihm will, anschauen. Manche Pferde stolpern in Außenstellung, über die innere Schulter fallend, in den Zirkel herein, wenn sie in oben beschriebener Weise zum Hinschauen, zur Aufmerksamkeit, bewegt werden sollen. In diesem Fall schnicken Sie mit der Peitsche gegen die Schulter und treiben das Pferd wieder heraus.
Die Außenstellung des Pferdes an der Longe ohne Hilfszügel hat in den meisten Fällen weniger mit Steifheit zu tun als vielmehr damit, dass sich das Pferd einfach nicht mit Ihnen auseinandersetzen will – es ignoriert Sie und zeigt Ihnen die »kalte Schulter«. Ohne Hilfszügel ist dieses Verhalten sehr einfach zu sehen und zu korrigieren. Klemmen Sie das

Pferd in Ausbinder ein, so hat es kaum Möglichkeiten, sich so deutlich nach außen zu stellen. Für den geübten

Aufmerksamkeit: Das Pferd wartet auf Signale.

Beobachter ist zwar immer noch die »geistige« Abwendung des Pferdes vom Geschehen in der Mitte des Zirkels zu erkennen, der ungeübtere wird es jedoch anfangs nicht wahrnehmen.
Dass man die Stellung und Biegung des Pferdes ohne Hilfszügel an der Longe nicht erreichen könne, wird immer wieder von eifrigen Befürwortern der Ausbinder vorgebracht. Doch Stellung und Biegung des Pferdes sind eher durch Aufmerksamkeit als mit mechanischem Zwang zu erzielen: Haben Sie die Aufmerksamkeit des Pferdes, so schaut es in die Mitte zu Ihnen – es stellt sich also von allein nach innen. Vermehrte Biegung erhalten Sie durch einige Lektionen wie z. B. Verkleinern und Vergrößern des Zirkels, wie schon erwähnt.

»Ausbruchsversuche«

Ein weit verbreitetes Problem beim Longieren ist das Ausbrechen des Pferdes nach außen – aus dem Zirkel heraus. Was können Sie mit den wenigen Hilfsmitteln – Halfter und Longe – dagegen tun?
Die einfachste Lösung ist, die Arbeit in den Roundpen zu verlegen. Dort kann es nicht nach außen weg. Für den, der keinen Roundpen zur Verfügung hat, gilt: ***Wehret den Anfängen.*** Wenn das Pferd schon am Ausbrechen ist, ist es zu spät (siehe auch Abschnitt Fixierung S. 77 ff.). Durch gute Beobachtung können Sie den Punkt erkennen, an dem das Pferd zum Ausbrechen ansetzt. Es macht den Hals aus der Schulter heraus steif und will sich nach außen stellen. Oder es biegt den Hals stark nach innen und läuft über die Schulter geradeaus. Im ersten Fall können Sie es durch einen Schritt in Richtung seiner Hinterhand anhalten, solange es Sie noch im Auge hat. Hat es erst einmal die Aufmerksamkeit von Ihnen abgezogen und läuft einfach stur geradeaus, so verlieren Sie den Ziehkampf, der daraus entsteht, schon allein aus Kraftgründen. Vermeiden Sie während der Arbeit eine Weile die Gangarten, in denen das Pferd nach außen zerrt, auch wenn das bedeutet, eine Weile nur im Schritt zu arbeiten. In schweren Fällen können Sie notfalls Ausbinder verwenden. Schnallen Sie den inneren

kürzer, damit das Pferd den Hals nicht »einrasten«, d. h. geradestellen kann. Drängt es mit abgeknicktem Hals über die Schulter nach außen, so ist es leichter anzuhalten, denn es schaut ja noch in Ihre Richtung. In diesem Fall können Sie bei dauerhaften Problemen aber auch eine Weile von der Prämisse »möglichst wenig Ausrüstung« abweichen, das Pferd mit Trense plus Kappzaum bzw. Halfter ausrüsten und mit Ausbindern begrenzen. Es gibt auch die Möglichkeit, die Ausbinder in Kappzaum oder Sidepull einzuschnallen und auch während der Korrektur gebisslos zu arbeiten. Das Pferd hat dann nicht mehr die Freiheit, den Hals so stark nach innen zu verbiegen; die äußere Schulter und der Halsansatz sind mit dem äußeren Ausbinder »festgestellt«.

Befürchten Sie ein Ausbrechen und sind sich Ihrer schnellen Reaktion auf den Ansatz nicht ganz sicher, so können Sie kurzfristig auch einmal Führkette oder War Bridle zum Longieren verwenden. Die Führkette sollte jedoch keinesfalls zum Dauerinstrument werden, sondern wird nur bei sturen Pferden oder besonderen Problemen kurz eingesetzt, um Respekt zu fordern. Andernfalls stumpfen Sie die Pferde ab – und sie sollen durch die natürliche Methode ja gerade sensibler auf die Signale des Menschen, nicht stumpfer, gemacht werden.

»Unfolgsam«

Wenn ein Pferd Ihnen an der Hand nicht folgen oder sich nicht in eine bestimmte Richtung dirigieren lassen will, ist dies eigentlich immer ein Dominanz- und dementsprechend auch Vertrauensproblem. So etwas sollte nach einem erfolgreich abgeschlossenen Dominanztraining kaum noch vorkommen. Geschieht es trotzdem, so rekapitulieren Sie die Übung des »Heranholens« und versuchen es danach nochmals. Meist ist in Widerstandsfällen die Dominanz des Ausbilders noch nicht so recht gefestigt.

Mit der Festigung Ihrer ranghohen Stellung wächst auch das Vertrauen des Pferdes zu Ihnen und es wird »folgsamer«.

»Bewusstseins-Veränderung«

Das »Bekämpfen von Widerständen« des Pferdes gegen den Ausbilder können Sie gleichsetzen mit »Bildung von vermehrtem Vertrauen«.

Vertrauensbildung klingt viel friedlicher und harmonischer als Widerstandsbekämpfung und ist doch im Prinzip das gleiche, nur in einem anderen Bewusstsein ausgedrückt – nicht dem der Unterdrückung um jeden Preis, sondern dem des natürlichen Verstehens des Pferdes. Sie erringen das Vertrauen des Pferdes durch die Sicherheit, die Sie ihm als der »Ranghöhere« geben, und Widersetzlichkeiten verschwinden oft von allein.

Verhaltensstörungen

Die Vertrauensbildung durch Dominanztraining ist neben einer Umstellung auf artgerechte Haltung auch ein Instrument, um Verhaltensstörungen von Pferden zu bessern – zumindest solche, auf die der Mensch Einfluss haben kann.

Unterscheiden Sie dabei zwischen Störungen, die während des Reitens bzw. des Kontakts mit dem Menschen auftre-

ten (die also aufgrund schlechter Erfahrungen des Pferdes mit dem Menschen entstanden sein können), und solchen, die ohne Kontakt mit dem Menschen in der Box oder im Auslauf sichtbar sind (entstanden vielleicht durch Vernachlässigung oder Entzug sozialer Beziehungen). Zu ersteren gehören z. B. eine übertriebene Ängstlichkeit, verbunden mit ständigem Scheuen, panisches Durchgehen oder dauerndes Herumzappeln während des Reitens. Es sind dies oft (vermeintlich) schadenvermeidende Reaktionen des Pferdes, entstanden aus einem Verlust des Vertrauens bzw. einem nie richtig aufgebauten Vertrauen zum Menschen. Sie sind durch Vertrauensaufbau und Übungen zum Senken des Kopfes (aus der Alarmhaltung bringen) zu beseitigen.
In die zweite Gruppe gehören »Untugenden« wie Weben, Koppen, das Gräben laufen im Auslauf und andere manische Bewegungen, die sich das Pferd leicht aus Langeweile angewöhnt, und die oft nicht mehr durch veränderte Bedingungen zu beheben sind, denn sie entziehen sich weitgehend dem Zugriff des Menschen. Im Gegensatz zu den schadenvermeidenden Reaktionen sind die Störungen der zweiten Gruppe echte Verhaltensstörungen.

Bewegungsstörungen und Verspannungen

Viele Bewegungsstörungen und Spannungen, wie im allgemeinen Teil dieses Kapitels beschrieben, können auf dem Wege der Bodenarbeit gebessert oder behoben werden. Um eine Bewegungsstörung zu erkennen, müssen Sie irgendwo ein Idealbild der »richtigen« Bewegung im Kopf haben (siehe S. 47 ff.). Die richtige d. h. ungestörte Bewegung sieht jedoch bei jedem Pferd anders aus. Was man bei einem leichtfüßigen, eleganten Pferd als Störung wahrnehmen könnte – z. B. ein stampfender Galopp, – ist bei einem schweren Pony noch normal. (Was nicht heißt, dass man den schwerfällig wirkenden Galopp eines solchen schweren Ponys nicht auch durch Training verbessern kann.) Wie schon in den vorangegangenen Kapiteln nahegelegt, sollten Sie bemüht sein, mit der Zeit einen Blick dafür zu entwickeln, an welcher Stelle in einer Bewegung »der Wurm drin ist«.
Die meisten Bewegungsstörungen und Spannungen werden durchs Reiten verursacht. Sie sind also logischerweise einfacher zu korrigieren, wenn Sie das Reiten als den verursachenden Faktor eine Weile bleiben lassen (oder nur im Schritt durchs Gelände bummeln), bis das Übel – wenigstens an der Hand – beseitigt ist.
Eine Spannung können Sie nicht damit entspannen, dass Sie dem Pferd eine als richtig definierte Form (mittels Hilfszügeln) aufzwingen – es praktisch wieder »einspannen«. Dadurch wird die Spannung erst einmal nur größer. Daraus folgt, dass Sie Störungen und Spannungen im Bewegungsablauf besser ohne einengende, »spannende« Hilfszügel korrigieren können – durch weitgehend freie Bewegung, wie schon mehrfach erwähnt.

Ablenkung und Alternativprogramme

Um zu korrigieren, müssen Sie falsche Bewegungsmuster durchbrechen und das

Pferd von eingefahrenen Verhaltensweisen ablenken (Feldenkrais-Arbeit bietet dafür einen guten Ansatzpunkt).
Was können Sie z. B. tun, wenn Sie es mit einem nervösen, hektischen Tier zu tun haben, das die Nase partout nicht herunternehmen will und bei der Arbeit konstant den Rücken wegdrückt?
Versuchen Sie, bei einem nervösen Pferd lange Reprisen in gleichmäßigem, kontrolliertem (nicht zu schnellem) Tempo zu erreichen. Wie beim Reiten gilt: Lange Abschnitte in gleichmäßigem Tempo beruhigen das Pferd; schnell aufeinander folgende Tempo- und Gangartenwechsel wecken es auf.
Gelingt Ihnen das nicht, so probieren Sie es mit Ablenkungsmanövern, die aus dem normalen, gewohnten Trainingsablauf des Pferdes herausfallen. Interessieren Sie das Pferd für eine neue Aufgabe, bei der es hinschauen muss.
Cavallettiarbeit, wie sie im Abschnitt Springgymnastik (S. 152 ff.) beschrieben ist, zwingt das Pferd zu einem Senken des Halses. Kleine Sprünge fördern das Strecken des Pferdes und den Einsatz der Hinterhand.
Trailhindernisse wie Stangengitter und Labyrinthe, die es sich anschauen muss, bewirken Gleiches. Bringen Sie das Pferd immer wieder mit der Übung »Kopf tief« dazu, die Nase vor einem Hindernis bis auf den Boden zu senken.
Schauen Sie sich das Problem in verschiedenen Gangarten an und lassen das Pferd am Anfang eine Weile nur in der Gangart arbeiten, in der es am wenigsten zutage kommt. Sehr enge Wendungen in schnellerer Gangart kann ein Pferd mit weggedrücktem Rücken nicht ausführen: Beschränken Sie sich anfangs auf größere Zirkel, um sich nicht mit dem Pferd auf Ziehkämpfe einzulassen, wenn es aus der Wendung herausdrängelt.

Häufige Richtungswechsel – am besten aus dem Trab – zwingen das Pferd, das jeweilige innere Hinterbein gut unterzusetzen. Die wechselnde seitliche Dehnung bei diesen Richtungswechseln führt in der Folge auch zu einer Dehnung der Oberlinie vorwärts-abwärts – also zu einer Entspannung des Rückens.
Das Training von freien Roll Backs (siehe auch Reining-Lektionen) im Roundpen kann durch die starke Beanspruchung der Hinterhand und das Strecken des Pferdes beim Herausspringen aus der Wendung auch einen positiven Effekt auf die Entspannung von Hals und Rücken haben (siehe Abbildungen auf der nächsten Seite).

Mit einem Pferd, welches gelernt hat, unter dem Reiter zu rennen und sich aufzuregen, können Sie im Roundpen spielen, bis es sich abreagiert hat. Danach beschäftigen Sie es z. B. mit Trailhindernissen. Scheuchen Sie das Pferd jedoch auch im Spiel nicht einfach sinnlos herum, sondern machen sich Gedanken, welche Bewegungen des Pferdes sinnvoll im Hinblick auf das spezielle Problem sind. Es soll zudem nicht einfach nur müde gemacht werden, sondern aufnahmebereit bleiben.
Bieten Sie dem Pferd ein Alternativprogramm und vermeiden damit, es dauernd mit der Korrektur von alten, oft jahrelang mitgeschleppten Fehlern zu ärgern.

Die Arbeit mit einem verspannten Pferd im Roundpen. Nach einigen Roll Backs entspannt sich das Pferd.

Lassen Sie das Reiten für eine Weile sein und arbeiten nur am Boden, so ist dies etwas völlig Neues für das Pferd. Die Bodenarbeit ist zudem nicht schon mit negativen Erfahrungen »besetzt«.
Bei hektischen Pferden sind rückwärtsorientierte Übungen und solche, die auf genaues Platzieren der Hufe abzielen oft sinnvoll. Lassen Sie die Pferde dabei ruhig zappeln und sich aufregen – vermindern Sie nur die Verletzungsgefahr, indem Sie keine scharfkantigen oder harten Hindernisse benutzen (Autoreifen sind dafür gut geeignet). Bleiben Sie um so ruhiger, je mehr sich Ihr Pferd aufregt. Ist Ihr Pferd lange genug um Sie herumgehopst, um sich vor einer Aufgabe zu drücken, regt es sich von allein wieder ab.
Phlegmatische Pferde, welche nicht vorwärts gehen wollen, die Hinterhand aus Faulheit im Sande schlurfen lassen (auch das ist eine Störung der Bewegung) und auf Signale seitens des Reiters bzw. Ausbilders erst reagieren, wenn der Aufforderung durch Gerte oder Peitsche mehrfach Nachdruck verliehen wurde, können Sie anfangs mit massiven »Störaktionen« auf sich und Ihre Körpersprache sensibilisieren (siehe auch Kapitel Signale und Hilfen S. 42 ff.).
Solche Störaktionen dienen dazu, eine schnelle Reaktion eines langsamen, trägen, abgeschotteten Pferdes zu provozieren. Geben Sie ein Signal, soll es prompt, d. h. schnell befolgt werden, und nicht zäh und zögernd. Ein zögerndes Befolgen eines Signals deutet immer darauf hin, dass das Pferd Sie als Leittier nicht ernst genug nimmt. Nach dem Motto: »Woll'n doch mal sehen, ob er das wirklich so meint«, kommt eine Reaktion ziemlich halbherzig. In der Herde hätte ein solches Pferd mit seiner lahmen Reaktion keine Möglichkeit, einem strafenden Huftritt oder Biss des Leittieres zu entgehen.

C

D

Störaktionen sollten sich zuerst auf den Mechanismus des Platzbeanspruchens stützen. (Das Pferd soll vom Ausbilder von seinem Platz vertrieben werden können – und zwar blitzartig.)
Haben Sie so ein träges Pferd erst einmal aus der Reserve gelockt, so wird es auch auf weitere Signale schneller reagieren. Auch eine Aufforderung zum schnelleren Vorwärtsgehen wird es dann natürlich besser befolgen – erst am Boden und später auch unter dem Reiter. Vor allem wird es aufmerksam verfolgen, was denn der Mensch von ihm will. Sie haben durch solche Störaktionen seine Aufmerksamkeit erlangt.
Die Aufmerksamkeit auf alle Aktionen des Ausbilders ist der Schlüssel zu einer weiterführenden erfolgreichen Korrektur. Diese sieht so aus, dass Sie das träge Pferd durch schnell aufeinanderfolgende Signale aufwecken: dauernde Gangartenwechsel; häufiges Antreten und wieder Anhalten; mehrere kleine Sprünge hintereinander; ungleich liegende Stangen zum Darübertreten, die jedes Nichtaufpassen von allein bestrafen, weil das Pferd nämlich dabei auf eine Stange tritt. Also alles, was eine evtl. vorhandene langweilige Routine durchbricht. Später folgen komplizierte Trailhindernisse, die seine volle Aufmerksamkeit fordern etc.
Wie schon erwähnt, dürfen Sie das Phlegma nicht mit einem schmerzbedingten Hängenlassen der Hinterbeine verwechseln. Oft ist diese Unterscheidung jedoch einfach, ergibt sie sich doch aus der Gesamtpersönlichkeit des Pferdes und dem Beobachten einer Besserung oder Verschlechterung während der Arbeit.

Ähnliche Arbeit für hektische und phlegmatische Pferde

Die Methoden für »Hektiker« und »Schlafmützen« unterscheiden sich nur

Ohne Aufmerksamkeit geht nichts ...

geringfügig. Das hektische, gespannte (in Alarmbereitschaft befindliche) Pferd mit weggedrücktem Rücken wird ruhiger und vergisst seine nervöse Spannung, wenn es aufmerksam die geforderten Übungen absolviert, die seine Muskeln entspannen sollen. Das phlegmatische Pferd reagiert schneller, wenn es aufmerksam geworden ist, denn es rechnet andernfalls mit einer sofortigen Zurechtweisung durch den Ranghöheren.

Die Korrektur von Spannungen ohne Hilfszügel kann jedoch manchmal eine ganze Weile auf den durchschlagenden Erfolg warten lassen. Hin und wieder dauert es quälend lange, bis sich ein verspanntes Pferd dehnt und abstreckt. Jedoch wird der Erfolg dauerhafter sein, denn das Pferd hat es freiwillig getan. Bei deutlichen Exterieurmängeln, wie einer stark überbauten Hinterhand, kann es in seltenen Fällen notwendig sein, vom Konzept der Korrektur durch freie Bewegung ohne Hilfszügel abzusehen. Ein Chambon, manchmal auch ein Stoßzügel, kann helfen, die Nase des Pferdes tief zu halten und damit den Rücken zu dehnen.

Aufregung schadet nichts – Zappeln erlaubt

Das erlaubte, ja durchaus gewollte »Zappeln« des Pferdes ist eine Besonderheit bei der natürlichen Bodenarbeit. Sie können es ohne weiteres zulassen, denn es schadet niemandem, solange das Pferd Ihnen nicht völlig aus der Kontrolle gerät (also Ihnen den langen Führstrick aus der Hand zieht oder aus dem Roundpen ausbricht).
Wer nicht weiß, um was es geht, der sieht bei manchen Übungen nur ein Pferd, welches völlig aufgelöst um seinen Ausbilder herumspringt und sich fürchterlich aufregt. Diese Aufregung ist sogar bei manchen Pferden (besonders den phlegmatischen, sturen) gewollt. Denn sie provoziert eine heftige Reaktion, wo sich das Pferd sonst nur stur abschottet.

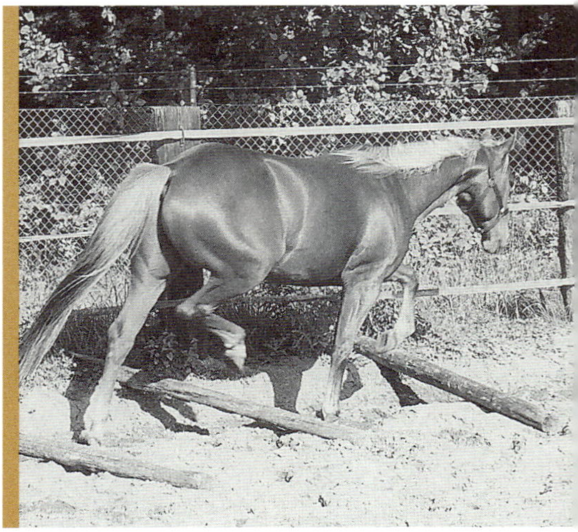

Stangenarbeit für Pferde, die die Beine hängen lassen.

Starke Winkelung der Hinterhand beim Herausspringen aus dem Roll Back

Doch auch bei den Hektikern schadet die Aufregung nicht.
Gestatten Sie dem Pferd, sich richtig aufzuregen, so ist seine Erleichterung nach überstandener Aufregung um so größer. Damit ist das »gute Gefühl«, mit welchem eine erfolgreich absolvierte Aufgabe beendet werden sollte, gewährleistet. Außerdem hat das Pferd die Möglichkeit, seine psychische Aufregung in hektischem Herumzappeln abzureagieren. Viele Spannungen entstehen erst daraus, dass man es bei angstbesetzten Übungen massiv daran hindert, seinem Fluchtinstinkt nachzugeben (auch durch »Ersatzhandlungen«, wie sie das wilde Herumhopsen darstellen).

Erlauben Sie dem Pferd am Boden das Herumhopsen, so bekommen Sie heftige Reaktionen des Pferdes in den Griff, bevor Sie angstbesetzte Übungen vom Sattel aus trainieren und womöglich bei einer ähnlich gearteten Reaktion des Pferdes herunterfallen könnten.

Vertrauen bilden – Angst bewältigen

Das Training an sogenannten Engpässen gehört zu den Übungen, bei denen viele Pferde sich gehörig aufregen. Solche angstbesetzten Übungen sind jedoch wichtig für die Vertrauensbildung.
Mit einem Pferd, welches sich problemlos durch Engpässe schicken lässt, erledigt sich z. B. auch das für viele Reiter problematische Verladen ihrer Pferde fast von selbst. Denn auch der Hänger ist nichts anderes als ein Engpass, ein Kasten in dem sich das Pferd eingeschlossen, d. h. in seiner Beweglichkeit, in seinen Fluchtmöglichkeiten, gehindert fühlt. Haben Sie ihm die Angst vor solchen »Höhlen« genommen, so gibt es keinen Grund mehr für Widersetzlichkeiten. Auch für steiles Gelände ist das Engpasstraining sehr nützlich, wie wir noch sehen werden.

Als Grundlage für das Training an Engpässen (auch Wippen und Brücken gehören dazu) müssen Sie Ihr Pferd vor sich her und von sich weg bzw. im Bogen um sich herum schicken können (siehe Kapitel Grundlegende Arbeit S. 84 ff.). Ziel der Übungen ist es, das Pferd durch Engpässe hindurchschicken zu können und nicht unbedingt vor ihm herlaufen zu müssen. Das hat mehrere Gründe: erstens zu Ihrem eigenen Schutz, sollte das Pferd in einem Engpass doch einmal panisch reagieren und nach vorne springen. Zweitens soll es dem Pferd eine relative Eigenständigkeit und Eigenverantwortung suggerieren: Es bewegt sich ohne direkte Führung. Drittens simuliert das Schicken des Pferdes (= Führen von hinten) die Arbeit unter dem Reiter, sodass viele künftige Reitprobleme deswegen vom Boden aus gelöst werden können.

Einfache Vorübungen

Legen Sie zwei Cavalletti im Abstand von einem Meter nebeneinander auf den Boden und schicken das Pferd vorwärts hindurch. Diese beiden Cavalletti sind durch ihre niedrige Höhe überhaupt noch nicht angsterzeugend für das Pferd. Es fühlt sich nicht eingeklemmt. Stellen Sie sich neben eines der Cavalletti mit Front zu Ihrem Pferd und schicken es durch die Gasse. Entweder nur mit Hilfe des ausgestreckten linken Armes oder mit Hilfe des kreisenden Seilendes, falls nötig (siehe Zeichnung S. 114).
Später erhöhen Sie die Cavalletti oder ersetzt sie durch kleine Sprünge, die immer mehr »dicht gemacht« werden, z. B. mit Decken, die Sie darüber hängen. Später sind massive Gassen aus Tonnen oder Strohballen eine gute Übung.

Auch zwischen sich selbst und einer Wand können Sie einen Engpass bilden und das Pferd hindurchlongieren – erst im Schritt, später im Trab (siehe Zeichnung S. 115). Mit der Zeit verringern Sie die Breite dieses Durchschlupfes.
Viele Pferde werden sich anfangs weigern, durch ein sehr enges »Loch« zwischen Wand und Ausbilder hindurchzuschlüpfen. Mittels etwas »Überredung« mit dem kreisenden Seilende und Ihrer unerschütterlichen, ruhigen Gewissheit »Du gehst ja doch irgendwann da durch«, bekommen Sie auch das ängstlichste

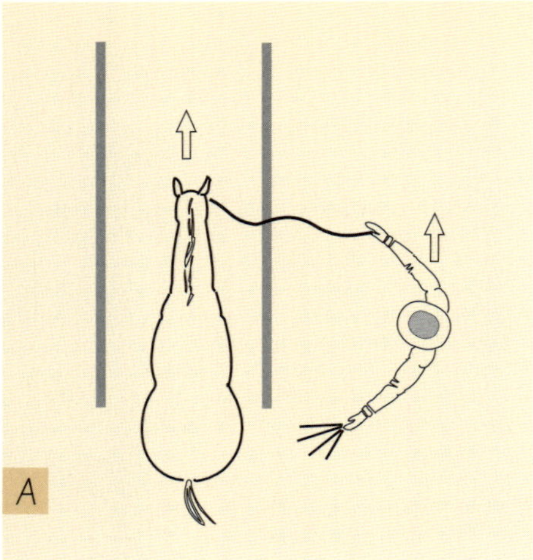

Gasse aus Stangen oder Cavalletti

Pferd durchs Nadelöhr. Das Engpass-Training gipfelt in Trail- oder Geländehindernissen, wie z. B. engen Brücken mit hohem Geländer oder auch Wippen, die ihre »Schrecklichkeit« durch den schwankenden Untergrund erhalten.

Verladetraining

Auch das Verladetraining können Sie nach dem Schema des Engpass-Trainings durchführen.
Und das Schöne dabei ist: Sie brauchen keine Helfer, die oft mehr Verwirrung und Unruhe stiften, als wirklich bei einem Verladeproblem zu helfen. Sie brauchen jedoch am Anfang Zeit – und zwar unbegrenzt. Das bedeutet, auf jeden Fall: Verladen Sie nicht mit dem Ziel, danach mit Pferd im Hänger wegzufahren, sondern anfangs mehrmals nur zu Trainingszwecken.

Zur Vorbereitung erzeugen Sie zwischen sich selbst und der geschlossenen Hängerklappe einen Engpass, durch den Sie das Pferd longieren. Dann öffnen Sie die Hängerklappe und lassen das Pferd quer darüber laufen (siehe Zeichnung

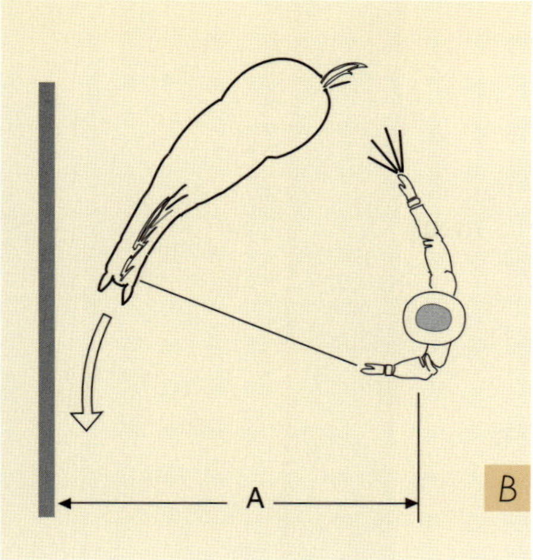

Gasse zwischen Ausbilder und Wand. Abstand A wird mit der Zeit verringert.

S. 116 f.) – immer nötigenfalls mit dem kreisenden Seilende als Nachdruck. Läuft das Pferd ohne Widerstand über die geöffnet Klappe, so ändern Sie Ihren Standort und stellen sich neben den geöffneten Hänger. Lassen Sie das Pferd weiterhin im Kreis um sich herumlaufen, bis es schließlich frontal vor dem geöffneten Hänger steht. Hier wird es zuerst einmal versuchen auszuweichen – nicht nach der Seite, an der Sie stehen, denn Sie schicken es ja weg; vor Ihren Signalen hat es schließlich gelernt, Respekt zu haben. Es läuft also im Bogen an der Klappe vorbei auf die andere Seite des Hängers. Dort endet irgendwann die Reichweite des Strickes bzw. der Longe. Dadurch, dass sie neben dem Hänger stehen, wird in diesem Moment der Strick umgelenkt – das Pferd bekommt einen Ruck auf die Nase, wird herumgerissen –, also deutlich gestört. Durch Zug am Strick (auf den es im Dominanztraining auch zu reagieren gelernt hat) wird das Pferd zurückgeholt und wieder vor die geöffnete Klappe geschickt. Das Spielchen wiederholt sich unter Umständen eine Stunde lang, bis man das Pferd »zermürbt« hat. Es wird schließlich erste zaghafte Ansätze zeigen, freiwillig in den Hänger hineinzugehen. Am Anfang vielleicht nur mit einem Vorderbein, bevor es ängstlich wieder einen Rückzieher macht. Auch wenn schon das ganze Pferd mit allen vier Beinen im Hänger steht, sollten Sie es nicht sofort darin einsperren, indem Sie die Klappe schließen. Vielmehr soll – und wird – es ein paarmal wieder herauskommen; am Anfang meist schnell und hektisch, später ruhiger. Lassen Sie ihm die Möglichkeit, sich ungehindert wieder aus der engen »Höhle« zu entfernen. Dies ist sehr wichtig, denn damit lassen Sie dem Pferd einen Ausweg. Seine Fluchtmöglichkeiten bleiben damit erhalten.

Verladen ist (k)ein Kunststück.

Nachdem das Pferd einige Male in den Hänger hinein- und herausgewandert ist, bemerkt es, dass der Hänger der einzige Ort ist, an dem es seine Ruhe hat. Es wird freiwillig darin bleiben – auch ohne geschlossene Klappe.
Nun lassen Sie das Pferd einige Zeit in Ruhe im Hänger »nachdenken« und das Geschehene verarbeiten – unangebunden und mit der Möglichkeit, diesen zu verlassen, wann es will. Diese »Freiheit« ist wichtig. Sie nimmt ihm jeden Rest von Angst vor dem Hängerinneren. Es ist für das Pferd ein Ort der Erholung, weil man es dort zufrieden lässt, also belohnt (siehe Belohnung und Strafe, S. 23 ff.).
Wenn sie wollen, können Sie das Pferd auch im Hänger mit etwas Kraftfutter belohnen, wenn es eine Weile ruhig darin gestanden hat. Zu diesem Zeitpunkt sollten Sie das Pferd immer noch nicht fahren, sondern das freiwillige Hineingehen durch einige Übungsstündchen an den folgenden Tagen festigen. Nach diesen Übungen werden Sie nie wieder einen Helfer zum Verladen des Pferdes brauchen – Sie können es immer allein in den Hänger schicken.
Die ganze Prozedur wird nicht ohne hektisches Herumzappeln des Pferdes abgehen. Wer Angst um die Beine des Pferdes hat, sollte sie mit Gamaschen schützen.
Wer sich diese Methode nicht zutraut, weil er vielleicht Angst hat, das Pferd nicht halten zu können, wenn es hinter der Seitenwand des Hängers auf der anderen Seite verschwindet, kann ein Sidepull oder auch eine Führkette am Halfter statt des reinen Halfters verwenden. Er kann sich jedoch auch einen

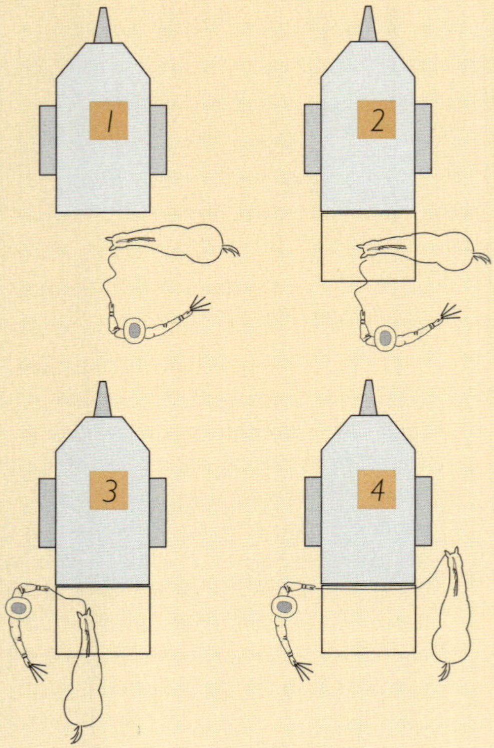

Verladetraining:

1. *Engpass zwischen Ausbilder und Hängerklappe*
2. *Über die Klappe longieren*
3. *Das Pferd frontal vor den Hänger dirigieren.*
4. *Das Pferd versucht sich zu drücken.*

5./6. *Das Pferd durch Druckaufbau wieder heranholen.*

7. *Dem Pferd mit dem linken Arm die Richtung in den Hänger weisen.*
8. *Das Pferd wieder frontal vor den Hänger stellen.*
   Die Punkte 4 bis 8 müssen meist oft wiederholt werden.
9. *Das Pferd wieder gerade vor den Hänger stellen.*
10. *Das Pferd läuft probeweise in den Hänger hinein, meist auch sofort wieder heraus.*

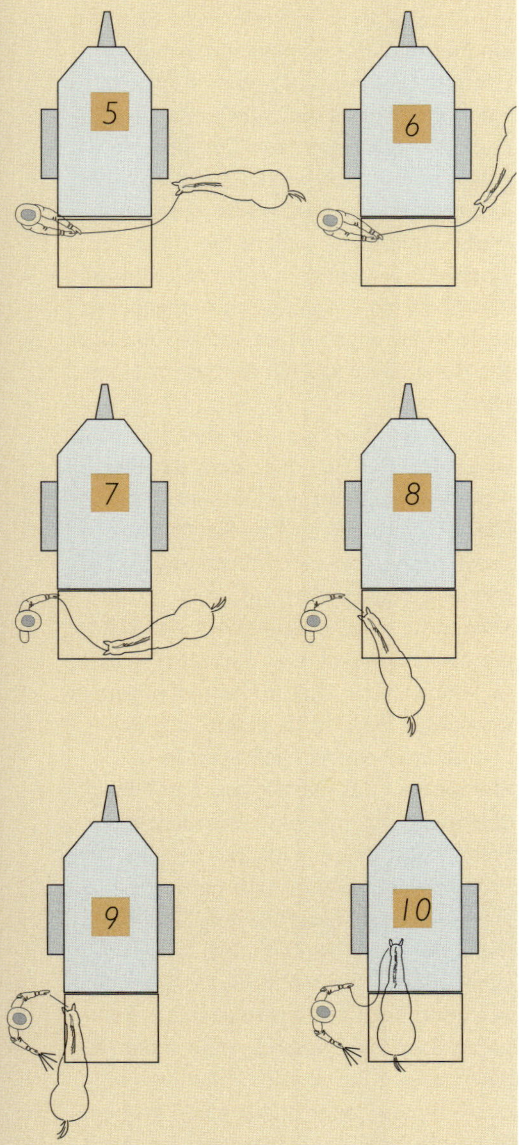

Helfer nehmen, der die Funktion des Störers mit dem kreisenden Seilende von schräg hinten übernimmt. Dieser darf jedoch nichts anderes tun, als das Pferd mit dem Seilende zu berühren – nie fest schlagen oder die Geduld verlieren. Diese Methode mit einem Helfer empfiehlt sich für Leute, die noch etwas Schwierigkeiten mit der ruhigen Koordination der ursprünglichen Verfahrensweise haben. Sie brauchen sich dann nur aufs Pferd zu konzentrieren.

Bei besonders ängstlichen oder in Bezug aufs Verladen schon verdorbenen Pferden können Sie auch auf die altbewährte Methode zurückgreifen, dass das Pferd Ihnen in den Hänger nachlaufen soll. Die Gefahr, dass es Sie überrennt, wenn es in den Hänger »hineinschiesst«, besteht nur dann, wenn andere es von hinten bedrängen. Arbeiten Sie jedoch allein, dann brauchen Sie zwar viel Zeit, sind aber vor panischen Reaktionen des Pferdes recht sicher. Folgt das Pferd nicht, so bauen Sie wie bei der Übung »Heranholen« (siehe S. 69 ff.) langsamen gummibandartigen Druck auf das Halfter auf, bis das Pferd nachgibt. Zieht es nach hinten, so folgen Sie, bis es aufhört (Sie können es sowieso nicht festhalten ...). Beginnen Sie dann von Neuem mit dem Aufbau von Druck. »Nerven« Sie das Pferd einfach beständig, indem Sie es am Kopf durch den Zug am Halfter stören. Setzt es einen Fuß auf die Klappe, so lassen Sie es sofort zufrieden und loben es. Lassen Sie es eine Weile stehen und versuchen dann, es einen weiteren Schritt in den Hänger hinein zu bekommen. Zieht es wieder zurück, folgen Sie. Wie ein

Jojo bewegen Sie sich nun vor und zurück, vor und zurück, bis das Pferd alle vier Beine im Hänger hat.

Aufmerksamkeit fixieren
Einen einzigen Punkt müssen Sie peinlich genau beachten. Erlauben Sie dem Pferd nicht, seine Aufmerksamkeit vom Hängerinneren bzw. von jedem anderen Hindernis, das Sie gerade mit ihm üben, abzuziehen. Sobald es den Kopf wegdreht und wegschauen will, stören Sie es wieder massiv durch Rucken am Kopf. Durch das Wegnehmen der Aufmerksamkeit vom Gegenstand seiner Angst (dem Hänger) verschafft sich das Pferd nämlich eine psychische Entspannungspause. Diese Ruhepause soll es jedoch nur erhalten, wenn es sich in die richtige Richtung bewegt.
Dieses Fixieren der Aufmerksamkeit des Pferdes auf einen Punkt, auf den es sich zu bewegen soll, gilt für jede andere Art von Trailhindernis gleichermaßen.

Anbindeprobleme

Anbindeprobleme haben zwei Ursachen. Erstens: Das Pferd sieht sich in seiner freien Bewegung gehindert und reagiert darauf mit panischen Losreißversuchen. Zweitens: Das Pferd hat nicht gelernt, auf Druck nachzugeben. Da Sie bei vielen Gelegenheiten darauf angewiesen sind, Ihr Pferd sicher anzubinden, müssen Sie ihm einerseits die Angst nehmen und ihm andererseits beibringen, auf Druck des Halfters am Genick nicht durch Gegenziehen zu reagieren. Zudem muss es lernen, dass seine Versuche, sich loszureißen, keinen Erfolg haben. Es muss sich aus Gründen der Sicherheit damit abfinden, dass seine Beweglichkeit eingeschränkt ist, denn es steht nicht überall ein Paddock mit E-Zaun zur Verfügung. Um ihm die Angst zu nehmen, können Sie ihm anfangs einen ruhigen, anbindesicheren Artgenossen zur Gesellschaft geben und in Sichtweite anbinden. Nicht jedoch in seiner Reichweite, weil das Problempferd das andere Pferd bei einem Losreißversuch verletzen könnte. Das Pferd sieht nun seinen Artgenossen seelenruhig angebunden stehen, und dessen Ruhe überträgt sich auf das Problempferd.
Selbst wenn dies nun eine Weile gutgeht, so kommt der Punkt, an dem das Pferd trotzdem versucht, sich loszureißen. Diesen Zeitpunkt sollten Sie zu Hause provozieren, und nicht abwarten, bis Sie mit dem Pferd unterwegs sind.
Wollen Sie ein Pferd, welches sich schon ein paarmal losgerissen hat, umerziehen, so kehren Sie zurück zu den Übungen, in denen das Pferd lernt, einem Zug am Halfter nach vorne nachzugeben (das Heranholen des Pferdes aus den Führübungen). Angebunden verursacht das Pferd selbst einen ähnlichen Zug am Halfter, wenn es sich nach hinten stemmt, um sich loszureißen. Gibt das Pferd bei den freien Übungen gut nach, können Sie es zu sich heranholen oder auch den Kopf herunterziehen, so simulieren Sie das Angebundensein, indem Sie einen langen Strick mit Umlenkung um einen Pfosten oder durch einen großen Anbindering laufen lassen, und auf diese Weise Zug auf das Halfter des Pferdes ausüben. Fängt das Pferd an, am Seil zu zerren, so geben Sie nach, sodass es sich

Jedes Pferd muss sich anbinden lassen ...

nicht mit aller Kraft ins Seil hängt. Bauen Sie danach wieder in der Gummibandmanier Zug auf. Üben Sie das ein paar Tage, bis das Pferd ohne Gezerre stehenbleibt. Danach sollte es sich auch fest angebunden nicht mehr losreißen. Um das Gelernte zu festigen, lassen Sie das Pferd öfter eine Weile angebunden stehen und bleiben in der Nähe, um notfalls eingreifen zu können.
Verwenden Sie zum Anbinden ein stabiles breites Lederhalfter, möglichst am Genick etwas gepolstert und einen dicken Strick mit festem Haken (kein Panikhaken). Das Pferd wird so hoch und kurz angebunden, dass es nicht in den Strick treten kann. Es darf auch den Kopf nicht unter den Strick bekommen. Sinnvollerweise befindet sich nichts zu fressen in der Nähe.

Der Boden sollte weich sein und der Pfosten, an dem das Pferd angebunden wird, stabil, am besten fest einbetoniert. Der von den Westernreitern verwendete »Snubbing Post« in der Mitte einer Reitbahn ist eine gute Erfindung für solche Zwecke. (Ein freistehender Baum ohne tiefe Äste tut es jedoch auch.)
Es versteht sich von selbst, dass keine Gegenstände in Reichweite des Pferdes herumliegen dürfen.
Das Pferd darf nun keine Möglichkeit mehr haben, sich erneut loszureißen. Fängt es probehalber an zu zerren, so tun Sie unter Umständen erst einmal gar nichts und lassen es toben. Noch effektiver ist die »Gegenschreck-Methode«. Klatschen Sie ihm irgend etwas auf die Kruppe, vor dem es erschrickt. Das soll nicht weh tun, sondern dem Pferd nur einen Schrecken einjagen – aus der Richtung, in die es gerade zerrt. Der Gegenstand sollte lang genug sein, so dass Sie nicht allzu dicht an das tobende Pferd herangehen müssen. Es kann ein langer belaubter Zweig sein, eine Gerte mit Plastiktüte am Ende, eine Decke, eine Jacke o. ä. Damit können Sie es oft von seinem Zerren ablenken – es macht einen Satz nach vorne und bleibt meist erst mal verdutzt stehen. Loben Sie es dann mit der Stimme.
Um Verletzungen an den Beinen zu vermeiden, können Sie sie mit Gamaschen schützen.

Entspannung im Stehen

Neben der Möglichkeit, das Pferd durch Bewegung zu entspannen, können Sie es auch durch Übungen im Stehen lockern.

Dies ist vor allem dann sinnvoll, wenn alte Spannungen so fest sitzen, dass das Pferd aus diesen alten schlechten Gewohnheiten nicht mehr allein herausfindet. Eine alte Verletzung, die lange schmerzhaft war, kann zu Verspannungen bei bestimmten Bewegungen führen (die sich nun »festgesetzt« haben). Oder das Pferd wurde so lange falsch oder mit schlecht sitzenden Sätteln geritten, dass es Arbeit immer mit Schmerzen verbindet und sich aus Gewohnheit verspannt. In solchen Fällen können Sie in der Bewegung Hilfszügel wie das Chambon einsetzen.
Vorbereitend (vor der Arbeit in Bewegung) können Sie jedoch einzelne angespannte Körperpartien durch gezieltes Massieren oder gezielte Biege- oder Streckübungen lockern.

Abtasten

Durch leichten bis festeren Druck mit den Fingerspitzen am ganzen Körper des Pferdes können Sie Empfindlichkeiten feststellen, die Sie vielleicht in der Bewegung noch nicht gesehen haben. Besonders der Ohren- und Genickbereich ist häufig empfindlich. Daneben ist fast immer irgendwo im Rücken oder in der Halsmuskulatur ein »Knackpunkt«.
Neben schmerzhaften Empfindlichkeiten werden sich beim Abtasten des Pferdes auch die sensiblen Punkte herausstellen, an denen das Pferd die Berührung als besonders angenehm empfindet, und solche, die es zu schnellen Ausweichreaktionen veranlassen, wenn man sie »stört« (ohne dass das »Stören« schmerzhaft ist). Verstärken und Abschwächen des Druckes der Finger kann unterschiedliche Reaktionen beim Pferd hervorrufen. Manche Pferde reagieren auf stärkeren Druck mit Schmerzen, andere auf schwächeren.
Eine schmerzhafte Reaktion können Sie – sowohl im Halten als auch in der Bewegung – auch immer am Gesicht des Pferdes erkennen, nicht nur daran, dass die berührte Körperpartie zuckt oder zurückweicht (siehe Kapitel Probleme erkennen und beseitigen S. 96 ff.).

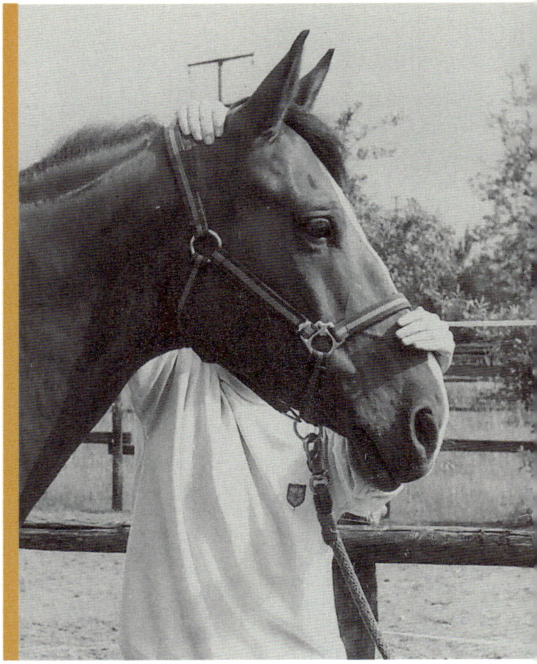

Hals und Genick entspannen ...

Hals und Genick entspannen

Für Pferde, die einen deutlichen Widerstand im Genick zeigen und als »Sterngucker« in Alarmstellung durch die Gegend laufen, können Sie in nachfolgend beschriebener Weise Hals und Genick entspannen.
Legen Sie eine Hand flach auf das Genick des Pferdes und die andere auf seinen Nasenrücken. Dann drücken sie mit der

Durch vibrierende gegenläufige Bewegungen die Nase des Pferdes herunter»spielen«.

einen Hand die Nase leicht nach rechts, während Sie mit der anderen Hand das Genick leicht nach links ziehen – danach das Ganze umgekehrt – Genick nach rechts, Nase nach links – eine gegenläufige Bewegung. Diese Bewegung führen Sie in schnellem Wechsel durch – das Pferd schüttelt praktisch den Kopf dabei. Es ist jeweils nur eine minimale Bewegung aus der Senkrechten nach rechts und links heraus.
Wehrt sich das Pferd anfangs gegen die Bewegung, so verstärken Sie nicht den Druck bzw. Zug (das würde nur noch mehr Widerstand provozieren), sondern machen die gegenläufige Bewegung der Hände anfangs ohne Reaktion des Pferdes. Es wird irgendwann durch leichtes Schrägneigen des Kopfes nach rechts und links reagieren. Und noch später wird es den Kopf dabei senken und sich entspannen.

Die Entspannung ist neben dem Hängenlassen des Kopfes und Halses erkennbar an halbgeschlossenen Augen und entspannter Maulpartie.
Unter dem Reiter können Sie es später dann durch ein leichtes Kraulen oder etwas Druck im vorderen Bereich des Mähnenkammes auch zum Senken des Halses veranlassen.
Nun kann es sein, dass das Pferd sich gar nicht ans Genick fassen lässt, weil es die Berührung dort fürchtet. Dann suchen Sie sich zuerst einen Punkt am Kopf des Pferdes, an dem es die Berührung gern hat. Dort legen Sie eine Hand hin und bewegen sie leicht. Versuchen Sie langsam, ohne Druck Ihre Hand Richtung Genick zu schieben. Eine kreisende Bewegung lenkt das Pferd von der beabsichtigten Richtung ab.
Bei dieser Prozedur dürfen Sie sich nicht aus der Ruhe bringen lassen – sie kann lange dauern.
Viele Pferde mögen es sehr gern, wenn man ihnen mit der flachen, etwas gehöhlten Hand über die Augen streicht. Das machen Sie ein paarmal und tasten sich evtl. von der Position über den Augen Richtung Genick vor.
Andere Pferde können es einfach nicht vertragen, wenn man hinter ihrem Gesichtskreis, gerade so, dass sie es nicht mehr sehen können, hantiert. Versuchen sie deshalb in solchen Fällen, statt hinter den Ohren, über Nase und Stirn des Pferdes zum Genick vorzudringen.
Viele Pferde mögen es gern, wenn man sie hinter den Ohren krault und die Ohren gelegentlich dabei etwas nach vorne biegt.

In selteneren Fällen gibt es auch einen organischen Grund, warum ein Pferd sich am Kopf nicht oder nicht immer anfassen lassen will. Als Beispiel mag meine Stute gelten, die sich an manchen Tagen gern überall am Kopf kraulen ließ und an anderen mit aufgerissenen Augen wegzuckte. Am Anfang hielt ich es für Zickigkeit. Nach einiger Zeit stellte sich jedoch eine Nasennebenhöhlenvereiterung heraus, die ihr an manchen Tagen stärker zu schaffen machte als an anderen.
Hat das Pferd im Dominanztraining gut gelernt, dem Zug auf das Genick nachzugeben, so können Sie auch zur Entspannung den Kopf des Pferdes herunterziehen.

Hals stark abstellen

Um Blockierungen im Hals-, Schulter- und Ganaschenbereich zu beheben, können Sie das Pferd dazu veranlassen, den Hals stark seitlich zu biegen.
Die Westernreiter machen dies häufig, wenn sie draufsitzen – es funktioniert jedoch auch vom Boden aus.
Dazu dürfen Sie ruhig mit einem Leckerbissen arbeiten, den Sie dem Pferd seitlich anbieten und ihn, wenn das Pferd den Kopf danach wendet, noch ein wenig nach hinten ziehen.
Erstens lenken Sie das Pferd damit von dem eigentlichen Problem ab – nämlich dass der Hals oder die Ganaschen bei dieser starken Biegung wehtun können, wenn sie vorher verspannt waren.
Zweitens versüssen Sie ihm damit die erwünschte Bewegung.
Später sollte das Pferd ohne den Leckerbissen zu einem Wenden und Biegen des

Hals abstellen

Halses veranlasst werden können – und bekommt ihn erst als Belohnung für die gute Reaktion. Dazu legen Sie wieder eine Hand auf den Nasenrücken oder greifen ins Halfter und ziehen den Kopf zu sich heran. Gleichzeitig drücken Sie mit der anderen Hand leicht gegen die Halsmitte, damit das Pferd dort nachgibt.
Versuchen Sie nicht, das Pferd durch verstärkten Druck bzw. Zug mit den Händen zu biegen. Abgesehen davon, dass das Pferd sowieso stärker ist und den Hals nicht biegt, wenn es nicht will, verursachen Sie mit gewaltsamen Aktionen nur wieder erneute Blockaden und Widerstände.
Anfangs wird eine Seite des Pferdes steifer sein – das Pferd muss sich deutlich bemühen, seinen Leckerbissen zu erreichen. Überfordern Sie das Pferd auf der steiferen Seite nicht, sondern steigern Sie eher die Anforderungen noch langsamer als auf der besseren Seite.
Mit der Zeit wird es dem Pferd nichts

Die gleiche Bewegung von der anderen Seite

mehr ausmachen, sich in dieser Form zu biegen – war es doch prinzipiell sowieso eine natürliche Bewegung, die nur durch zunehmende Spannungen erschwert wurde.
Auf die gleiche Weise können Sie auch das Pferd dazu bringen, mit der Nase zwischen den Vorderbeinen seinen Leckerbissen abzuholen. Gehen Sie immer weiter zurück mit der Hand und immer tiefer, so befindet sich so manches Pferd in der Referenz, ohne dass Sie viel dazu tun müssen.

Am Sattel oder Schweif ausbinden

Manche Westernreiter binden ihre jungen Pferde vor dem Reiten einmal rechts und einmal links mit einem Seil von der Trense zum Schweif aus und lassen es eine Weile allein im Paddock stehen (sodass es nirgendwo hängenbleiben kann). Das Verfahren lehrt das Pferd, dass der Druck im Maul und am Schweif nachlässt, wenn es in seiner gesamten Längsachse nachgibt.

Mit einem unverdorbenen, jungen Pferd hat das seine Berechtigung, solange man es jeweils nur ganz kurz macht und nur eine ganz geringe Biegung verlangt. Jedes zu starke Abstellen im Hals bei dieser Übung verursacht beim jungen Pferd das Gefühl des Eingezwängtseins und bestenfalls Widerstand, schlimmstenfalls Angst und eine Panikreaktion, denn es ist in diesem Zustand wehrlos.
Einseitiges Ausbinden am Sattel oder Longiergurt wird auch machmal empfohlen, um das Pferd zu lehren, einem einseitigen Druck nachzugeben.
Einem älteren, verdorbenen Pferd, welches in Hals und Schulter völlig verspannt ist und dementsprechend in der Biegung Schmerzen hat, kann diese Methode jedoch nur schaden. Es verspannt sich nur noch mehr, wenn es dem Schmerz durch die Biegung nicht durch Zurückkehren in die gerade Haltung entkommen kann.
Sinnvoller ist es immer, dem Pferd im grundsätzlichen Führtraining das Nachgeben auf jede Art von Druck (auch seitlichen) beizubringen und dann nur mit den eigenen Händen als Hilfsmittel zu arbeiten, denn damit haben Sie auf jeden Fall mehr Gefühl und können schneller reagieren und notfalls sofort jeden Druck wegnehmen.

Beine strecken und entspannen

Eine gute Übung, die Sie auch später im Trailtraining machmal wieder aufgreifen können, ist es, die Vorderbeine des Pferdes nach vorne leicht zu strecken und seitlich etwas hin und her zu bewegen. Es fördert das Gleichgewicht auf den anderen drei Beinen. Die seitliche

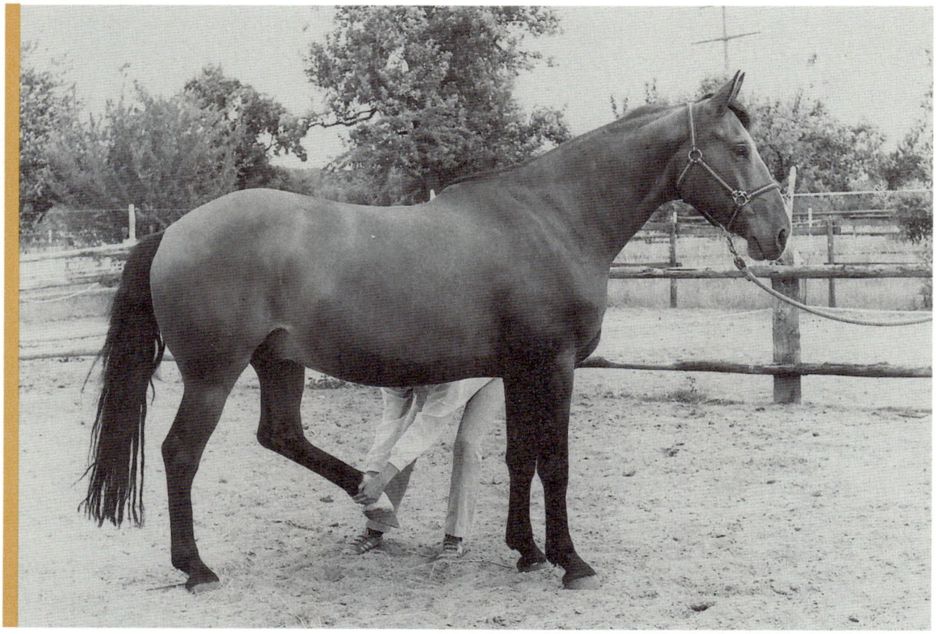

Entspannungsübungen im Stehen

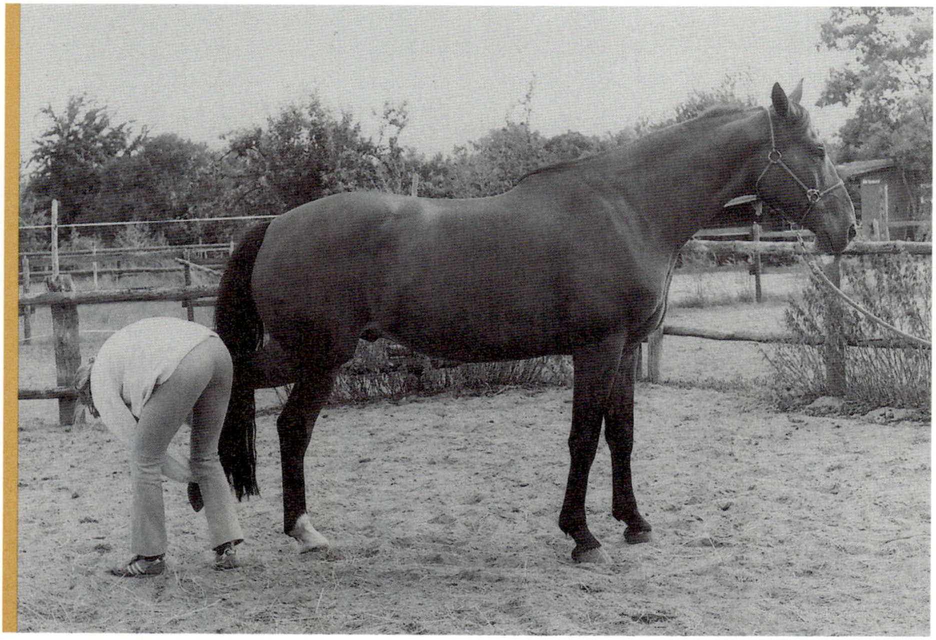

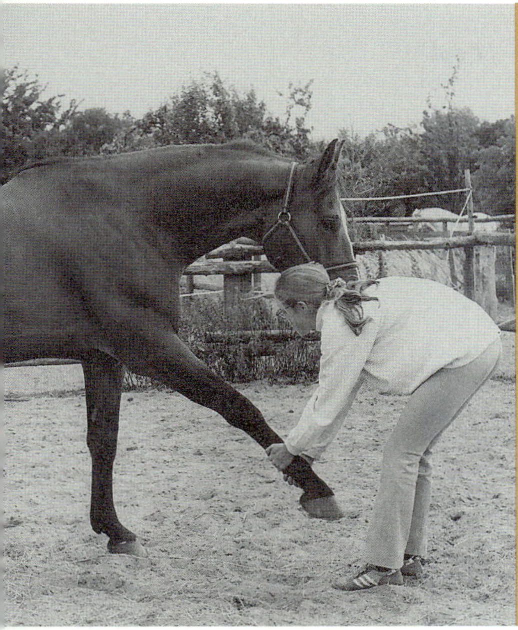

Bewegung lockert zusätzlich die Schulter. Die Hinterbeine können Sie nach hinten und nach vorne leicht strecken. Nach der Übung mit dem jeweiligen Bein sollten Sie den Huf auf die Spitze stellen – das Pferd steht dann in entspannter Haltung.

Weiterführende Arbeit beginnt dort, wo dem Pferd spezielle Lektionen beigebracht werden sollen, wo es auf bestimmte Leistungen – auch unter dem Sattel – vorbereitet werden soll. Ist das grundlegende Gehorsamstraining allgemeingültig für alle Pferde und alle später angestrebten Reitweisen anwendbar, so können Sie sich später spezialisieren.

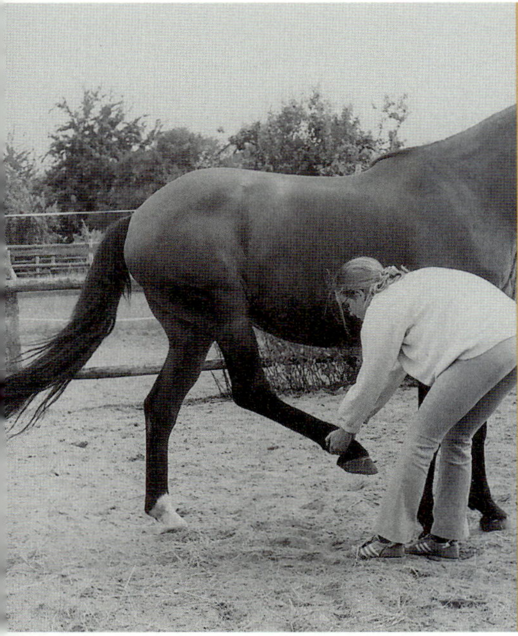

Manche Pferde überkreuzen in der Ruhestellung.

Weiterführende Arbeit

Übungen am Boden nützen dem Dressurreiter genauso wie dem Western- oder Wanderreiter. Stellen Sie die Übungen in den Vordergrund, die Ihren eigenen Vorlieben am besten entsprechen. Manchmal kann es aber auch ganz hilfreich sein, in die anderen Bereiche hineinzuschnuppern. Es bieten sich sicherlich interessante Anregungen für die Auflockerung der Arbeit.

Klassische Versammlung

Schließen des Pferdes im Halten

Sie können das Pferd schon im Stehen leicht versammeln, indem Sie es mit einer langen Gerte »schließen«. Wenn sich das Pferd dem Schließen durch ein Hochnehmen des Halses entziehen will, können Sie es leicht ausbinden. Streichen Sie mit dem mittleren Teil der Gerte über den hinteren Teil des Rückens und die Kruppe bis zu den Sprunggelenken hinunter. Das Pferd sollte dabei die Hinterbeine etwas untersetzen. Reagiert es nicht, so streichen Sie nochmals – diesmal bis zu den Fesselköpfen hinunter und tippen diese evtl. noch einmal kurz stärker an.

Diese Berührung mit der Gerte kann auch zur »Stimmungsprüfung« am Anfang der Arbeit eingesetzt werden. Reagiert das Pferd sehr stark auf das Schließen, so wird es bei der anschließenden Arbeit meist sehr fleißig – womöglich zu eilig – sein. Reagiert es nicht, so ist es eher faul und muss aufgeweckt werden. Sie können die Gerte dann an den hinteren Röhrbeinen – möglicherweise bis über die Sprunggelenke hinaus – auf und ab bewegen, bis das Pferd untertritt. Auch hier gilt es wieder, den Teil der Hinterhand zu finden, der auf die Berührung am besten reagiert (sensible Punkte). Voraussetzung ist, dass das Pferd keine Angst vor der Gerte hat und deren Berührung am ganzen Körper duldet. Das Schließen des Pferdes mittels Gerte sollte jedoch nicht zu häufig ausgeführt werden, um es für diese Berührung sensibel zu halten.

Versammlung in Bewegung

Es ist möglich, seine Pferde bis zu den Lektionen der Hohen Schule zu trainieren, ohne sich draufzusetzen.

Pferde, die an der Hand in der entsprechenden Lektion genügend gymnastiziert und versammelt wurden, haben prinzipiell auch keine Schwierigkeiten, mit dem

Schließen des Pferdes mit der Gerte

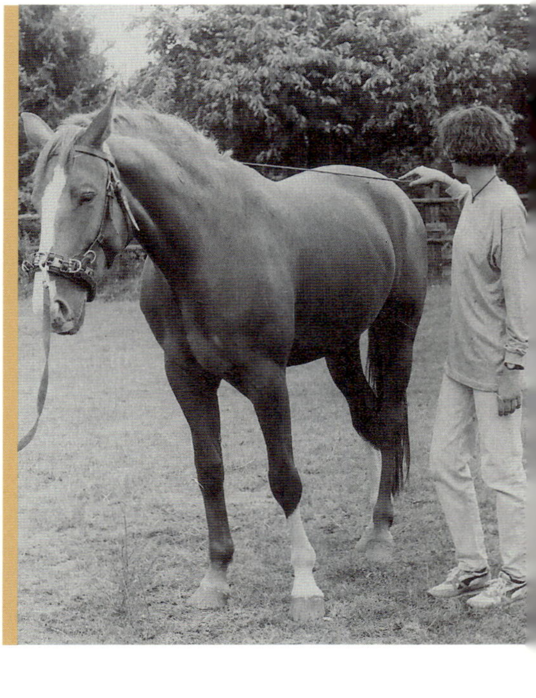

Reitergewicht fertigzuwerden – auch in schwereren Lektionen nicht. Die Bewegungsabläufe werden dem Pferd ohne störendes Reitergewicht klargemacht – später brauchen Sie alles nur noch nachzureiten.
Fast jede Lektion können Sie vom Boden aus trainieren. Für manche Übungen brauchen Sie selbst jedoch ein wenig Kondition – man denke nur an die Arbeit am langen Zügel im verstärkten Trab.

Arbeit mit Ausbindern
Haben Sie mit dem grundlegenden Gymnastizierungs- und Gehorsamstraining ein lockeres Pferd ausgebildet, so können Sie in der Versammlung auch mit Ausbindern arbeiten. Zusätzlich gehört dann ein Kappzaum an den Kopf des Pferdes, um nicht die Longe oder den Führstrick in den Trensenring einschnallen zu müssen. Bei der versammelnden Arbeit an der Longe empfiehlt sich die Arbeit mit einer leichten Peitsche oder Gerte; das kreisende Seilende, welches für die Dominanzarbeit gute Dienste leistet, ist für die Feinabstimmung nicht so gut geeignet wie eine Gerte. Es ist z. B. sehr schwierig, einen Fesselkopf mit dem Seilpropeller präzise zu berühren, denn dafür müssten Sie sich bücken.
Achten Sie bei der Arbeit mit Ausbindern darauf, dass das Pferd sich nicht aufs Gebiss legt. Dazu können Sie jedesmal, wenn das Pferd den Kopf in der Absicht senkt, sich im Gebiss abzustützen, die Peitsche etwas in Richtung seines Kopfes ausschwingen oder mit dem Peitschenknall ein Heben des Kopfes verursachen. Neigt das Pferd sehr dazu, das Gebiss als fünftes Bein zu benutzen, überprüfen Sie, ob die Ausbinder zu kurz geschnallt sind.
Lassen Sie das Pferd immer wieder auch ohne Hilfszügel arbeiten und sich vorwärts-abwärts strecken, so dass sich eventuelle Spannungen nicht festsetzen können. Auch der Neigung, sich aufs Gebiss zu legen, wirkt ein Wechsel zwischen Arbeit mit und ohne Ausbinder entgegen.

Vermeiden Sie, das Pferd gleich zu Anfang der Arbeit im Schritt mit Ausbindern im Hals »kurz zu machen«. (Der versammelte Schritt ist eine sehr schwere Lektion. Sie sollte auch bei Pferden, die ihn beherrschen, nicht gleich zu Beginn der Arbeit gefordert werden.)
Der Ausbinder – sei er bei der Arbeit des jungen Pferdes auch aus gutem Grund umstritten und m. E. oft unnötig – ist bei der Ausbildung des Pferdes hinsichtlich größerer Versammlung hilfreich. Es ist sicher richtig, dass man auch die Versammlung ohne einen feststehenden Hilfszügel – z. B. durch das Fahren vom Boden, die Arbeit am langen Zügel – erreichen kann. Jedoch ist dies viel schwerer, denn es erfordert viel mehr Gefühl in der Hand. Sie müssen die gleiche Feinfühligkeit für den langen Zügel entwickeln, wie Sie sie für die kurzen Zügel beim Reiten haben sollten, und das, während Sie selbst bei einigen Lektionen durch den Sand des Reitplatzes hinter Ihrem Pferd hertraben. Wer es schon probiert hat, weiß, wie schnell man dabei außer Atem gerät – und wie die Atemlosigkeit sich auf die Feinmotorik der Hände auswirkt.

Diese beiden Pferde gehen auch ohne Ausbinder ...

Über die Länge der Ausbinder streiten sich die Gelehrten. Auch dafür müssen Sie einen Blick bekommen. Alle gängigen Richtlinien können immer nur ungefähre Anhaltspunkte geben. Die richtige Länge von Ausbindern ist von Pferd zu Pferd und von Ausbildungsstufe zu Ausbildungsstufe verschieden.
Bei einem Pferd, welches vorher nur ohne Ausbinder gearbeitet hat, sollten sie so lang geschnallt sein, dass sie wenig Wirkung haben; das Pferd soll die Nase noch gut vor die Senkrechte strecken können. Sie werden zudem tief am Longiergurt angebracht.

Je mehr das Pferd versammelt werden soll (und kann), desto kürzer können die Ausbinder werden. Und desto höher am Longiergurt werden sie eingeschnallt. Sie dürfen jedoch nie den Pferdekopf hinter die Senkrechte bringen. Passiert das, so ist das Pferd noch nicht reif für die Verkürzung, d. h., es kann sich noch nicht weit genug aufrichten.

Der Ausbinder verhindert ein Hochwerfen des Kopfes, wenn das Pferd aufgefordert wird, seine Hinterbeine mehr unterzusetzen. Dies ist jedoch m. E. nicht seine wichtigste Funktion. Er erleichtert das Touchieren der Hinterbeine mit der Gerte, denn das Pferd kann sich nach vorne nicht so leicht entziehen. Was jedoch viel wichtiger ist, ist die Tatsache, dass das Pferd in seiner Längsachse gerade bleibt, wenn der Ausbilder neben ihm steht und mit der Gerte die Hinterhand aktiviert.
Arbeiten Sie dabei ohne Ausbinder, so dreht sich das Pferd meist mit dem Kopf in Ihre Richtung, sodass es in sich gebogen oder zumindest gestellt ist. Der kontrollierende äußere Zügel fehlt. Besonders bei den Seitengängen und Zirkeln wird das deutlich.
Die Ausbinder (vor allem der äußere, der die Funktion des Kontrollzügels übernimmt) verhindern eine zu starke Stellung und ein Abknicken im Hals und damit ein Ausbrechen des Pferdes über die Schulter in engeren Wendungen und auf dem Zirkel bzw. ein Weglaufen über die äußere Schulter ohne Längsbiegung bei Schenkelweichen oder Schulterherein.

Es gibt jedoch auch Verhaltensweisen des Pferdes, bei denen der Einsatz von Ausbindern eher kontraproduktiv sein kann. Es ist z. B. ein Trugschluss zu glauben, man könne ein Pferd am Vorwärtsstürmen hindern, indem man es mit Ausbindern zusammenschnürt.
Rennt ein Pferd, so hat dies seine Ursache in einer noch mangelnden Balance oder einer entsprechenden psychischen Unausgeglichenheit. Beides ist nicht mit kurzen Ausbindern zu korrigieren.

... in der richtigen Haltung.

Die Ursachen der Balanceprobleme liegen vielmehr meistens in einer (wie auch immer gearteten) Überforderung des Pferdes und müssen ergründet werden. Freie Arbeit im Roundpen, Ablenkungsmanöver, die Aufmerksamkeit des Pferdes auf Ihre Signale zu erreichen sowie sein Interesse für eine Aufgabe zu wecken sind Wege, dem Stürmen entgegenzuwirken (siehe Kapitel Probleme erkennen und beseitigen S. 96 ff.). Auch das eingangs beschriebene Schließen des Pferdes kann dem Stürmen in versammelnden Lektionen entgegenwirken, wenn das Pferd sich durch Schnellerwerden anstrengender Arbeit entziehen will. Haben Sie es im Halten geschlossen, tritt es mit untergesetzten Hinterbeinen an – es kann also nicht sofort »lang werden« und die Flucht nach vorne antreten. Bevor es anfängt, schneller zu werden, sollten Sie die Übung beenden. Beginnen Sie eine stark versammelnde Übung immer mit dem Schließen, so »vergisst« das Pferd nach einiger Zeit, dass es eigentlich den Anforderungen dieser Lektion davonlaufen wollte.

Arbeitsphasen mischen

Mischen Sie spannende und entspannende Arbeitsphasen. Wechseln Sie ab zwischen Übungen mit und solchen ohne Ausbinder. Wenn Sie merken, dass das Pferd Spannungen, Nervosität oder Ermüdungserscheinungen zeigt, ist eine Schrittpause ohne Ausbinder angesagt. Ist es während der Pause hektisch und übereilt, so haben Sie es vorher überfordert. Lassen Sie es in solchen Fällen einfach stehen und sich beruhigen. Lenken Sie es danach durch Einschalten von andersgearteten Übungen ab. Regt es sich z. B. auf, wenn es häufig hintereinander aus dem Schritt angaloppieren soll, so fordern Sie im Schritt mehrfach Schulterherein oder ein Anhalten und Rückwärtsgehen, sodass das Pferd nicht gespannt auf das neue Kommando zum Angaloppieren wartet. Oder legen Sie eine Stange auf den Boden, über die das Pferd langsam und aufmerksam mit tiefer Nase gehen soll, bevor wieder ein Kommando zum Galopp kommt.

Leichtigkeit erhalten

Wichtig bei jeder Versammlung des Pferdes an der Hand (wie unter dem Reiter) ist die Erhaltung der taktreinen und schwungvollen Gänge und die Entwicklung der Tragkraft der Hinterhand. Oft geht jedoch leider die Leichtigkeit und Eleganz einer Bewegung durch zuviel Arbeit an versammelnden Lektionen oder an einem bestimmten Problem verloren. Es ist nicht das Ziel der Arbeit, dass die versammelten Gänge aussehen, als kosteten sie das Pferd enorme Kraft. Mischen Sie deswegen stark versammelnde Lektionen immer mit schwungvoller (oder auch einfach nur entspannter) Vorwärtsbewegung, damit diese Übungen nicht zu einem Kraftakt für das Pferd werden.

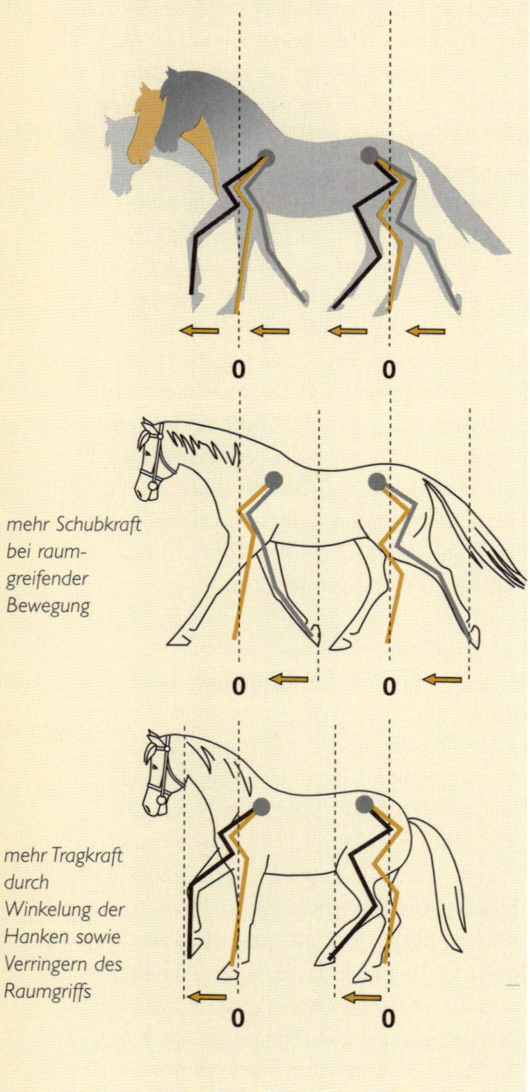

Tempowechsel/Trabreprisen

Dazu ist es notwendig, auch einmal neben dem Pferd herzulaufen, wenn es z. B. aus einem stark versammelten Trab mit minimalem Raumgriff in eine energische Vorwärtsbewegung, einen Trab mit starkem Raumgriff, »abgeschickt« werden soll. Dies geschieht sinnvollerweise anfangs mit Rücksicht auf den Takt in der Verstärkung auf der Geraden. Deswegen sollten auch die Ausbinder gleichlang geschnallt sein. Die richtige Länge muss bei solchen übergreifenden Lektionen ausgemittelt werden. Sie werden so verschnallt, dass eine vermehrte Aufrichtung während der versammelnden Übung gegeben ist, ohne dass die Ausbinder völlig unwirksam werden, und trotzdem die Rahmenerweiterung des Pferdes in den Verstärkungen möglich bleibt, ohne dass die Nase hinter die Senkrechte kommt. Je nachdem, ob das Pferd mehr Schwierigkeiten mit der Versammlung oder mehr mit dem Raumgriff hat, kann man durch die Schnallung der Ausbinder das eine oder das andere erleichtern. Richtet es sich ohne Probleme auf, zeigt aber Schwierigkeiten mit der Rahmenerweiterung, so können Sie die Ausbinder länger schnallen, um die Rahmenerweiterung nicht zu behindern. Umgekehrt, wenn es mehr Probleme mit der Versammlung hat, verkürzen Sie die Ausbinder stärker – und verlangen etwas weniger Raumgriff in der Verstärkung.
Besser als die Ausbinder sind für solche Übungen jedoch sicher die tief geschnallten Schlaufzügel geeignet, die dem Pferd Dehnung und Aufrichtung gleichermaßen gestatten.

Die allerbeste Trainingsmethode für die Trabrepisen ist jedoch die Arbeit am langen Zügel, bei der Sie das Zügelmaß nach Bedarf variieren können.
Experimentieren Sie ruhig einmal damit, den langen Zügel auch am Kappzaum oder am Sidepull zu benutzen, statt ihn an der Trense zu verwenden. Damit schonen Sie das Maul des Pferdes, wenn Sie wenig Erfahrung mit dem langen Zügel haben.
Sinn der Übung ist, die Federkraft der Hinterhand zu erhöhen, die sich durch ein Beugen der Hanken (der Gelenkgruppe Hüft-, Knie- und Sprunggelenk) wie eine Feder spannen kann. Diese »Spannungskraft« kann das Pferd dann in energischen Schub nach vorne (Rahmenerweiterung) oder nach oben (vermehrte Versammlung) umsetzen. Eine Hankenbeugung wird durch Untertreten der Hinterbeine des Pferdes unter den Schwerpunkt vor allem beim Zurücknehmen von Tempo und Raumgriff erreicht. Das Pferd fängt den Schwung der Vorwärtsbewegung beim Untersetzen durch eine Beugung der Hanken auf. Dabei kommt die Schulter des Pferdes hoch. Falsch ist es, wenn das Pferd den Schwung mit den Vorderbeinen abbremst und sich aufs Gebiss legt, denn dabei überlastet es die Vorderbeine, eine Hankenbeugung erfolgt nicht. Genauso wie beim Reiten dürfen Sie bei der Bodenarbeit nicht ins Ziehen kommen, wenn Sie das Pferd verlangsamen wollen.

Wie auch bei den Trabreprisen unter dem Reiter können Sie den Erfolg Ihrer Arbeit daran messen, dass das Pferd ohne Widerstände und Gezerch sowohl verlangsamt als auch vorwärts geschickt werden kann.
Die Tempounterschiede können Sie später, wenn das Pferd gut ausbalanciert ist, auch auf dem Zirkel üben. Manchmal kann es sogar nötig sein, diese oft auf dem großen Zirkel zu üben: Nämlich zu Korrekturzwecken, wenn das Pferd auf der Geraden dazu neigt, zu rennen oder den Rücken festzuhalten und deswegen den Takt verliert.

Wie bei jeder gymnastizierenden Arbeit müssen Sie natürlich auf die Gleichmäßigkeit der Ausbildung auf beiden Händen achten.

Tempounterschiede sind viel besser an der Hand als unter dem Reiter zu trainieren. An der Hand kann das Pferd Balanceprobleme, die bei solchen Reprisen immer wieder auftreten, viel besser – ohne Reitergewicht – ausgleichen. Es verspannt sich weniger bei den Verstärkungen, denn es muss nicht damit rechnen, auch noch mit einem zusätzlich aus dem Takt und aus der Balance geratenen Reiter kämpfen zu müssen, wenn es selbst aus dem Takt kommt. Genau das passiert jedoch häufig beim Training der Trabverstärkungen unter dem Reiter ohne vorbereitende Bodenarbeit: Reiter und Pferd behindern sich gegenseitig.

Früh genug aufhören

Beenden Sie eine Übung möglichst immer früh genug, solange das Pferd noch Reserven hat. Damit verhindern Sie, dass es die Lust verliert, weil es immer bis an die Grenze seiner Leistungsfähigkeit getrieben wird. Besonders kritisch würde dies, wenn Sie ein schon erschöpftes Pferd eigentlich wegen eines Fehlers korrigieren müssten, es jedoch mit der Korrektur körperlich überfordern würden.

Seitengänge

Beim Training von Seitengängen, wie z. B. dem Schulterherein in Schritt und Trab, wirken die Ausbinder erleichternd. Die Begrenzung, vor allem mit dem äußeren Ausbinder, verhindert, dass das Pferd einfach mit abgeknicktem Hals geradeaus läuft, statt überzutreten. Der Ausbilder kann sich dabei mehr auf die Hinterhand und den Takt konzentrieren, statt auch noch dauernd den Hals und die Schulter des Pferdes im Auge haben zu müssen. Sie können Schulterherein und Seitwärtsbewegungen jedoch auch ohne Führseil mit dem völlig freien Pferd trainieren (jedoch mit einer oder auch zwei Gerten zum Touchieren des Pferdes an verschiedenen Punkten). Das funktioniert jedoch nur, wenn Sie seine ungeteilte Aufmerksamkeit haben. Sie arbeiten im Prinzip dabei genauso wie am langen Zügel – nur dass der Zügel fehlt.

Mit Ausbindern verhindert man, dass sich das Pferd durch Abknicken im Hals dem Übertreten entzieht.

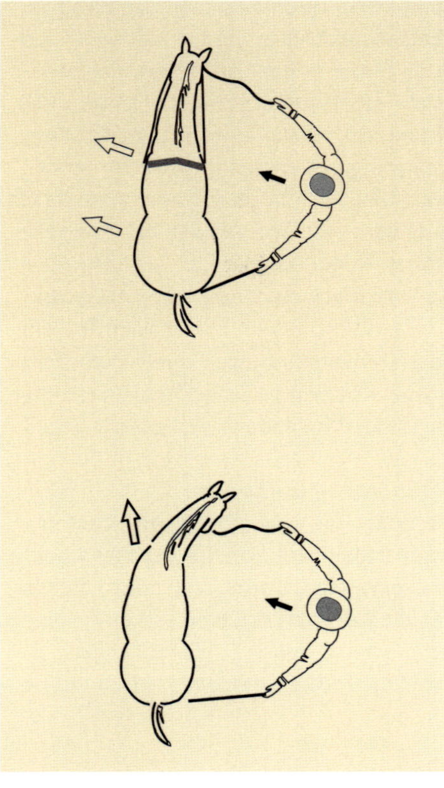

Hinterhand kräftigen

Ein gutes Mittel für die Entwicklung der Hinterhand und der Hankenbeugung ist das Rückwärtsrichten mit sofort anschließendem Antreten, Antraben, später auch Angaloppieren des Pferdes.
Anders als beim Rückwärtsschicken des Dominanztrainings sind hier Hilfszügel evtl. wieder sinnvoll, um das Pferd geradezuhalten, wenn Sie neben ihm oder in der Mitte des Zirkels stehen statt vor ihm. Durch Positionsänderungen (wie bei der Longenarbeit) wirken Ihre Signale bremsend (eher vor der Schulter des Pferdes) bzw. vortreibend (eher hinter der Kruppe).

Feinabstimmung der Körpersprache

Wurde das Anhalten des Pferdes im Dominanztraining durch einen Schritt Richtung Hinterhand, also durch Ausweichen der Hinterhand, erreicht, so kann dies bei der differenzierten Arbeit der Versammlung nicht mehr in gleicher Weise geschehen.
Neben dem Schritt Richtung Hinterhand haben Sie beim Dominanztraining zusätzlich auch Ihre Arme deutlich eingesetzt,

Freies Schulterherein mit zwei Gerten

um dem Pferd die Richtung zu zeigen. Und das Pferd hat neben der Körpersprache und den grundlegenden Ausweichmanövern auch stimmliche Kommandos gelernt und sollte sie problemlos befolgen. D. h., es reagiert auf Worte wie Halt und Trab, Zurück etc., die in Verbindung mit dem Einrahmen des Pferdes durch die Führleine bzw. Longe vorne und Gerten- bzw. Peitschenhilfen hinten eingesetzt werden.
Sie können nun Ihr Pferd mit der Stimme anhalten und dabei mit der Peitsche auf das innere Hinterbein deuten. Dies ersetzt den Schritt Richtung Hinterhand, wenn das Pferd gelernt hat, feiner zu reagieren. Sie können aber auch den Longenarm heben und vor den Kopf des Pferdes zeigen und als Verstärkung des Signals die Longenpeitsche vor der Nase schwingen. Ein kräftiger Wellenschlag mit der Longe, dementsprechend ein Ruck am Kopf, wirkt strafend, wenn das Pferd auf ein Kommando zum Halten nicht reagiert. Vermeiden Sie dabei, einen direkten Zug nach innen auf die Longe auszuüben, denn das Pferd soll ja nur anhalten – und nicht hereinkommen.
Der Wellenschlag soll am Kopf des Pferdes eher nach unten wirken. (Üben Sie das erstmal ohne Pferd, indem z. B. ein Helfer den Kappzaum mit eingeschnallter Longe in zwei Hände nimmt, sich ein paar Meter entfernt aufstellt und die Richtung des Wellenschlages überprüft. Der Longierende wird es selbst ganz gut sehen können, denn der Kappzaum ist in den Händen des Helfers relativ frei beweglich, wird also deutlich nach innen schwingen, wenn der Schlag mit der Longe zu sehr nach innen zieht.)

Positionen des Longenführers: A. die Hinterhand seitwärtstreibend B. vortreibend C. bremsend

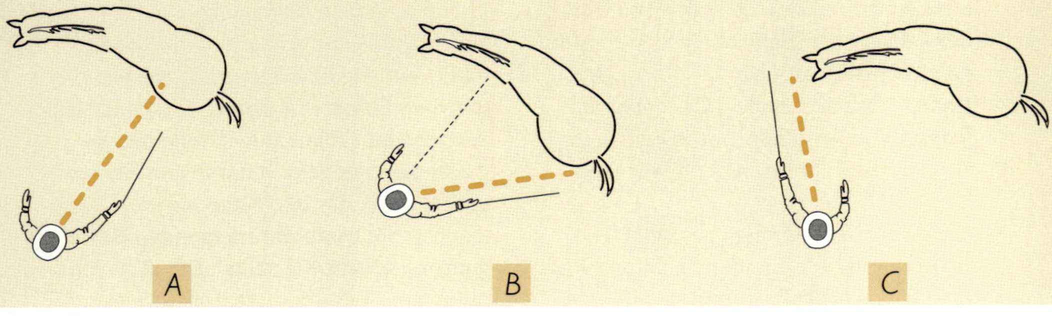

Das Rückwärtstreten des Pferdes an der Longe wird durch eine Verstärkung der Hilfen für das Halten (Peitsche vor die Nase sowie leichter Wellenschlag) eingeleitet – und natürlich mit einem verbalen Kommando Zurück, back etc. (Peitsche vor die Nase bedeutet, wie schon erwähnt, unter Umständen einen Wechsel von Longenhand und Peitschenhand.)
Mit der Zeit können Sie nun Ihr Pferd auf der Zirkellinie anhalten, rückwärtsrichten und wieder antreten, antraben, angaloppieren lassen, ohne sich aus der Mitte heraus zu rühren. Es kann dabei ruhig leicht gebogen rückwärts gehen. Das gymnastiziert das innere Hinterbein um so besser.
Trainieren Sie als fortgeschrittene Übung die sogenannte Schaukel. Mehrere Schritte vor – mehrere Tritte zurück. Diese Schaukelbewegung ist für das Pferd sehr schwer zu koordinieren, wechselt es doch dabei dauernd den Takt – vom Viertakt im Schritt zum Zweitakt in der Rückwärtsbewegung und zurück.
Schieben Sie anfangs zwischen Vorwärts- und Rückwärtsbewegung eine genügend lange Pause im Halten ein.

Hinterhandwendungen

Hinterhandwendungen sind auch in der klassischen Variante zu trainieren, werden jedoch der Einfachheit halber im folgenden Abschnitt über die Reininglektionen mit beschrieben. Ob dabei der Einsatz von Ausbindern nötig ist, muss von Fall zu Fall entschieden werden.

Gipfel der Versammlung an der Hand sind die Entwicklung der Piaffe und Passage sowie schließlich und endlich die Schulen über der Erde. Sie sprengen jedoch den Rahmen dieses Buches. Eine Sonderstellung nimmt das Training des Spanischen Schritts ein, der im Kapitel Kunststückchen noch behandelt wird.

Reining-Lektionen

Auch das Westernpferd kann für viele Lektionen am Boden trainiert werden. Hierbei, wie auch bei Cavallettiarbeit und kleinen Sprüngen, sollten keine Hilfszügel verwendet werden.

Hinterhandwendung und Spin

Das Ausweichtraining der Vorhand stellt prinzipiell das Training zur Hinterhandwendung bzw. in der schnelleren Ausführung zum Spin dar. Das lose Seilende wird jedoch aus Gründen der erforderlichen Schnelligkeit der Bewegung in der anderen Hand gehalten, um Sie nicht im Laufen zu behindern. Sie können mit einem schon gut auf Sie abgestimmten Pferd auch ohne Führseil arbeiten.
Rechnen Sie allerdings damit, dass Ihnen das Pferd manchmal ausbüchst und arbeiten Sie in einem geschlossenen Areal. Die größte Schwierigkeit ist das gleichzeitige Beobachten des Pferdes und Korrigieren der eigenen Körperposition in der schnellen Bewegung.
Schütteln Sie zur Einleitung der Hinterhandwendung bzw. des Spins die Hand mit dem Führstrick schräg vor dem Maul des Pferdes (ähnlich der Wellenbewegung) oder wedeln ihm mit der Gertenspitze leicht vor der Nase herum. Damit machen Sie es auf Ihre folgenden Bewegungen in Richtung seiner Schulter aufmerksam. Außerdem veranlasst dieses

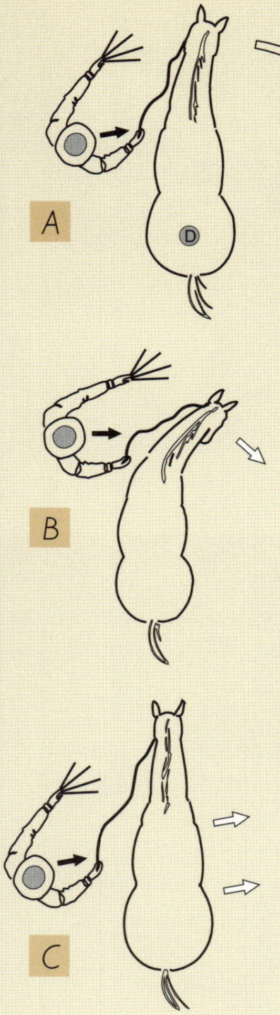

Hinterhandwendung und Spin: Das lose Seilende kann sowohl Richtung Kopf als auch Richtung Schulter zielen. Wichtig ist die genaue Bewegungsrichtung des Ausbilders. Drehpunkt ist das innere Hinterbein.

A. Korrekte Position des Ausbilders

B. Ausbilder zielt zu weit nach vorne: das Pferd biegt nur den Hals und bleibt ansonsten stehen.

C. Zu weit hinten: Das Pferd weicht über die gesamte Längsachse aus.

Schütteln das Pferd, Nase und Hals schon in die beabsichtigte Richtung der Wendung zu stellen. Das erleichtert es ihm, mit dem äußeren Vorderbein das innere zu überkreuzen.

Wollen Sie, dass das Pferd eine Hinterhandwendung nach rechts ausführt, so stellen Sie sich links neben das Pferd, nehmen das lose Strickende in die linke Hand und schütteln mit der rechten Hand den Strick vor der Nase des Pferdes, damit es sich nach rechts stellt und aufmerksam wird.

Dann setzen Sie sich forsch schräg Richtung Schulter des Pferdes in Bewegung. Dreht das Pferd nur den Hals weg, so stehen Sie zu weit vorne (korrigieren Sie die eigene Bewegungsrichtung nach rechts Richtung Hinterhand). Tritt die Hinterhand mit seitlich weg, so stehen Sie zu weit hinten (Korrektur der eigenen Bewegungsrichtung nach links Richtung Hals). Läuft das Pferd Ihnen nach vorne weg, so halten Sie es an und beginnen von neuem.

Begnügen Sie sich anfangs mit halben Drehungen und steigern später nur so viel, wie das Pferd, ohne im Fluss der Bewegung zu stocken, ausführen kann.

Bald wird sich aufgrund auftretender Widerstände oder unterschiedlicher Schnelligkeit der Wendung die schlechtere, steifere Seite des Pferdes herausstellen, auf der Sie die Anforderungen noch behutsamer steigern sollten.

Brechen Sie die Übung möglichst ab, bevor das Pferd ins Stocken gerät. Nach einigen Versuchen haben Sie herausgefunden, wie lange das Pferd die Drehung durchhält und brechen ein paar Tritte vorher ab, indem Sie selbst einfach stehenbleiben.

So bleibt der Drang des Pferdes in die gewünschte Bewegungsrichtung erhalten. Andernfalls weiß es, dass es getrieben wird, bis es nicht mehr kann und aus dem Tritt kommt, und reagiert schließlich mit Widerwillen.

In der weiterführenden Arbeit müssen das Tempo und die Qualität der Lektionen steuerbar werden.

Im Unterschied zum grundsätzlichen Dominanztraining ist in jeder zielgerichteten Arbeit die Qualität der Bewegung sowie deren weitestmögliche Kontrolle gefordert. Saubere Gymnastizierung durch gezielte Beeinflussung einzelner Körperpartien des Pferdes sowie gute Tempo- und Gangartenkontrollen machen aus dem durch das Grundtraining prinzipiell gehorsam gewordenen Pferd erst ein gutes, angenehmes Reitpferd. Im Dominanztraining geht es dagegen nur ums Ausweichen – egal ob holperig oder elegant; nur die Richtung muss stimmen, und das Pferd soll schnell reagieren.

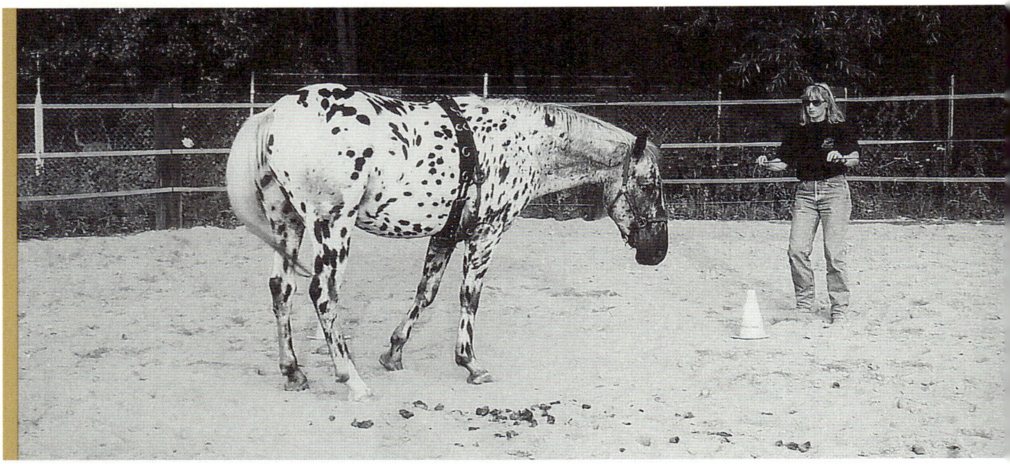

Arbeit mit dem freien Pferd: schnelle (oben) und langsame (unten) Hinterhandwendung

Richtungswechsel, Roll Back, Kurzkehrtwendung

Richtungswechsel funktionieren am einfachsten im Roundpen ohne Longe. Das Pferd reagiert dabei nur noch auf Ihre Position (Positionen siehe Zeichnungen auf S. 140 f.). Das kreisende Seilende oder eine kurze Peitsche verleihen Ihrer Körpersprache Nachdruck. Wenn Sie sicher sind, die Aufmerksamkeit Ihres Pferdes zu haben, können Sie mit ihm später auch auf beliebigen (geschlossenen) Plätzen frei arbeiten.

Richtungswechsel können Sie sowohl vom Zaun weg als auch zum Zaun hin trainieren.

Vom Zaun weg nach innen: Diese Art des Richtungswechsels sichert Ihnen die größtmögliche Aufmerksamkeit des Pferdes, denn es schaut Sie während jeder

Phase des Manövers an. Dreht das Pferd dagegen nach außen, zum Zaun hin (was für den Roll Back die bessere Variante ist), so schaut es Sie während der Wendung nicht mehr an. Seine Aufmerksamkeit ist kurzfristig von Ihnen weg.
Sie wollen also einen Richtungswechsel mit Wendung nach innen. Angenommen, das Pferd befindet sich auf der rechten Hand. Sie machen einen Schritt auf seine Hinterhand zu. Es hält an und schaut Sie

Falsche Position der Ausbilderin im Spin: Das Pferd biegt nur den Hals weg.

an. Gehen Sie nun einen Schritt zurück; es wird einen Schritt zu Ihnen hereinkommen. In diesem Moment treten Sie einen Schritt zur Seite (nach rechts), zielen von dort aus auf einen Punkt zwischen Schulter und Bauch und machen dann wieder einen Schritt nach vorne – damit treiben Sie das Pferd wieder heraus auf die Zirkellinie. Ihr ausgestreckter linker Arm kann dem Pferd zusätzlich die Richtung zeigen, in die es laufen soll.

Es befindet sich nun auf der linken Hand. Das kreisende Seilende kann nun für mehr Tempo sorgen, wenn es die Wendung schneller ausführen soll.
Es ist dies die Hilfengebung für den normalen Richtungswechsel, der auch mit Seil bzw. Longe funktioniert. Erfolgt der Richtungswechsel sehr schnell und wird Phase 2, das Hereinholen des Pferdes, immer mehr verschliffen, so dass sie schließlich kaum noch vorhanden ist, so haben wir die Kurzkehrtwendung aus der klassischen Reiterei. Für den Roll Back ist diese Art des Richtungswechsels jedoch nicht unbedingt zu empfehlen. Ihn trainieren Sie besser auf die folgende Art.
Zum Zaun hin nach außen: Das Pferd befindet sich z.B auf der linken Hand. Stoppen Sie es, indem Sie sich schnell auf einen Punkt vor seiner Nase zu bewegen und ihm damit in den Weg treten. Es wird anhalten, wenn es eine gute Grunderziehung genossen hat, weil es sich dann nicht traut, Sie zu überholen oder gar über den Haufen zu rennen. Gehen Sie nun weiter auf den Hals des Pferdes zu, wedeln dabei mit der Gerte oder schwingen das Seilende. Das Pferd dreht Kopf und Hals nach außen zum Zaun, zeigt dem Ausbilder also die linke Schulter. Auf diese geht er weiterhin zu. Das Pferd weicht aus – dreht also nach rechts gegen den Zaun weg. Es befindet sich nun auf der rechten Hand. Sie stehen schräg hinter der Hinterhand des Pferdes. Mit einem aufmunternden Wort oder einem Wedeln der Gerte fordern Sie das Pferd zu mehr Tempo auf. Es soll schnell aus der Wendung herauskommen – das ist ein Kriterium eines gut auf

der Hinterhand gesprungenen Roll Backs. Dieses »Tempomachen« direkt nach der Wendung führt bei einer Verschleifung der Einzelteile der Bewegung mit der Zeit zu einer flüssigen Wendung, aus der das Pferd schnell herausspringt. Sie können das Pferd auch stoppen, indem Sie ihm die Peitsche vor die Nase halten und ein verbales Kommando zusätzlich

Freies Longieren: Hier kommt der Richtungswechsel nach innen zum Tragen.

benutzen. Arbeiten Sie mit der Peitsche, so brauchen Sie sich kaum noch bewegen, um das Pferd zu stoppen und drehen zu lassen.

Das Pferd tritt natürlich bei dieser Wendung etwas mit der Hinterhand nach innen, also zurück, denn sonst könnte es sich nicht gegen den Zaun drehen. Für das Training des Roll Backs schadet dieser Schritt jedoch nichts, denn er »setzt« das Pferd nur zusätzlich auf die Hinterhand, bewirkt also zusätzliche »Schnellkraft« durch vermehrte Hankenbeugung. Mit der Zeit weiß das Pferd, um was es geht, und springt schon von allein herum, wenn es von vorne blockiert wird.

Die meisten Pferde sind sehr viel schwerer zu einer Wendung nach innen zu veranlassen als zu einem Roll Back nach außen. Trotzdem empfiehlt es sich, beides zu üben. Erstens, um das Pferd aufmerksam bei der Sache zu halten, und zweitens, um Übungsabläufe nicht zu standardisieren. Viele Pferde achten nämlich nicht mehr so genau auf die Signale des Ausbilders, wenn er immer das Gleiche auf immer die gleiche Art und Weise fordert.

Differenzierung – »Wortschatz« bilden

Bemühen Sie sich bei allen weiterführenden Lektionen immer um Deutlichkeit und fortschreitende Differenzierung der Körpersprache, damit das Pferd nichts falsch verstehen kann. Vermeiden Sie doppelt besetzte Gesten und Kommandos, die z. B. sowohl ein Stehenbleiben als aber auch ein Stehenbleiben plus Hereindrehen des Pferdes bedeuten können. Zwei Signale, die eine ähnliche Reaktion vom Pferd fordern, sind jedoch kein Problem – z. B. das Anhalten des Pferdes sowohl mit dem Blockieren von vorne als auch durch das Weichen der Hinterhand. So können Sie z. B. unterscheiden: Einfaches Anhalten, ohne dass sich das Pferd zu Ihnen umwendet, wird durch einen Schritt Richtung Hinterhand und ein Zeigen des Armes mit oder

Roll Back zum Zaun (der Richtungswechsel nach außen). Deutlich sieht man die verstärkte Winkelung des inneren Hinterbeines.

ohne kreisendes Seilende oder Peitsche gegen die Schulter des Pferdes verlangt. Anhalten mit Hereindrehen nur mit einem Schritt Richtung Hinterhand. Weiter hereinkommen darf das Pferd nur, wenn Sie es durch einen oder mehrere Schritte rückwärts dazu auffordern. Wie weit es hereinkommen darf, hängt davon ab, wie viele Schritte Sie selbst rückwärts gehen.
Bauen Sie sich einen eigenen »Wortschatz« für den Umgang mit Ihrem Pferd

Starkes Abdrücken aus der Hinterhand beim Herausspringen aus dem Roll Back

auf. Es kommt mit zunehmender Vertrautheit zwischen Ihnen und dem Pferd nicht mehr so sehr darauf an, welche Signale Sie geben, sondern nur noch darauf, dass es immer die gleichen sind – und dass das Pferd sie verstehen und von anderen unterscheiden kann.

Deswegen sollten Sie z. B. einen Roll Back immer nur zum Zaun hin, andere Richtungswechsel jedoch immer nur durch Hereinholen des Pferdes fordern. So gibt es keine Missverständnisse.

Fliegender Wechsel
Auch den fliegenden Galoppwechsel können Sie an der Hand trainieren.
Er ist prinzipiell ja nur ein Richtungswechsel, wie er im Trab und Schritt natürlich erst einmal geübt werden muss. Wieder ist die Arbeit ohne Longe im Roundpen einfacher, weil Sie sich auf Ihre Körpersignale konzentrieren können, und nicht zusätzlich die Longe handhaben müssen, was bei einem schnellen Richtungswechsel schwierig ist.
Der Vorteil des Trainings der Wechsel ohne Reiter liegt auf der Hand: Das Pferd hat weniger Balanceprobleme ohne Reiter. Der Ausbilder stört es nicht unabsichtlich in der Phase des Umspringens.
Natürlich klappt das nicht gleich beim ersten Versuch. Das Pferd wird vielleicht in den Trab fallen oder in den Kreuzgalopp springen. Das macht am Anfang nichts. Probieren Sie es einfach nochmals. Sollte das Pferd zu schnell werden beim Wechsel, ist auch das kein Problem, der nicht allzu große Roundpen korrigiert dies automatisch. Dadurch, dass Sie

das Pferd nicht durch Ausbinder in der Balance behindern, wird es keine dauernden Spannungen beim oder Ängste vor dem Wechsel entwickeln. (Beim Training unter dem Reiter kann man häufiger beobachten, dass das Pferd nach ein paar Wechseln oder Wechselversuchen den Wechsel antizipiert und aus Angst vor Gleichgewichtsproblemen schneller wird.)
Wenn das Pferd den Ablauf der Bewegung begriffen hat, wenn die Bewegungen von Ausbilder und Pferd schließlich richtig koordiniert sind, so wird der Wechsel ohne Reiter mit einem halbwegs talentierten Pferd funktionieren.

Feinabstimmung

Zentimeterarbeit im Trail

Durch das Training an verschiedenen Trailhindernissen erreichen Sie eine Feinabstimmung in Ihrer Zusammenarbeit mit dem Pferd. Nicht nur für künftige Trailreiter sind solche Übungen sinnvoll, sondern für jeden, der eine bessere Koordination für sich selbst und für sein Pferd anstrebt. Zudem helfen viele knifflige oder enge Hindernisse bei der Angstbewältigung des Pferdes (siehe auch Kapitel Probleme erkennen und beseitigen – Vertrauen bilden S. 113 ff.).
Durch immer wieder neue Varianten von Hindernissen erhalten Sie das Interesse des Pferdes an der Arbeit und sichern sich seine Aufmerksamkeit.
Mit der Arbeit an Hindernissen erspart sich der künftige Trailreiter einige Mühe, denn er muss viele am Boden vom Pferd begriffene Übungen nur noch »nachreiten«. Nach der Bodenarbeit hat sie das

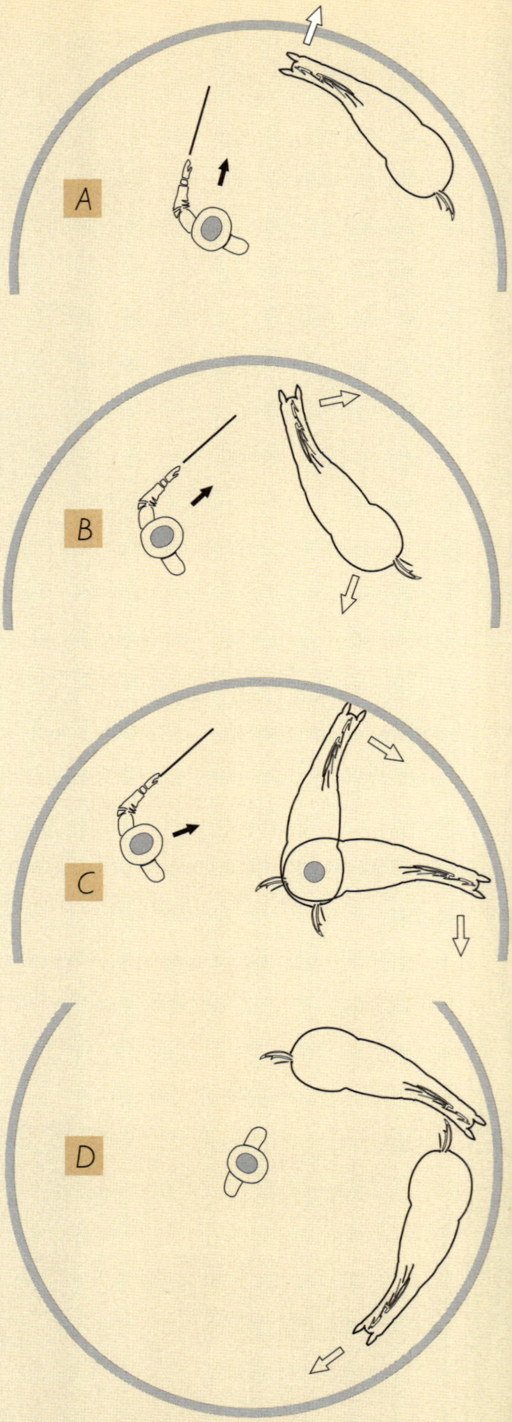

Der Richtungswechsel zum Zaun (Roll Back) mit den Positionswechseln des Ausbilders

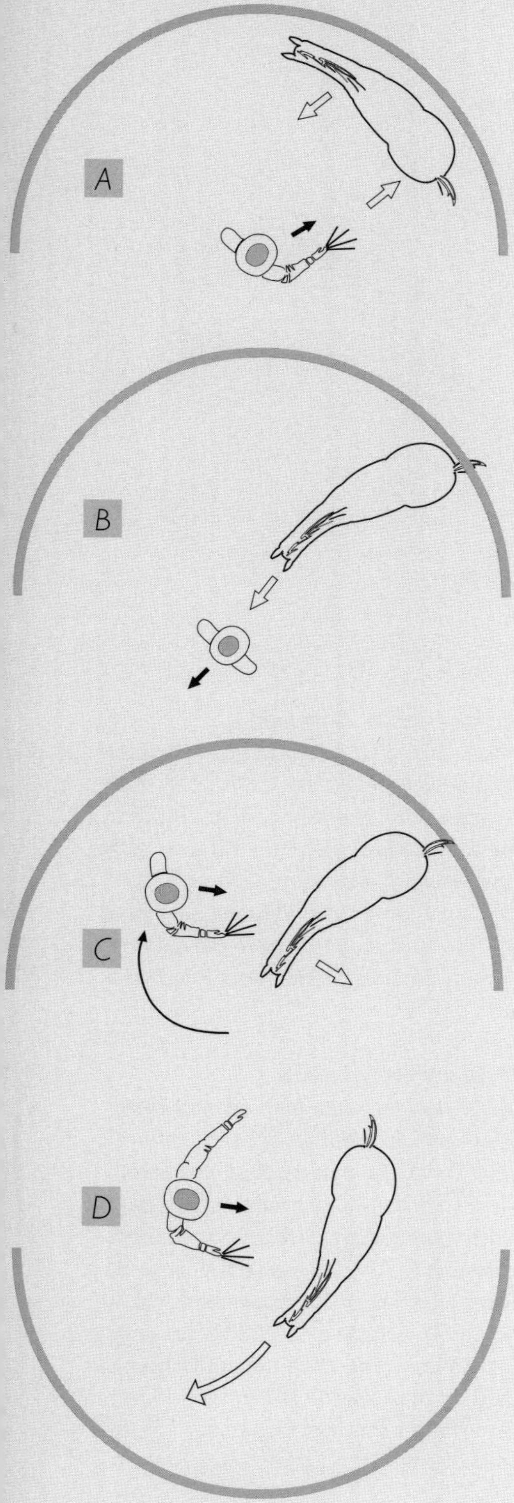

Der Richtungswechsel nach innen mit den Positionswechseln des Ausbilders

Pferd schon verstanden – weiß seine Hufe vorsichtig und gezielt zu positionieren und gerät nicht mehr so leicht aus der Fassung, wenn es doch einmal »Stangensalat« produziert oder irgendwo hängenbleibt.

Hilfsmittel, Hindernisse, Abstand

Manchmal kann es nötig sein, zusätzlich mit einer kurzen Peitsche oder langen Gerte zu arbeiten. Prinzipiell sollten aber die meisten Übungen weitgehend durch den Einsatz des eigenen Körpers (Position und Gestik) gesteuert werden können. Es gilt wie überall beim Reiten und beim Umgang mit Pferden das Gebot der Minimierung von Signalen und auch von Hilfsmitteln (Hilfszügel und »Reichweitenverlängerer« wie Gerte oder Seil etc.).

Die Trailübungen sind auch ein gutes Betätigungsfeld für eine Arbeit ohne Führstrick. Hat das Pferd die Übungen begriffen, so können Sie versuchen, es nur mit dem Einsatz der eigenen Körpersprache durch Hindernisse zu dirigieren – ohne Halfter und ohne Führstrick. Eine eindrucksvolle Vorstellung der freiwilligen Zusammenarbeit von Mensch und Pferd. Arbeiten Sie in den Trailhindernissen möglichst auf Distanz. Nur dann haben Sie selbst genug Bewegungsspielraum für überdeutliche (ausladende) Körpersignale, wenn sie anfangs nötig sein sollten. Und Sie sind sicherer vor möglicherweise heftigen Reaktionen des Pferdes.
Der beste Abstand zwischen Ihnen und dem Pferd für die folgenden Übungen beträgt etwa 1,5–2 m. Für manche Sig-

nale und manche Pferde sowie situationsbedingt muss er jedoch kurzfristig variiert werden.

Rückwärts durch eine gerade Stangengasse

Unser Pferd hat gelernt, sich von uns rückwärts wegschicken zu lassen, und es hat gelernt, aufmerksam unsere Bewegungen zu verfolgen. Durch unsere eigene Position geben wir ihm die Richtung an. Stehen wir geringfügig rechts von seiner Längsachse, wird es mit der Hinterhand leicht nach links ausweichen – stehen wir links davon, wird es nach rechts ausweichen, denn es ist bestrebt, uns immer frontal anzuschauen. Es will unsere Signale immer im Auge haben, wenn das Dominanztraining erfolgreich war.
Mit diesen Voraussetzungen ist es ein Leichtes, das Pferd rückwärts in die Stangengasse »einzufädeln« und es dort geradezuhalten.
Später können Sie das Pferd gewollt schräg rückwärts an die Öffnung heranführen und erst kurz vorher ausrichten.

Im Zickzack rückwärts durch Pylone

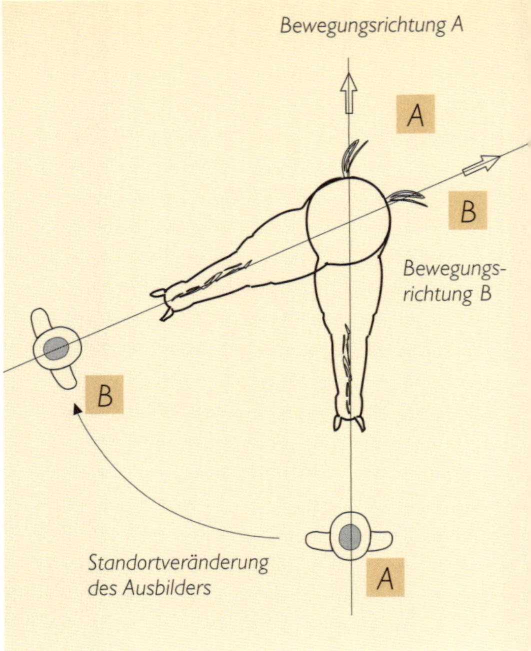

Positionsbestimmung

Rückwärts im Zickzack

Diese Übung ist schon etwas schwieriger, denn sie impliziert dauernden Richtungswechsel. Sie können jedoch dem Pferd am Anfang viel Platz für den Richtungswechsel lassen, wenn Sie die Abstände zwischen den Pylonen sehr groß machen. Später verkleinern Sie sie und fordern damit ein genaueres Manövrieren.

Positionsbestimmung

Die jeweils richtige Position von Pferd und Ausbilder können Sie am besten anhand der Zeichnung oben studieren. Das Pferd richtet sich mit seiner Längsachse frontal zum Ausbilder aus (siehe Fixierung S. 77 f.). Die nötige eigene Position bestimmen Sie dementsprechend, indem Sie sich an einen Punkt bewegen, der auf der gedachten neuen Richtungsgeraden und etwa 1,5–2 m vom Pferdekopf entfernt liegt. Das klingt fürchterlich kompliziert. Nach den ersten Versu-

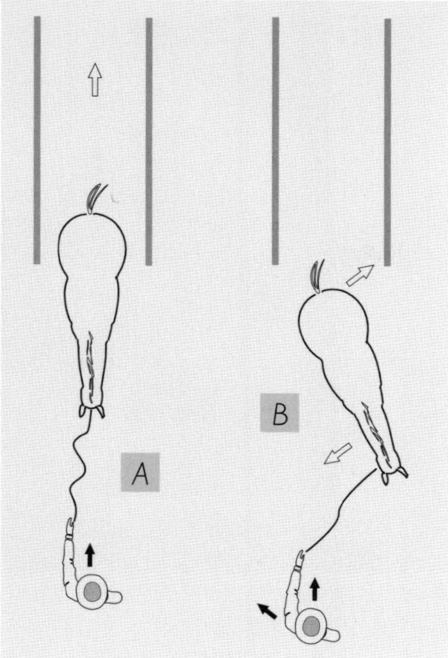

Rückwärts in eine Stangengasse einfädeln: A. gerade, B. schräg

chen werden Sie sich jedoch bewegen, ohne groß darüber nachzudenken. Ihre Bewegungsrichtung stimmt immer dann, wenn das Pferd in gewünschter Weise reagiert. So einfach ist das.
Reagiert es nicht, gibt es drei Hauptgründe:
1. Das grundsätzliche Dominanztraining ist nur halbherzig durchgeführt worden (das Pferd ist also unaufmerksam und glotzt in der Gegend herum).
2. Ihre Körpersprache ist nicht deutlich genug.
3. Ihre Position und Bewegungsrichtung in Beziehung zum Pferd stimmen nicht.

In der Ecke des Stangen-L

Rückwärts durch das Stangen-L

Diese Übung ist eigentlich nur eine Variante des Zickzackhindernisses.
Die Schwierigkeit liegt darin, dass ein sehr zielgenaues Manöver in der rechtwinkligen Richtungsänderung erforderlich ist. Das Pferd darf nicht zu schnell werden. Viele Pferde wollen möglichst schnell aus dem unübersichtlichen Ding wieder raus, denn sie sehen ja nicht, wohin sie laufen und stoßen ab und zu mit den Hufen an die Stangen. Vermeiden Sie ein Hindurchrennen des Pferdes, indem Sie sich entsprechend langsam bewegen und immer wieder stehen bleiben. Ihre Positionsänderung wird dadurch zu einer langsamen Zentimeterarbeit. Sie wird jedoch mit zunehmender Übung weitgehend intuitiv erfolgen, wenn Sie die Reaktionen des Pferdes dabei nicht aus den Augen lassen.

Viele Menschen machen anfangs (wie die Pferde) den Fehler, sich viel zu schnell zu bewegen – mit dem unbewussten Gedanken, möglichst rasch das komplizierte Hindernis hinter sich zu haben. Auslöser ist oft ein Wunsch nach Perfektion, auch wenn es sich nur um Übungen handelt. Befreien Sie sich von dem Wunsch nach sofortigem, perfektem Gelingen einer Übung. Es braucht nur ein wenig Selbstbewusstsein, um eventuelle Zuschauer bei missglückten Übungen ignorieren zu können. Dem Pferd sind Fehler in diesem Bereich egal, solange Sie es nicht für einen Fehler bestrafen, den Sie selbst gemacht haben – durch eine falsche Position oder missverständliche Körpersprache. Und nur um das Pferd geht es. Nur das Pferd muss verstehen, was Sie

Position im Stangen-L vor der Wendung

wollen – nicht der, der am Rande der Reitbahn steht und vielleicht lacht.

Wenn das Pferd nicht aufgrund falscher Körpersprache schlecht reagiert, sondern unaufmerksam in der Landschaft herumguckt, setzen Sie ein verbales Kommando, das kreisende Seilende oder die wedelnde Gerte ein, um es wieder aufmerksam zu machen. Haben Sie erst einmal grundlegende Erfahrungen mit diesen Lektionen, so werden Sie erstaunt sein, wie einfach das eigentlich funktioniert.

Seitwärts über eine Stange

Dazu müssen Sie meist etwas näher an das Pferd herangehen. Stellen Sie sich neben das Pferd – hinter die Schulter. Den genauen Punkt, der dazu führt, dass das Pferd im 90°-Winkel ausweicht – weder stärker mit der Hinterhand noch stärker mit der Vorhand –, müssen Sie durch Ausprobieren herausfinden. Haben Sie Ihre Position gefunden, so setzen Sie sich in Richtung des Pferdes in Bewegung. Ihre Bewegung darf jedoch

nicht so schnell und forsch sein wie beim Dominanztraining, denn das Pferd soll langsam und kontrolliert ausweichen. Auch das kreisende Seilende muss vorsichtig eingesetzt werden. Manchmal kann es nötig sein, dass Sie dem Pferd noch einen kleinen Anstoß geben, der ihm signalisiert, dass es nun seitlich ausweichen soll – in Form eines Schüttelns des Führstrickes unter dem Kinn oder/ und eines verbalen Kommandos, wie Auf oder Komm etc.
Läuft Ihnen das Pferd nach vorne weg, können Sie auch anfangs eine Variante des Seitwärtstretens trainieren, bei der Sie schräg vor dem Pferd stehen und sich selbst seitwärts bewegen. Das Pferd folgt Ihnen mit der Vorhand seitwärts. Die Hinterbeine touchieren Sie mit einer langen Gerte und »nehmen sie auf diese Weise mit«.

Seitwärts über Stangen mit Winkeln

Diese Übung stellt eine Kombination aus der Seitwärtsbewegung plus Vorhandwendung bzw. Hinterhandwendung dar. Das Seitwärtstreten über die einzelne Stange sollte jedoch auf jeden Fall schon

Seitwärts über eine Stange: seitliche Position des Ausbilders

Seitwärts über eine Stange: Pferd vorne begrenzen

sicher funktionieren, bevor Sie diese zusammengesetzten Übungen in Angriff nehmen. Zum Einleiten der Vorhandwendung bewegen Sie sich Richtung Hinterhand des Pferdes und zielen auf den inneren Hinterhuf, jedoch langsamer und kontrollierter als beim Ausweichtraining. Zum Einleiten der Hinterhandwendung bewegen Sie sich Richtung Schulter. Dabei müssen Sie darauf achten, dass sich das Pferd nicht zu Ihnen hin biegt. Es sollte in der Längsachse weitgehend gerade bleiben. Biegt es den Hals zu sehr, so können Sie den Führstrick ein wenig schütteln und die Hand mit diesem in Richtung der Wendung führen. Auch ein leichtes Antippen mit dem Gertenknauf (nicht mit der Spitze) am oberen Hals oder an den Backen des Pferdes kann helfen.

Sichere Kontrolle – Stangensalat

Hat sich das Pferd eine Weile mit recht übersichtlichen Hindernissen auseinandergesetzt und absolviert sie ruhig und aufmerksam, so können Sie es etwas

stärker fordern. Bauen Sie sich z. B. ein Gewirr aus Stangen, Luftballons, alten Autoreifen, Strohballen etc. (Sie können alles verwenden, was halbwegs ungefährlich ist, sollte das Pferd doch einmal wild in dem Gewirr herumspringen.) Führen Sie das Pferd hindurch, anfangs mit der einfachsten Methode = Ausbilder vor dem Pferd. In der Mitte lassen Sie es anhalten – es soll ruhig, mit tiefer Nase und ohne Aufregung stehen. Viele Pferde fühlen sich durch das verwirrende Puzzle am Boden in ihrer freien Bewegung gehindert und reagieren mit Angst und Hektik – sie wollen das Hindernis möglichst schnell wieder verlassen. Haben sie nicht genug Respekt vor Ihnen, werden sie auch versuchen, an Ihnen vorbeizudrängeln. Lassen Sie das nicht zu.
Rechnen Sie mit Schwierigkeiten in unübersichtlichen Hindernissen, so können Sie diese in der Mitte »entschärfen«, d. h. offener machen.
Haben Sie das Pferd ein paarmal hindurchgeführt, so beginnen Sie mit der Kontrolle der Bewegung. Lassen Sie das Pferd z. B. mit dem Vorderhuf abfußen, indem Sie es auffordern, Ihnen zu folgen, und blockieren Sie sofort wieder die Bewegung, indem Sie abrupt stehenbleiben. Das Pferd muss sich nun ein freies Fleckchen suchen, wo es den Fuß hinsetzen kann. Je enger der Stangensalat liegt, desto mehr muss es überlegen und hinschauen. Steht es wieder auf allen vier Beinen, so setzen Sie die Übung fort – einen Schritt vorwärts und sofort wieder stehenbleiben. Manchmal ist es sinnvoll, wenn Sie sich dabei rückwärts bewegen, um die Reaktionen Ihres Pferdes immer im Auge zu haben. Später

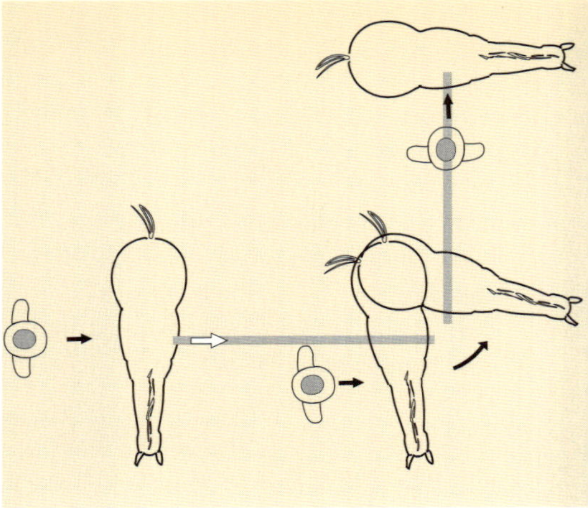

Seitwärts über einen Winkel

schicken Sie das Pferd im Bogen durch das Hindernis und bleiben selbst außerhalb stehen. Auch dann noch können Sie es mit verbalen Kommandos und durch eine Wellenbewegung des Strickes mitten in der Bewegung anhalten.
Sinn der Übung ist, bald jede Bewegung des Pferdes kontrollieren zu können, auch wenn ihm eine Situation nicht geheuer ist – eine ungemein vertrauensbildende Maßnahme. Für ein künftiges Trailpferd ist dies eine hervorragende Lektion, bei der es lernt, Ihre Hilfen abzuwarten und nicht einfach das beängstigende Hindernis so schnell wie möglich hinter sich zu bringen.
Plastikplanen, Decken, bunte Bälle, alles, was dem Pferd Angst einjagen könnte, kann man für die Gestaltung solcher Übungen verwenden. Ab und zu wird dabei vielleicht die Idee zu einer schönen Schauvorführung geboren.

Ground Tying

Der Ausdruck meint soviel wie »Anbinden am Boden«. Das Pferd soll lernen, auf ein Signal von Ihnen unangebunden stehenzubleiben. Idealerweise steht es so lange, bis Sie ihm ein gegenteiliges Kommando geben, und Sie können sich ent-

Die Wippe: ein simuliertes Geländehindernis

fernen. Ihr Signal kann z. B. so aussehen, dass Sie den Führstrick auf den Boden legen (in einer Trailprüfung hängt z. B. ein Zügel auf den Boden).
Wollen Sie sich vom Pferd entfernen, so müssen Sie ihm am Anfang mit einem zusätzlichen verbalen Kommado zu verstehen geben, dass es Ihnen nicht, wie im Dominanztraining, folgen soll.
Ground Tying ist eine Lektion in Trailprüfungen, bei der die Ruhe und der Gehorsam des Trailpferdes getestet werden sollen. Es eignet sich auch hervorragend, wenn das Pferd kurz irgendwo abgestellt werden soll. Für längere Pausen ist es nicht so gut geeignet – ich würde aus Sicherheitsgründen dafür doch lieber das Anbinden empfehlen.
Prinzipiell kann es aber dauernd angewendet werden, z. B. beim Putzen. Das Anbinden bei alltäglichen Verrichtungen wird somit überflüssig. Das Pferd hat wieder jene vermeintliche Freiheit der Entscheidung, ob es stehenbleiben soll oder nicht.
Wie wichtig und nützlich diese vermeintliche Freiheit sein kann, soll folgendes Beispiel verdeutlichen:
Wir hatten Schwierigkeiten mit einer Stute, die jedesmal beim Beschlagen der Hinterhufe panisch reagierte und um sich trat. Beschlugen wir in der Box, wie das bei Rennpferden häufiger gemacht wird, wurde es geringfügig besser, war jedoch immer noch umständlich und zeitraubend.
Schließlich kam ich auf die Idee, die Stute beim Beschlagen frei auf dem eingezäunten Putzplatz stehen zu lassen. Anfangs lief sie uns mehrmals ein paar Meter weg, wenn wir einen Hinterhuf hochheben wollten. Bald hatte sie jedoch begriffen, dass sie frei war zu tun, was sie wollte, und blieb deswegen stehen – auch beim Beschlagen hinten. Die Methode brachte zwar kein sofortiges Aufhören der Zappelei beim Beschlagen der Hinterhufe, jedoch verschwanden die hysterischen Anfälle, bei denen das Pferd kaum kontrollierbar war. Und nach vier Monaten war auch das Zappeln weitgehend verschwunden.

8

Geländehindernisse

Schließlich können Sie mit Ihrem Pferd auch an echten oder simulierten Geländeschwierigkeiten (Nachbauten auf dem Reitplatz) trainieren. Besonders im Winter ist die Bodenarbeit draußen angenehm, verhindert sie doch, dass man völlig auf seinem Pferd »einfriert« und ist gleichzeitig sinnvolle Arbeit.
Für den künftigen Wanderreiter ist dieses Training besonders zu empfehlen.

Mehr oder weniger steile Abhänge, Wasser, Brücken, Naturhindernisse, Auf- und Absprünge, wie das Billard, Wälle und ihre Abarten oder »Löcher«, in die das Pferd hineinspringen soll, gehören dazu.

Plastikplanen simulieren Wasser.

Dabei ist es wichtig, dass Sie das Pferd gezielt – auch im Bogen – von sich wegschicken und jederzeit anhalten können. In Fällen dieses Hindernistrainings ist es »gesünder«, sich nicht vor dem Pferd zu befinden; die Gefahr, dass es doch einmal irgendwo wegdreht, ausrutscht oder sonstwie unkontrolliert abspringt, ist recht groß. Bleiben Sie also aus der »Gefahrenzone« heraus, wenn es irgendwie möglich ist.

Abhänge und Stufen

Beginnen Sie mit kleinen, wenig steilen Hügeln, auf die Sie das Pferd im Bogen hinaufschicken und wieder herunterkommen lassen. Das funktioniert am langen Strick oder an der Longe.
Mehr als 3–4 m sollten Sie jedoch anfangs nicht zwischen sich und dem Pferd haben, damit es noch in Reichweite bleibt.
Die Verfahrensweise ist die gleiche wie beim Longieren. Der Ausbilder steht weitgehend fest auf einem Punkt und lässt das Pferd mit Hilfe seiner Gestik, seiner Körpersprache, klettern.
Das Pferd soll z. B. im Rechtsbogen über die Ausläufer des Hügels laufen. Lassen Sie das Pferd rückwärts von sich weggehen und stellen dann die Vorhand nach rechts, indem Sie mit dem ausgestreckten rechten Arm in die gewünschte Richtung zeigen. Dazu üben Sie einen Zug auf den Pferdekopf aus. Hat das Pferd Kopf und Hals in die gewünschte Richtung gestellt, so zielen Sie mit dem Seilende (oder einer Gerte) auf die Schulter des Pferdes und lassen damit die Vorhand nach außen weichen. Das Pferd steht nun in der gewünschten Bewegungsrichtung. Durch Zielen des Seilendes oder der Gerte hinter die Hinterhand und evtl. ein verbales Kommando setzen Sie es nun in Bewegung. Will es sich drücken und zu Ihnen zurück, so sollte es ein Schritt Ihrerseits in Richtung seiner Mittelhand oder ein Peitschenschnicker (auf den Punkt, auf den man für die reine Seitwärtsbewegung zielen sollte) wieder hinaustreiben. Sie können das Pferd jedoch auch schräg vorwärts von sich wegschicken, als ob Sie es aus der Zirkelmitte wieder auf die Zirkellinie zurückschicken wollten.
Sie longieren also praktisch das Pferd über den Hügel. Haben Sie nach allen Seiten genug Platz, so ist dies die einfachste Methode.
Soll das Pferd einen steileren Abhang hinuntergehen, so können Sie es auch von oben hinunterschicken. Sie bedienen sich dabei der Methode, das Pferd von hinten zu führen. Verwenden Sie eine Longe, um noch genug Seilreserve zu haben, wenn das Pferd zu schnell hinunterläuft.

Später können Sie an Billards, Senken oder mehrstufigen Auf- und Absprüngen üben. Funktioniert das Grundprinzip, so funktionieren auch alle Abwandlungen. Im Zuge einer vernünftigen Staffelung nach Schwierigkeitsgrad, sollten Sie jedoch nicht gerade mit Dingen beginnen, vor denen das Pferd bekanntermaßen viel Angst hat. Allerdings stellen sich manche von diesen angstbesetzten Hindernissen auch erst während der Arbeit heraus – da müssen Sie dann durch (ohne die Geduld zu verlieren und ohne das Pferd zu hetzen).

Rückwärts hinauf und hinunter

Können Sie das Pferd vorwärts über viele verschiedene Hindernisse schicken, so beginnen Sie damit, es auch rückwärts hinauf und hinunter zu bugsieren. Dazu eignen sich jedoch nur weniger steile Abhänge und niedrige Stufen ohne scharfe Kanten, allenfalls noch eine einzelne Stange.

Vertrauensbeweise

Besonders Stufen stellen eine enorme Forderung für das Pferd dar. Bedenken Sie, dass das Pferd direkt hinter sich nichts sieht. Es muss sich also darauf verlassen, dass Sie es nicht in den Abgrund schicken. Dazu gehört ein enormes Vertrauen. Wie sehr das Pferd Ihnen vertrauen muss, können Sie einmal am eigenen Leibe ausprobieren, wenn Sie sich von einem Helfer rückwärts dirigieren lassen. Beim Tanzen kommt eine solche Situation häufig vor – die geführte Frau weiß oft nicht, wohin sie tritt und muss sich darauf verlassen, dass hinter ihr auch Platz ist. Noch interessanter wird das Experiment, wenn Sie sich statt auf dem glatten Parkett in unebenem Gelände bewegen und wenn der Helfer versucht, mit immer weniger Führungshilfen auszukommen.

Führung und Konzentration

Der Geführte muss sich dabei immer stärker auf die Körpersignale des Führenden konzentrieren. Die Konzentration kann sowohl über das Gefühl erfolgen (bei engem Körperkontakt) oder auch über das Sehen (bei fehlendem Körperkontakt). Mit Verringerung der Signale bei der Bodenarbeit und mit der Minimierung der Hilfen unter dem Reiter haben wir den gleichen Effekt: Das Pferd konzentriert sich immer stärker auf uns: auf unsere optischen Körpersignale bei der Bodenarbeit auf Distanz und auf die über das Gefühl wahrnehmbaren Signale (= Druck erhöhen oder vermindern) mit direktem Körperkontakt bei den Hilfen vom Sattel aus.

Doch zurück zum Geländetraining. Wenn Sie das Pferd einen flachen Hügel ohne irgendwelche Stufen oder besondere Unebenheiten rückwärts hinaufschicken wollen, wird das wenig Probleme bereiten, denn es verliert nie den Grund unter den Hinterhufen.
Das Hinunterschicken kann mehr Probleme verursachen. Beginnen Sie mit einem nicht allzu steilen Hügel, auf dessen Kuppe Sie und Ihr Pferd voreinander stehen können. Schicken Sie nun das Pferd mit dem Wellenschlag rückwärts von sich weg oder bewegen sich aufs Pferd zu. Es wird zögern, wenn es mit dem Hinterhuf ins Leere tritt, und versu-

chen, sich wieder nach vorne zu bewegen. Unterbinden Sie nur die Vorwärtsbewegung und forcieren die Rückwärtsbewegung nicht. Das Pferd braucht Zeit, um seine Unsicherheit zu überwinden, und wird schließlich langsam mit dem Hinterhuf tasten, wo es wieder Grund findet, und ihn probeweise dort abstellen – meist, noch ohne viel Gewicht darauf zu verlagern. Lassen Sie es einen Moment stehen und das Geschehene verarbeiten. Sieht es ruhig und zufrieden aus, fordern Sie weitere Schritte, bis das Pferd unten ist.
Später können Sie die Prozedur an steileren Hügeln wiederholen.

Stufen rückwärts

Richtig schwierig wird es, wenn sich auf einem Abhang kleine Stufen befinden. Wollen Sie das Pferd eine Stufe rückwärts hinauf schicken, so beginnen Sie mit einer ganz niedrigen (14–18 cm). Auf keinen Fall darf sie scharfkantig sein, denn das Pferd kann sich mit dem Fesselgelenk daran stoßen. Es weiß ja nicht, wie hoch die Stufe ist, muss also probieren, wie hoch es das Hinterbein anheben muss, um den von Ihnen geforderten Tritt nach hinten machen zu können. Anfangs verwirren Sie Ihr Pferd mit dieser Übung. Es stößt mit dem Huf dauernd gegen ein Hindernis – muss also denken, es geht nach hinten nicht weiter. Es wird Ihre Forderung in Frage stellen. Nun dürfen Sie auf keinen Fall die Übung abbrechen, denn das bedeutet, dass Sie einen Teil Ihrer »Glaubwürdigkeit« dem Pferd gegenüber verlieren. Das wiederum führt zu einem Vertrauensverlust. Das Pferd hat Ihre Forderung für undurchführbar gehalten und nach seiner »Meinung« gehandelt. Es wird dies daraufhin später noch öfter tun.

Die Aufmerksamkeit des Pferdes auf das Hindernis fixieren ...

Setzen Sie Ihre Versuche, das Pferd zu einem Schritt die Stufe hoch zu bewegen, geduldig fort, wird es irgendwann den Huf hoch genug heben, um oben Platz zu finden. Es hat nun gemerkt, dass Ihre Forderung nicht undurchführbar ist. Denken Sie nun nicht, der Rest müsse ganz schnell gehen. Geben Sie dem Pferd weiterhin die Möglichkeit, sich langsam heranzutasten. Bedrängen Sie es nicht, indem Sie ihm zu nahe rücken.
Eine gute Grundübung auf dem Reitplatz ist es, das Pferd rückwärts über eine quer auf dem Boden liegende Hindernisstange zu schicken. Auch hier spürt es ein Hindernis für die geforderte Bewegung. Es befindet sich im Konflikt zwischen dem, was das Leittier, der Ausbilder, von ihm will, und dem, was es selbst für möglich hält. Da es sich den Forderungen des Leittieres nicht widersetzen kann (zumindest, wenn die Dominanz vollständig geklärt ist), muss es sich etwas einfallen lassen, wie es den Konflikt

... und notfalls auch quer über die Brücke führen.

lösen kann. Der Ausweg ist das höhere Anheben des Hinterbeines. Das Aha-Erlebnis des Pferdes ist – vermenschlicht ausgedrückt – etwa folgendes: »Auch wenn ich die Forderung für undurchführbar halte, so gibt es einen Weg, sie auszuführen.«
So erreichen Sie unbedingtes Vertrauen.

Noch schlimmer ist der Schritt rückwärts eine Stufe hinunter. Das Pferd tritt ins Leere und weiß nicht, wie tief. Es ist nur selten eine Erleichterung, wenn Sie das Pferd die gleiche Stufe, die es später rückwärts hinuntergehen soll, erst einmal hinaufführen.
Als Beispiel mag meine Vollblutstute dienen, die rückwärts in ihre eigene Box gehen sollte. Diese lag etwa 10 cm tiefer als der davorliegende Putzplatz. Die kleine Stufe überwand sie jeden Tag vorwärts. Ich dachte mir also nicht viel dabei, den Boxeneingang als vertraute Umgebung für die erste Übung zum Stufentraining zu wählen.
Die Prozedur kostete mich eine Dreiviertelstunde Zeit und durch den nachfolgend beschriebenen Fehler, den ich dabei machte, einige Nerven. Sie brachte jedoch den praktischen Beweis dafür, dass das Pferd bei der Arbeit auf Distanz auch bei kniffligen Übungen ruhig bleibt, während es sich durch zuviel Nähe bedrängt fühlen und Angst bekommen kann.
Die Stute ließ sich brav rückwärts an den Boxeneingang dirigieren. Ich hatte etwa einen Meter Abstand zu ihr. Als ihr Hinterbein ins Leere trat, stockte sie und kam einen kleinen Schritt in meine Richtung zurück. Durch eine Wellenbewegung des Strickes hielt ich sie an und dirigierte sie wieder rückwärts an die Stufe heran. Dort ließ ich sie eine Weile stehen und »nachdenken«. Von Zeit zu Zeit versuchte ich, einen weiteren Schritt nach hinten zu erreichen, indem ich den Strick wieder in Wellenbewegung versetzte. Schließlich tastete sie mit dem Hinterbein herum und setzte es kurz in der tieferliegenden Box auf. »Jetzt hast du gewonnen«, dachte ich mir, »es kann sich nur noch um Minuten handeln.« (Es waren etwa 10–15 Minuten vergangen seit Beginn der Übung.) Und mit diesem Gedanken wurde ich ungeduldig. Ich setzte voraus, dass das Pferd ja nun kapiert hatte, dass meine Forderung nicht undurchführbar war. Die Stute zögerte jedoch weiterhin. Ich gab daraufhin meine Distanz zu ihr auf und versuchte, sie aus Ungeduld durch schnelles aufeinanderfolgendes Anpieken mit zwei Fingern in die Brust in die Box zu bugsieren. Mit dem Erfolg, dass sie mich fast umrannte, als sie nach vorne wegschoss. Ich hatte sie einfach zu sehr bedrängt, und sie reagierte darauf mit Angst. Sie sah keinen

Trab über Cavalletti im Roundpen

Ausweg außer dem nach vorne, an mir vorbei.
Die nächste halbe Stunde verbrachte ich hauptsächlich damit, das Pferd wieder zu beruhigen und (diesmal wieder mit angemessenem Abstand) ruhig mit den Hinterbeinen am Boxeneingang stehenzulassen. Als sie sich wieder beruhigt und das Hinterbein ein paarmal probeweise ausgestreckt hatte, ging sie dann auch ohne große weitere Probleme rückwärts die Stufe hinunter.
Soviel zum Thema Ungeduld und der Meinung, das müsse doch ein Pferd »nun endlich« verstanden haben.

Das Training an Abhängen und anderen natürlichen Gegebenheiten kann sich sehr hilfreich erweisen, wenn Sie Ihr Pferd an der Hand an Bäche oder Wassergräben gewöhnen wollen.
Sie können das Pferd hineinschicken, ohne selbst nasse Füße zu bekommen. Bevor Sie es jedoch ins Wasser schicken, müssen Sie Tiefe und Bodenbeschaffenheit des Gewässers kennen. Es dient nicht dem Vertrauen des Pferdes, wenn es zwei Schritte ins Wasser macht und sofort den Boden unter den Füßen verliert.

Cavallettiarbeit und Springgymnastik

In gleicher Weise wie die Gelände- und Trailarbeit kann auch das grundlegende Springtraining des Pferdes erfolgen. Besonders die Cavallettiarbeit und einzelne kleine Sprünge an der Hand oder im Roundpen sollen hier beschrieben werden.
Lernziele sind die Kontrollierbarkeit des Pferdes vor und nach kleinen Sprüngen sowie eine weitergehende Entwicklung der Balance und die Kräftigung der Hinterhand.

Der Roundpen ist für Arbeit an Cavalletti und Sprüngen sehr geeignet. Sie können das Pferd völlig frei arbeiten lassen, ohne es bei einer unkontrollierten Bewegung, einem Zögern oder einem erschreckten Hopser mit einem unbeabsichtigten Ruck auf der Nase zu stören. Es handelt weitgehend eigenverantwortlich. Sie sollten jedoch grundsätzlich die

Galopp über Cavalletti

freie Arbeit im Roundpen schon geübt haben, bevor Sie sich mit den Hindernissen befassen. Sie müssen das Pferd auch ohne Longe anhalten, hereinholen und herausschicken können. Richtung, Gangarten und Tempo müssen kontrollierbar sein. Dass für das Cavalletti- und Springtraining keine Ausbinder oder andere Hilfszügel verwendet werden, versteht sich von selbst, denn sie behindern das freie Dehnen des Halses. Haben Sie keinen Roundpen zur Verfügung, so können Sie sich mit einem Zirkel aus Strohballen oder E-Zaun oder abgespannten Ecken in einem quadratischen Platz behelfen. Oder Sie arbeiten mit der Longe.

Das Führen oder Longieren im Schritt über eine oder mehrere Stangen sollte den Übungen im Trab und Galopp vorausgehen. Durch Verändern des Abstandes der Stangen zueinander können Sie die Schrittlänge korrigieren. Ein eiliges Pferd wird mit kürzeren Abständen verlangsamt, ein faules mit längeren etwas flotter gemacht. Bei Pferden, die überhaupt nicht aufpassen wollen, legen Sie (nur im Schritt) die Abstände ungleich oder Teile der Stangen höher als andere.

Bei der Stangenarbeit im Trab können Sie für unaufmerksame Pferde auch die Höhe der Cavalletti variieren und manche höher als andere legen. Das erhält die Aufmerksamkeit des Pferdes. Die Abstände zueinander sollten jedoch nicht ungleich sein, denn Taktfehler im Trab und Verspannungen aufgrund von gestörtem Bewegungsfluss sind die Folge.
Ist das Pferd in Schritt und Trab hinsichtlich Tempo und Takt gut kontrollierbar, beginnen Sie mit der Galopparbeit. Die Abstände zwischen den Cavalletti sollen dem mittleren Galoppsprung des betreffenden Pferdes entsprechen.
Beginnen Sie mit einer flachliegenden Stange, über die das Pferd ruhig und ohne den Takt zu verändern galoppieren sollte. Erhöhen Sie langsam die Stangenzahl bis auf vier. Das Pferd muss dabei immer ruhig und im Takt bleiben. Schließlich können Sie z. B. das letzte Cavalletti höher legen, sodass es kraftvoller abspringen muß.

Um die Aufmerksamkeit zu erhöhen, kann auch einmal die zweite oder die erste Stange höher als die anderen sein – aber erst, wenn das Pferd genug ausbalanciert ist, um solche »Unebenheiten« auszugleichen.

Höhere Sprünge sollten im Roundpen nicht trainiert werden, denn das Pferd befindet sich immer auf einer Kreislinie, ist also vor, über und nach den Stangen bzw. Sprüngen immer leicht gebogen.

Ist das Pferd gut ausbalanciert, halten Sie es nach einer Cavallettireihe im Trab oder Galopp an (entweder durch einen Schritt Richtung Hinterhand oder ein Blockieren der Vorwärtsbewegung durch ein Bremsen) und fordern z. B. einen Richtungswechsel. Stimmliche Kommandos sind als Ergänzung immer zu empfehlen. Was für eine Gestik für das jeweilige Pferd in der jeweiligen Trainingssituation am sinnvollsten ist, merkt man recht schnell.
Die Winkelung (Hankenbeugung) der Hinterhand beim Absprung ist selbst bei kleinen »Hüpfern« ganz beachtlich. Das baldige Anhalten nach der Dehnung des Rückens über den Sprüngen gymnastiziert zudem ungemein.

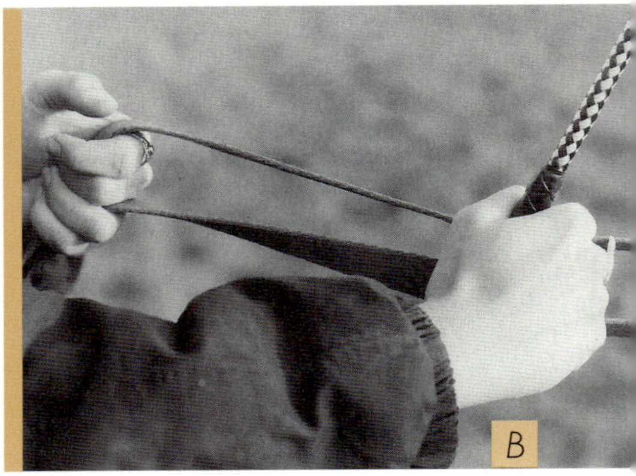

A. Gebrauchshaltung nach Achenbach: Die rechte Hand ist frei für die Peitsche.
B. Zügel- bzw. Leinenlänge verändern, indem die rechte Hand vor die linke greift und die linke so die Zügel durchgleiten lassen kann.
C. Haltung aus Bild B von der anderen Seite
D. Dressurhaltung: Die rechte Hand zieht die rechte Leine bzw. den Zügel etwas aus der linken Hand heraus.

Wenn Sie Lust haben, stellen Sie sich verschiedene Parcours zusammen, die Trailhindernisse, kleine Sprünge und Gehorsamsübungen enthalten, und absolvieren diese an der Hand.
Auch eine reine »Dressuraufgabe« an der Hand ist möglich, bei der natürlich Ihre eigene Beweglichkeit und Kondition auch eine Rolle spielen.
Vorführungen am langen Zügel sowie die Prüfung »Showmanship at Halter« der Westernreiter tragen den Möglichkeiten der Bodenarbeit Rechnung.

Arbeit an der Doppellonge auf dem Zirkel. Die Peitsche wird aus dem Handgelenk benutzt.

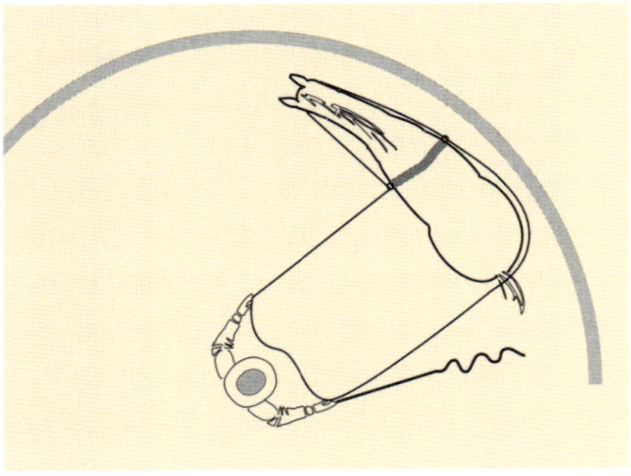

Simulation der Arbeit unter dem Sattel – Führen von hinten

Doppellonge und langer Zügel

Arbeit an der Doppellonge, Arbeit am langen Zügel und das Fahren vom Boden unterscheiden sich nur durch die Position des Menschen in Beziehung zum

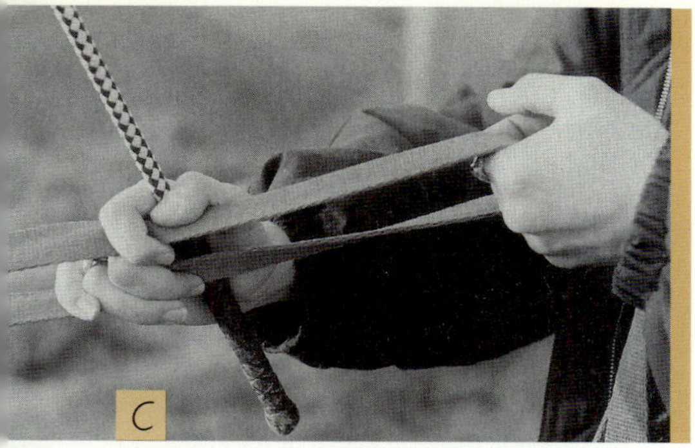

Pferd. Bei der Doppellongenarbeit bleiben Sie in der Mitte des Zirkels stehen, beim Fahren vom Boden und bei der Arbeit am langen Zügel laufen Sie hinter oder neben dem Pferd mit.

Bei der Arbeit am langen Zügel simulieren Sie die Arbeit des Reiters. Sie wirken ohne Gewicht ein, geben jedoch die Zügelhilfen, als wenn Sie im Sattel säßen. Doppellonge und langer Zügel werden deswegen nach den klassischen Richtlinien oft in die Trense eingeschnallt. Es ist jedoch auch möglich, statt mit der Trense mit einem Sidepull oder auch mit einem leichten Kappzaum zu arbeiten. Besonders, wenn man sich seiner ruhigen Hand nicht völlig sicher ist, schont man bei der gebisslosen Arbeit das Maul des Pferdes.

Arbeit am langen Zügel ist die klassische Version des »Führens von hinten« mit dem zusätzlichen Nutzen der feinen Dosierbarkeit der Zügelhilfen. Durch die langen Wege zwischen der Hand des Ausbilders und dem Kopf bzw. Maul des Pferdes ist jedoch die Arbeit nicht unproblematisch und erfordert viel Gespür für die Intensität eines Zügelsignals. Die Handhabung der manchmal zusätzlich verwendeten Gerte oder Peitsche ist

Richtungswechsel an der Doppellonge nach außen

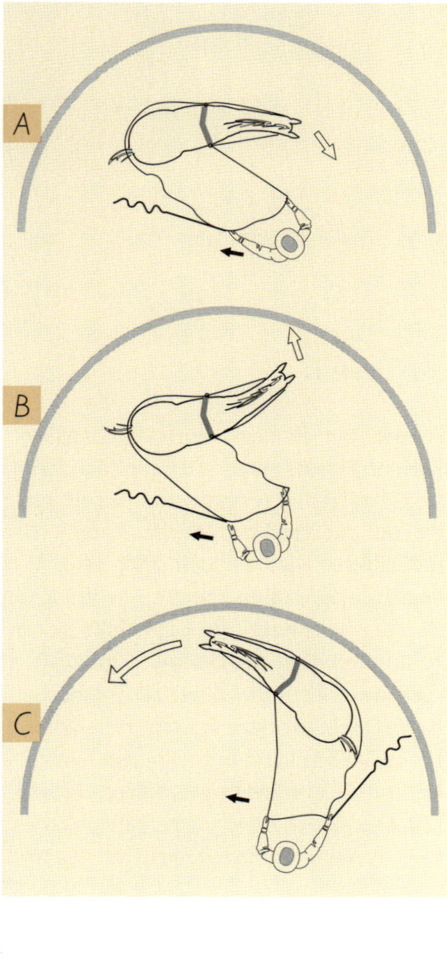

8

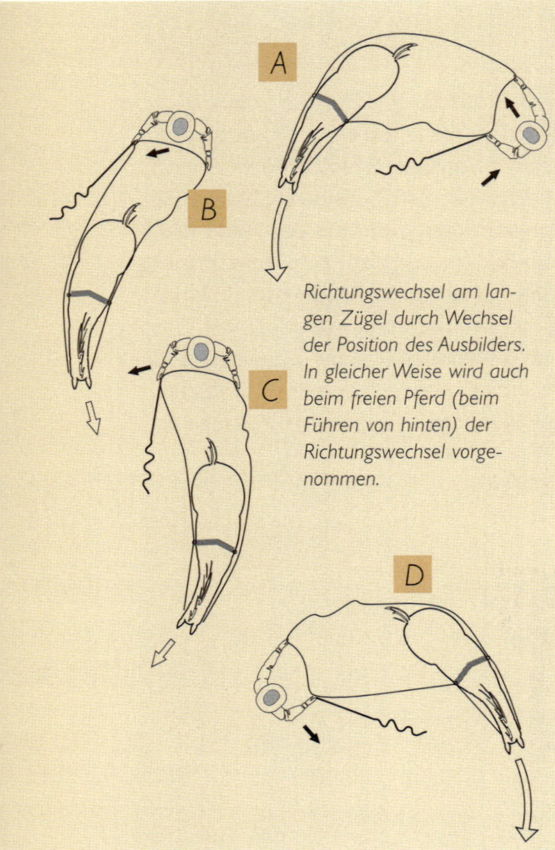

Richtungswechsel am langen Zügel durch Wechsel der Position des Ausbilders. In gleicher Weise wird auch beim freien Pferd (beim Führen von hinten) der Richtungswechsel vorgenommen.

Die Arbeit am langen Zügel ....

... das Gleiche geht auch ganz ohne Zügel.

schwieriger als beim einfachen Longieren. Ihr Einsatz muss aus dem Handgelenk erfolgen und darf keine Auswirkungen auf das Maul des Pferdes haben. Hin und wieder wird es auch nötig sein, beide Zügel in eine Hand zu nehmen, um eine ausgreifendere Peitschenhilfe geben zu können. Eine einhändige Zügelführung oder auch die Zügelhaltung nach Achenbach aus dem Fahrsport (siehe Fotos S. 154) kann hilfreich sein, wenn viel mit Gertenhilfen gearbeitet werden soll. Die Gerte oder kurze Fahrpeitsche zeigt dabei unbenutzt jeweils schräg nach vorne-oben.

Longe oder langer Zügel laufen durch die Ringe eines Longiergurtes (Alternativ durch die Schlaufen eines Voltigiergurtes oder auch durch die Bügel bei einem Westernsattel). Je nach Ausbildungsstand des Pferdes werden sie höher oder tiefer durchgezogen. Die Höhe ist vergleichbar

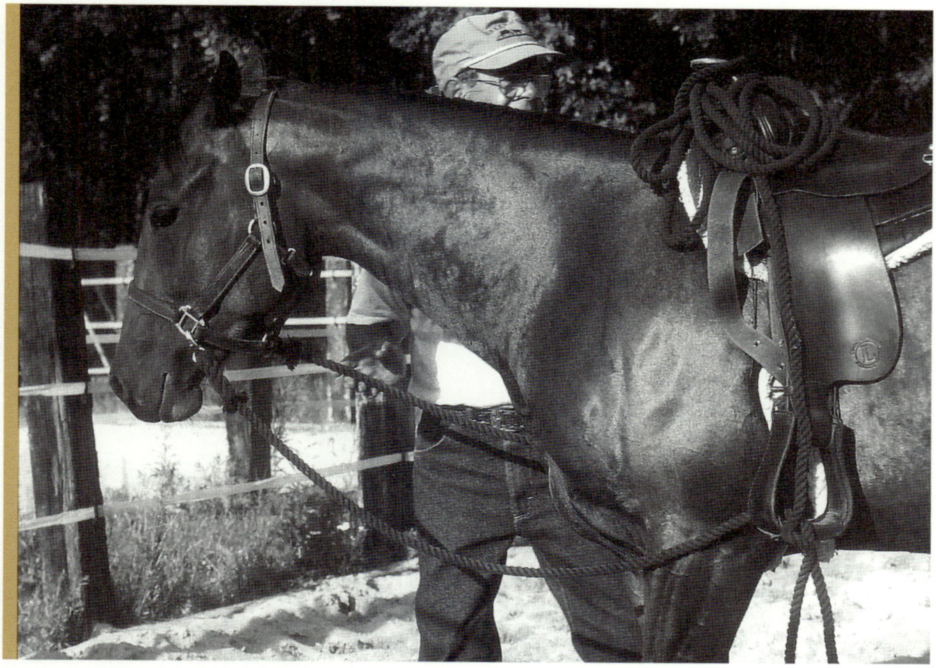

Auch am Halfter mit einem Seil, das durch die Steigbügel läuft, kann man arbeiten.

mit der Höhe der Ausbinderschnallung – je höher sich das Pferd aufrichten kann, desto höher der Ring am Longiergurt, der für die Arbeit verwendet wird.

Die Berührung der Longe an den Hinterbeinen wird man manchem Pferd erst schonend beibringen müssen. Ein Helfer kann es dafür bei den ersten Versuchen festhalten. Ein Pferd, welches sich mit der Gerte am ganzen Körper berühren lässt und das Aussacken hinter sich hat, sollte jedoch auch bei der Longe keine Schwierigkeiten machen.

Die Arbeit mit der Doppellonge kann bei bestimmten Problemen helfen, besonders, wenn kein Roundpen zur Verfügung steht. Neigt ein Pferd z. B. zum Ausfallen mit der Hinterhand, biegt sich also – besonders in engeren Wendungen – schlecht, so kann die zweite Longe die äußere Schulter des Pferdes kontrollieren und zudem die Hinterhand außen begrenzen. Überhaupt können Wendungen mit dem langen Zügel und der Doppellonge sehr differenziert und kontrolliert ausgeführt werden. Auch ein Rückwärtsrichten auf Distanz können Sie mit der Doppellonge einfacher bewerkstelligen. Sie kontrollieren so die Längsachse besser, denn Sie können immer auf der Seite, auf der sich das Pferd steif macht, also seitlich mit der Hinterhand heraustreten will, die Longe/den Zügel etwas mehr annehmen.
Mit dem langen Zügel können Sie das Pferd auch rückwärts richten, wenn Sie direkt hinter ihm stehen – also in der Position des Reiters. Mit einem verbalen

Kommando können Sie das Pferd zum Rückwärtstreten auffordern und dabei leichten Druck (Zug nach hinten) auf dem Zügel aufbauen. In begrenztem Maße können Sie auch die Zügel in Wellenschlagmanier etwas schütteln. Jedoch kommt von dieser Bewegung nur ein kleiner Teil am Pferdekopf an, denn die Ringe am Longiergurt schlucken den Rest.

Beim Rückwärtsrichten mit Standpunkt direkt hinter dem Pferd haben Sie bessere Möglichkeiten, das gleichmäßige Untersetzen der Hinterhand zu kontrollieren – im Gegensatz zum Rückwärtsrichten des freien Pferdes oder des mit Ausbindern geradegestellten Pferdes.

Zusätzlich ist das gebogene Rückwärtsrichten, welches die Westernreiter im Hinblick auf ein starkes Untersetzen des inneren Hinterbeines unter dem Reiter praktizieren, mit dem langen Zügel möglich. Beim einfachen Rückwärtsschicken am Führstrick, bei dem Sie vor dem Pferd stehen, ist zwar die Richtung gut genug durch Ihre Körperposition steuerbar, nicht jedoch die Biegung. (Es handelt sich bei dem gelenkten Rückwärtsrichten in Trailhindernissen nie um gebogenes Rückwärtsrichten; das Pferd ist vielmehr in sich weitgehend gerade und führt die Wendungen durch gegenläufiges Bewegen von Vorhand und Hinterhand nacheinander aus.)

Travers/Renvers

Einen besonderen Vorteil bietet der lange Zügel beim Seitwärtstreten mit in Bewegungsrichtung gestelltem Pferd, der

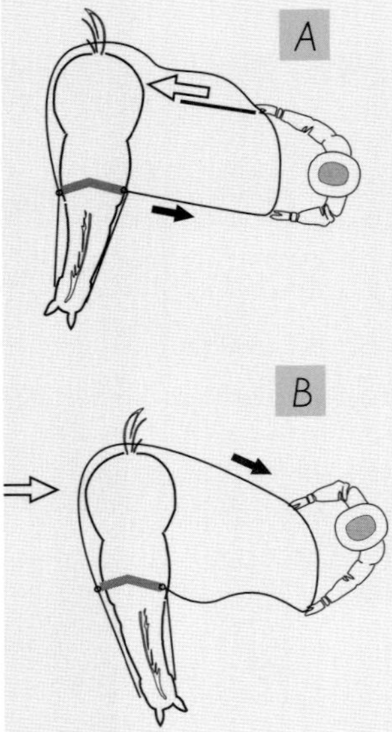

Korrekturen:
A. Das Pferd drängelt mit der Hinterhand zum Ausbilder. Der linke Zügel wird verkürzt und rechts nachgegeben. Nötigenfalls können Sie die Hinterhand mit der Gerte nach außen treiben.

B. Das Pferd fällt mit der Hinterhand nach außen. Verkürzen Sie den äußeren (rechten) Zügel und geben Sie links nach.

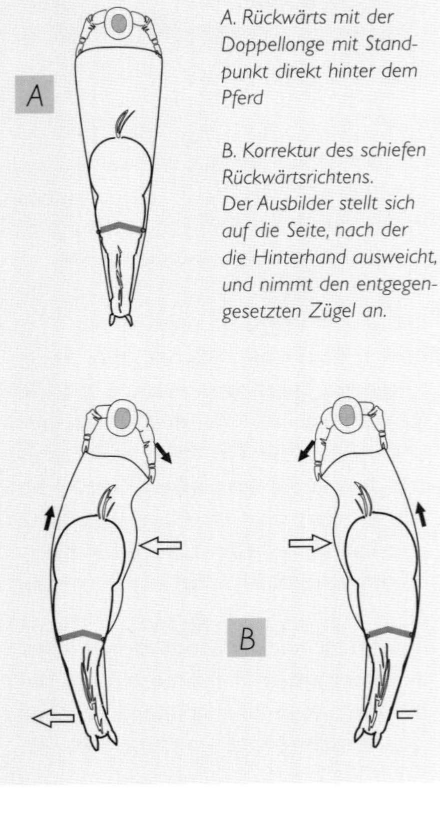

A. Rückwärts mit der Doppellonge mit Standpunkt direkt hinter dem Pferd

B. Korrektur des schiefen Rückwärtsrichtens. Der Ausbilder stellt sich auf die Seite, nach der die Hinterhand ausweicht, und nimmt den entgegengesetzten Zügel an.

Traversale bzw. dem Travers und Renvers. Diese Bewegung ist oft besser mit dem Handwerkszeug des langen Zügels vom Boden aus durchzuführen.
Mit dem starr ausgebundenen Pferd sind Stellung und Biegung sowie das Übertreten nicht fein genug kontrollierbar. Mit dem freien Pferd am Halfter ist die Abstellung des Halses schwer steuerbar. Hier hat die natürliche Methode ihre Grenzen (im Gegensatz zum Schulterherein, welches gut mit dem freien Pferd funktioniert).

Prinzipiell ist die Arbeit mit dem langen Zügel ein Instrument für die Feinkoordinierung und vermehrte Versammung des Pferdes, welches schon gelernt hat, einem Druck im Maul oder auf der Nase in gewünschter Weise nachzugeben. Doppellonge und langer Zügel sind das Werkzeug desjenigen, dessen Pferd grundsätzlich gymnastiziert und gehorsam ist und dem die Arbeit mit Ausbindern oder Schlaufzügel für die Versammlung des Pferdes zu starr und unflexibel ist. Es gibt einige versammelnde Lektionen, die mit dem langen Zügel sehr viel effektiver und feiner gesteuert und ausgeführt werden können als mit Ausbindern – vorausgesetzt, man kann feinfühlig mit diesem Handwerkszeug umgehen.

Besonders der extreme Wechsel von Verkürzung und Verstärkung des Raumgriffs z. B. in den Trabreprisen kann mit dem langen Zügel sehr viel besser trainiert werden. Die Probleme mit der nie ganz für beides – Raumgriff und starke Versammlung – passenden Ausbinderschnallung entfallen, da Sie je nach Bedarf nachgeben und verkürzen können.

Die Traversbewegung ist ohne Hilfsmittel schwer zu steuern. Mit einem in den Seitengängen erfahrenen Pferd gelingt es jedoch auch.

Üben Sie die Handhabung des langen Zügels unbedingt ohne Pferd. Bitten Sie einen Helfer, als »Pferd« vor Ihnen her zu laufen. Dann können Sie das richtige Nachgeben und Annehmen sowie das saubere Verkürzen und Verlängern der langen Zügel bzw. der Doppellonge üben, damit Sie später am Pferd keinen »Zügelsalat« fabrizieren.

Ausblicke

Neben der zielgerichteten Arbeit macht es auch immer wieder Spaß, einmal auszuprobieren, wo das Pferd vielleicht verborgene Talente besitzt.

Spanischer Schritt

Neigt es z. B. dazu, unwillig mit dem Vorderbein aufzustampfen, wenn ihm etwas nicht gefällt, oder hebt es das Bein zum Scharren, wenn es auf sich aufmerksam machen will, so können Sie diese Bewegung meist recht leicht entwickeln, d. h. abrufbar machen. Von der Abrufbereitschaft zum Spanischen Schritt an der Hand braucht es dann nur noch ein wenig Geduld und einen Blick für den ungestörten Rhythmus der angestrebten Bewegung. Dazu sehen Sie sich am besten verschiedene Pferde im Spanischen Schritt (auf Video oder in natura) an, achten auf den Rhythmus und speichern sich schließlich eine »Idealbewegung« in Ihrer inneren Leitbilddatei ab. Tun Sie das nicht, so laufen Sie Gefahr, dem Pferd einen verqueren Bewegungsablauf beizubringen.

Das Heben und Nach-vorne-Strecken des Vorderbeines ist schnell abrufbar zu machen. Suchen Sie zuerst den sensibelsten Punkt am Vorderbein Ihres Pferdes. Er kann oben am Ellbogen liegen oder auch am Ballen und an jedem Punkt dazwischen. Sie finden ihn, indem Sie das Bein leicht mit der Gerte in immer gleicher Stärke »abklopfen« und beobachten, an welchem Punkt das Pferd sich gestört fühlt und das Bein anhebt. Vielleicht müssen Sie das mehrmals hintereinander versuchen, um den Punkt zu finden. Der Punkt, der das Pferd zum Heben des Vorderbeines veranlasst, kann jedoch auch unter dem Bauch, hinter dem Ellbogen liegen. Die Gerte hat hier, wie auch bei den versammelnden Übungen, Vorteile durch eine größere Reichweite bei besserer Dosierbarkeit der Hilfen. Das kreisende Seilende arbeitet zu ungenau.

Tippen Sie das Pferd nun am empfindlichsten Punkt des Vorderbeines an und warten darauf, dass es der Störung mit einem Anheben des Beines begegnet. Loben Sie es sofort, egal, wie hoch und wie weit das Bein gehoben wurde. Bei solchen Spielereien sind Leckerbissen eine besonders gute Motivation zum Weitermachen. Wiederholen Sie die Prozedur ein paarmal mit beiden Beinen und führen das Pferd zwischendurch immer in freiem Schritt vorwärts. Es darf nicht »klemmen«. Damit lassen Sie es an den ersten Tagen bewenden.

Versuchen Sie später, die Bewegung des Beines nach vorne-oben zu verbessern, so dass das Pferd das Bein hoch und möglichst gestreckt aus der Schulter heraus hebt. Dazu geben Sie sich nicht mit dem einfachen Anheben des Beines zufrieden, sondern tippen nach dem Anheben noch ein paarmal an. Das Pferd streckt nun das Bein vermehrt nach vorne weg und wird dafür sofort (mit Futter) gelobt.

Das Antippen darf nie in ein Schlagen ausarten. Es muss immer eine »Störaktion« bleiben, die dem Pferd allmählich unangenehm wird. Es darf jedoch keine Angst vor der Gerte bekommen.

Streckt das Pferd ein Vorderbein schön aus, so lobe man mit Futter und führe ein paar Schritte in flottem Schritt, fordere dann das andere Bein zum Strecken

Nutzen Sie die Neugier des Pferdes und seine Lernbereitschaft für abwechslungsreiche Arbeit.

und führe wieder im freien Schritt. Der losgelassene Schritt ist sehr wichtig, um das Mittreten der Hinterhand zu erhalten.

Nach zwei oder drei Wochen verkürzen Sie die Schrittphasen auf jeweils sechs Schritte nach jedem Strecken des einen und des anderen Beines, später bis auf drei Schritte (lassen Sie sich Zeit mit der Erhöhung der Anforderung). Am leichtesten gelingt diese Übung, wenn Sie das Pferd schon am langen Zügel arbeiten lassen können.

Sie können das Pferd auch abwechselnd rechts oder links »Polka tanzen« lassen. Dazu führen Sie das Pferd im Schritt und lassen es z. B. alle drei Schritte immer nur das rechte (oder jeweils nur das linke) Bein strecken und heben. Anfangs fällt es vielen Pferden dabei leichter, mit den Hinterbeinen im Takt zu bleiben und »mitzukommen«.

Mit diesen regelmäßigen Schrittfolgen bekommen Sie einen Grundrhythmus in die Bewegung hinein und verhindern das Nachschleppen der Hinterhand.

Das Pferd soll bei der Übung in seiner Längsachse gerade bleiben und nicht schwanken.

Der Spanische Schritt hat neben dem reinen Show-Effekt auch noch den, das Pferd freier in der Schulter zu machen.

Referenz

Manchen Pferden können Sie die Referenz sehr leicht beibringen.

Es gibt verschiedene Methoden. Eine davon ist, das Pferd mit Hilfsseilen und

einem Helfer sanft aber bestimmt »herunterzuziehen«. Ein zweiter Helfer steht mit Futter bereit, um das Pferd zu beruhigen und zu belohnen. Das Pferd ist mit Trense oder Sidepull ausgerüstet. Ihm wird je ein Seil um jede Vorderfessel geschlungen (abpolstern, damit es keine Reibungsverletzungen gibt). Dann gewöhnen Sie es daran, dass es dem Zug der Seile ein wenig nachgibt, ohne in Panik zu geraten. Wenn es mit den beiden Seilen ruhig bleibt, können Sie nach ein paar Tagen damit beginnen, ein Bein etwas nach hinten anzuwinkeln und hochzuziehen.
Bleibt das Pferd dabei ruhig, beginnen Sie, es ein wenig durch Zug am Zügel nach hinten zu ziehen. Der Helfer am zweiten Strick kann dabei das gestreckte Vorderbein vorne halten. Das angewinkelte Vorderbein lassen Sie in dem Augenblick, in dem das Pferd seinen Schwerpunkt nach hinten verlegt, wieder etwas lockerer, damit es auf diesem knien kann. Fängt das Pferd an zu zappeln, so lösen Sie sofort überall den Zug und beginnen nach einer Beruhigungspause neu. Versuchen Sie nicht, das Pferd mit Gewalt »in Form« zu ziehen. Es kann panisch reagieren und für die Übung ein für allemal verdorben sein. Wichtig ist es, das Pferd in der Phase zu loben (zu füttern), in der es sich unten befindet. Versuchen Sie mit der Zeit, es so lange unten zu behalten, bis es ein Kommando zum Aufstehen bekommt. Das wird am Anfang nicht funktionieren, denn das Pferd wird froh sein, wenn es sich wieder aus dieser »Zwangslage« erheben kann. Sie können die Phasen, in denen es kniet, länger ausdehnen, indem Sie es lange füttern.

Die Referenz

Mit vielen Pferden (besonders den verfressenen) kann man die Referenz auch allein – ohne Seile und Helfer – üben. Ich ziehe diese Variante vor.
Dazu stellen Sie sich neben das Pferd mit Blickrichtung zu seinem Schweif. Fassen Sie seinen Vorderfuß, als ob Sie die Hufe säubern wollten. Dann drehen Sie sich, sodass Sie fast parallel zum Pferd stehen. Halten Sie dabei mit der äußeren Hand das Bein des Pferdes. Die freie innere Hand führen Sie mit etwas Futter zwischen den Vorderbeinen des Pferdes durch und halten dem Pferd das Futter vor die Nase. Hat es das erste Maulvoll genommen, so ziehen Sie die Hand langsam wieder zwischen den Vorderbeinen zurück – das Pferd folgt mit der Nase. Gleichzeitig ziehen Sie den

angehobenen Vorderfuß ein wenig zurück. Das andere Vorderbein bleibt von allein stehen. Wenn sich das Pferd nun aufs Erreichen des Futters konzentriert, führt es – ganz nebenbei – die Referenz aus. Bei dieser Methode kann keine Angst beim Pferd entstehen, denn Sie können in jeder Phase der Übung loslassen, wenn das Pferd sich beengt fühlt und sein Bein wegzieht (Sie sind kräftemäßig gar nicht in der Lage, das Pferd festzuhalten). Außerdem kommen Sie ohne Helfer aus.
Nachteil dieser Methode ist, dass Sie weniger Kontrolle über das Pferd haben, wenn es wieder aufstehen will.
Um eine völlige Kontrollierbarkeit der Übung zu gewährleisten, können Sie evtl. beide Methoden kombinieren. Auch wenn ein Pferd ohne Seile die Referenz gelernt hat, können Sie die einzelnen Phasen durch späteren Einsatz von Seilen kontrollierbarer machen.
Harter Boden ist selbstverständlich tabu für diese Übung. Am besten ist ein trockener Sandplatz.

Das Pferd wippen lassen

Die Wippe ist eines der Hindernisse im Trailparcours der Westernreiter. Sie wird normalerweise einfach vorwärts überwunden. Geht das Pferd schon problemlos über Brücken, so können Sie es über die Wippe schicken. Am Anfang wird das Pferd vermutlich erschreckt abspringen, wenn diese kippt. (Ist ein Pferd furchtbar ängstlich auf der Wippe, so kann man diese mit einem Unterbau für eine Weile feststellen – wie eine Brücke – und das Pferd über die nicht kippende Wippe schicken.) Wiederholen Sie die Übung in der gleichen Form, in der Sie das Pferd durch Engpässe schicken, bis es auch beim Abkippen der Wippe ruhig bleibt. Halten Sie später das Pferd etwa im Mittelpunkt der Wippe an, wenn sie gerade gekippt ist, und lassen es ruhig stehen. Wiederholen Sie das ein paarmal. Fordern Sie schließlich zwei Tritte rückwärts, so dass die Wippe wieder zurückkippt. Lassen Sie das Pferd danach ruhig stehen. Das gleiche wieder nach vorne und wieder nach hinten – und das Pferd wippt. Besonders spektakulär ist dies, wenn Sie das Pferd völlig frei auf der Wippe stehen lassen können und nur noch mit leiser Stimme bzw. mit minimaler Veränderung der eigenen Körperposition in Form von leichtem Vor- und Zurücktreten die (unsichtbaren) Kommandos geben. Funktioniert das an der Hand, so ist das Wippen mit Reiter eine

Das Pferd wippen lassen ...

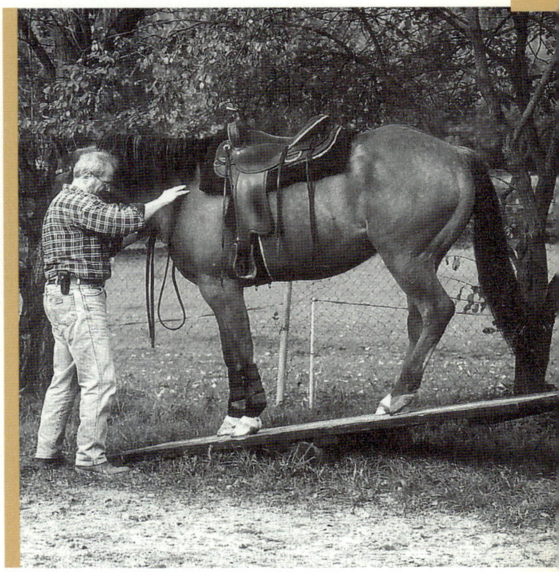

reine Formsache, denn das Pferd hat keine Angst mehr vor dem Kippen.

Ansätze zu Schaunummern

Aus der Bodenarbeit ergeben sich viele Möglichkeiten, seine Pferde in Show-Vorführungen zu präsentieren. Aus den Trailübungen und dem Ausweichtraining können diverse Bereiche für Schaunummern aufbereitet werden.

Man kann das Pferd bei einer Vorhandwendung mit einem oder beiden Vorderbeinen in einen Reifen stellen oder auf ein Podest. Das Pferd kann statt durch das Stangenlabyrinth durch ein wogendes Meer von Luftballons laufen. Man kann es dazu bringen, dass es mit einem Gymnastikball Fußball spielt. Man kann es vorwärts und rückwärts durch flatternde Bänder (Flattertore) schicken, über mit Luftballons bestückte Stangen oder auch über Feuer springen lassen usw.

Alles ist an der Hand trainierbar und kann danach natürlich auch unter dem Reiter gezeigt werden.

Grundlagen der Freiheitsdressur mit mehreren Pferden

Zum Abschluss der Bodenarbeit einen kleinen Ausblick auf einen Bereich der Arbeit mit Pferden, die den meisten

Reitern »ein Buch mit sieben Siegeln« ist: Die Freiheitsdressur in Vollendung, wie man sie im Zirkus zu sehen bekommt.

Damit man das freie Pferd ohne Longe kontrollieren kann, braucht man anfangs auf jeden Fall einen Roundpen (um es in der Zirkus-Terminologie auszudrücken: eine Manege), um es immer in Reichweite zu halten. Eine kurze Peitsche mit langem Schlag ist das einzig nötige Hilfsmittel – zur Verlängerung der eigenen Reichweite und um das Pferd aufmerksam zu machen, wenn dessen Aufmerksamkeit zu wünschen übrig lässt. Das Pferd sollte mindestens ein Halfter am Kopf haben, um ihm den Unterschied zum freien Spiel zu signalisieren.

Das Arbeiten auf Distanz und auch die Cavallettiarbeit ohne Longe waren schon grundlegende Elemente der Freiheitsdressur.

Man muss das Pferd über die Hilfen kontrollieren, die einem noch verbleiben, wenn keine Zügel- oder Longenverbindung mehr besteht: Es sind dies Stimme, Körpersprache und Peitsche als verlängerter Arm.

Will man später eine Freiheitsdressur mit mehreren Pferden zeigen, so nimmt man erst jedes teilnehmende Pferd einzeln in die Manege. Dabei trainiert man es dahingehend, dass es an ganz genau vorbestimmten Stellen z. B. immer anhält und rückwärts geht. Oder dass es sich an Punkt X immer zum Ausbilder wendet und in die Mitte kommt – oder wendet, steigt etc. Das Pferd muss seine Positionen innerhalb der Manege bei bestimmten Kommandos gewissermaßen auswendig lernen. Diese Einzelarbeit mit jedem Pferd kann bis zu einem Jahr dauern. Jedes Pferd hat in der Einzelarbeit seine Lektionen an einer anderen Stelle der Manege auswendig gelernt. Nimmt man nun die Pferde zusammen – erst zwei, dann immer eines dazu –, so kennt jedes seine Position innerhalb des Kreises und ist auf den Ausbilder in der Mitte fixiert. Durch die Fixierung auf den, der in der Mitte steht, sollte es auch unter Hengsten, die ja meist in der Zirkusarbeit verwendet werden, nicht zu Rangstreitigkeiten kommen. Zudem sind alle Pferde bei der gemeinsamen Arbeit ausgebunden. Das Auswendig- kennen der Position in der Manege wird bei der Arbeit mit allen Pferden schließlich ersetzt durch die Aufreihung der Pferde. Die Pferde lernen dann ihre Position in Relation zu den anderen Pferden (und dem Ausbilder) auswendig. Damit können sie auch außerhalb der bekannten Manege vorgeführt werden.

Literatur

Moshé Feldenkrais:
Bewußtheit durch Bewegung
Suhrkamp TB 429

Moshé Feldenkrais:
Die Entdeckung des Selbstverständlichen
Suhrkamp TB 1440

Moshé Feldenkrais:
Abenteuer im Dschungel des Gehirns
Suhrkamp TB 663

Wilhelm Blendinger:
Psychologie und Verhaltenweise des Pferdes
Erich Hoffman Verlag

Hartmut Erbe:
Das Fahrerabzeichen leicht gemacht
BLV München

Philippe Karl:
Hohe Schule mit der Doppellonge
BLV München

Hannes Lindemann:
Überleben im Streß – Autogenes Training
Heyne-Sachbuch Nr. 19/41

Kerstin Diacont:
Das Problempferd
BLV München

Kerstin Diacont:
Pferde richtig anreiten
BLV München

Kerstin Diacont:
Was die Cowboys noch wussten
BLV München

Die Deutsche Bibliothek –
CIP-Einheitsaufnahme

Ein Titeldatensatz für diese Publikation ist bei
Der Deutschen Bibliothek erhältlich

Fünfte Auflage

BLV Verlagsgesellschaft mbH
München Wien Zürich
80797 München

© 2002 BLV Verlagsgesellschaft mbH, München

Das Werk einschließlich aller seiner Teile ist urheberrechtlich geschützt. Jede Verwertung außerhalb der engen Grenzen des Urheberrechtsgesetzes ist ohne Zustimmung des Verlages unzulässig und strafbar. Das gilt insbesondere für Vervielfältigungen, Übersetzungen, Mikroverfilmungen und die Einspeicherung und Verarbeitung in elektronischen Systemen.

Bildnachweis
Kerstin Diacont: S. 6, 8, 9, 10, 11, 17 unten, 19, 24, 29, 30, 32, 33, 35, 48, 49, 53, 56, 57, 58, 59, 61, 62, 64, 65, 70 unten, 75, 80 unten, 84, 85, 86, 87, 88 oben, 91, 93, 95, 97, 98, 99, 100, 101, 104, 106, 110, 111, 112, 113, 119, 120, 121, 122, 123, 124, 125, 126, 128, 129, 133, 138, 139, 148, 150, 151, 152, 153, 154, 155, 156 oben, 157, 161, 162, 163, 164 (Archiv Diacont) – Karin Anders: S. 54, 83, 136 unten, 143, 154 oben – Martina Belzer: S. 14, 16, 17 oben, 25, 26, 46, 51, 68, 70 oben, 74, 77, 79, 80 oben, 88 unten, 89, 137, 142, 144, 145 unten – Rachel Closset: S. 55, 71 unten, 72, 78, 82, 147, 156 unten – Ute Merkel: S. 81, 115 – Karl-Heinz Ploch: S. 12, 44, 45 unten, 71 oben, 73 – Peter Steding: S. 18, 22, 45 oben, 90, 136 oben

Grafiken: Kerstin Diacont

Umschlagfotos: Ramona Dünisch (Vorderseite) und Kerstin Diacont (Rückseite)
Umschlaggestaltung: Joko Sander Werbeagentur, München
Satz und Layout: Kerstin Diacont
Herstellung: Manfred Sinicki
Gesamtherstellung: Druckhaus Neue Stalling, Oldenburg

Gedruckt auf chlorfrei gebleichtem Papier

Printed in Germany • ISBN 3-405-16087-1

Für die Ausbildungspraxis

Kerstin Diacont
Mit System zum harmonischen Reiten
Stimmig, logisch, eigenständig – das neue Ausbildungs- und Trainingskonzept: die besten Lehrmethoden aus allen Reitweisen, sinnvoll kombiniert.

BLV Freizeitreiten
Kerstin Diacont
Reiten ohne Angst
Die Ursachen von Angst erkennen und verstehen; Übungen zur Bewältigung der Angst – am Boden und auf dem Pferd.

BLV Arbeitsbuch Pferd
Gottlieb Fernau
Verlasspferde ausbilden
Die Grundausbildung zum Verlasspferd: Arbeit an der Hand und das Gewöhnen an Hindernisse, korrektes Reiten von Trailaufgaben, Training und Turnier, Eigenbau von Hindernissen.

Stefan Radloff
Reitausbildung mit System
In Text und Grafik präzise demonstriert: Grundlagen und systematisch aufgebaute Tageslektionen für die Dressur- und die Springausbildung; die optimale Zusammenarbeit zwischen Reiter und Pferd, die Aufgaben des Ausbilders, Trainingsplanung.

BLV Arbeitsbuch Pferd
Kerstin Diacont
Pferde richtig anreiten
Präzise Anleitungen für das schonende und sichere Anreiten – eine vielseitige Grundausbildung, die die Talente des Pferdes fördert.

Im BLV Verlag finden Sie Bücher zu den Themen: Garten und Zimmerpflanzen • Natur • Heimtiere • Jagd und Angeln • Pferde und Reiten • Sport und Fitness • Wandern und Alpinismus • Essen und Trinken

Ausführliche Informationen erhalten Sie bei:

BLV Verlagsgesellschaft mbH • Postfach 40 03 20 • 80703 München
Tel. 089/12705-0 • Fax 089/12705-543 • http://www.blv.de